कृति मूल्यांकन : कुरुक्षेत्र

कृति मूल्यांकन : कुरुक्षेत्र

संपादक
रेणु व्यास

ISBN : 9789386534828

KRITI MULYANKAN : KURUKSHETRA (Literary Reference)
Edited by Renu Vyas

राजपाल एण्ड सन्ज़

1590, मदरसा रोड, कश्मीरी गेट, दिल्ली-110006
फोन : 011-23869812, 23865483, 23867791
e-mail : sales@rajpalpublishing.com
www.rajpalpublishing.com
www.facebook.com/rajpalandsons

क्रम

संपादकीय

हुंकार के बाद रामधारी सिंह दिनकर राष्ट्रीय चेतना के कवि के रूप में विख्यात हुए, पर इससे विश्वचेतस् दिनकर के व्यक्तित्व के एक ही पक्ष का परिचय प्राप्त होता है। दिनकर उस राष्ट्रीयता के कवि हैं जो विश्वमानवता की ओर उन्मुख है। राष्ट्रीय-सांस्कृतिक काव्यधारा के प्रतिनिधि कवि माने जाने वाले रामधारी सिंह दिनकर को *युगचारण* का विरुद प्राप्त हुआ, क्योंकि उनकी कविताओं में उनका युग बोलता है। *कुरुक्षेत्र* के दिनकर के रूप में विश्वमानव की चेतना ही इतिहास के उस अध्याय पर अपने आँसू गिरा रही है जो मानवता के इतिहास में सबसे बड़ी मानवनिर्मित त्रासदियों में से एक है, वह है—साम्राज्यवादी महत्त्वाकांक्षाओं का नंगा नाच—द्वितीय विश्व युद्ध। इस युद्ध से 6 और 9 अगस्त 1945 को जापान के हिरोशिमा और नागासाकी पर परमाणु बम के विस्फोटों के रूप में ऐसी मानवीय त्रासदी विश्व के समक्ष आई जो अब तक अकल्पनीय थी। इस घटना ने जापान और धुरी राष्ट्रों को ही हथियार डालने पर मजबूर नहीं किया वरन् पूरी दुनिया के बुद्धिजीवियों, कवियों, कलाकारों सहित हर संवेदनशील मनुष्य को हिला कर रख दिया। इसकी गूँज दिनकर के *कुरुक्षेत्र* और धर्मवीर भारती के *अंधा युग* समेत पूरी दुनिया के साहित्य में सुनी जा सकती है। अंध-औद्योगिकीकरण वाली मशीनी सभ्यता ने अपना क्रूर शैतानी रूप प्रकट कर दिया। गाँधी जी ने इस महाविनाश के 40 साल पहले ही अपनी पुस्तक *हिन्द स्वराज* में दुनिया को विज्ञान के विनाशकारी रूप के प्रति सचेत कर दिया था। अब तक कल्याणकारी प्रतीत हो रहे विज्ञान के विनाशकारी रूप से दिनकर ने भी सभी को सावधान किया—

"सावधान, मनुष्य! यदि विज्ञान है तलवार,
तो इसे दे फेंक, तज कर मोह स्मृति के पार।

खेल सकता तू नहीं ले हाथ में तलवार,
काट लेगा अंग, तीखी है बड़ी यह धार।"

लोभ की प्रेरणा से संचालित विज्ञान का विनाशकारी परिणाम भारत जैसे देशों को उपनिवेशवाद के रूप में बहुत पहले ही झेलना पड़ा, कुछ दूरद्रष्टा विचारकों को

छोड़कर पश्चिम ने इसके अमानवीय रूप का संज्ञान बहुत देर से, विश्वयुद्धों के बाद लिया। गाँधी जी के समान दिनकर भी विज्ञान के इस विनाशकारी रूप का ज़िम्मेदार बुद्धि का एकान्त प्रसार और आध्यात्मिकता या हृदय के नकार को मानते हैं, जिसके कारण विज्ञान की प्रगति अंधाधुंध हो जाती है और उसकी मात्र कल्याणकारी दिशा में प्रगति सुनिश्चित नहीं हो पाती।

दिनकर की प्रौढ़तम काव्य-कृति *कुरुक्षेत्र* कवित्व और विचारों की दृष्टि से दिनकर की प्रतिनिधि रचना है, जिसमें इनकी कई स्फुट कविताओं में व्यक्त विचार प्रबंध के रूप में संयोजित होकर एक सुसंगत दर्शन प्रतिपादित करते हैं।

कुरुक्षेत्र काव्य के कई स्तर हैं—

1. पहला स्तर *महाभारत* के 'शान्ति पर्व' से ली गई युधिष्ठिर और भीष्म की कथा है।
2. दूसरे स्तर में युद्ध और शान्ति के द्वन्द्व और इस समस्या के कारणों का आमूल विवेचन और इसका स्थायी समाधान ढूँढ़ा गया है।
3. तीसरे स्तर में द्वितीय विश्व युद्ध में हुए व्यापक विनाश को संदर्भ में रखते हुए विज्ञान के विनाशकारी प्रभाव के प्रति चेतावनी दी गई है। बुद्धि और हृदय के द्वन्द्व को उठाते हुए विज्ञान के तर्कबुद्धि प्रधान होने के कारण इसकी अंधाधुंध प्रगति को इस ध्वंस के लिए ज़िम्मेदार माना गया है। विशेषकर षष्ठम् सर्ग इस प्रश्न को समर्पित है।
4. चौथे स्तर में इन सब समस्याओं की जड़ मनुष्य के मन के भीतर की लोभादि वासनात्मक प्रवृत्तियों में ढूँढ़ी गई है।
5. सप्तम् सर्ग में आदर्श समतामूलक समाज की रचना का सपना और उसके मार्ग की बाधाएँ वर्णित हैं।
6. अंततः इन सब समस्याओं से घबरा कर पलायनवादी संन्यास की बजाय इन्हें सुलझाने के लिए कर्मनिष्ठ प्रवृत्ति-मार्ग का आह्वान किया गया है जिससे समस्त मानवता का मुक्ति-पथ प्रशस्त हो सके।

महाभारत और *रामायण* सभी भारतीय भाषाओं में सृजन के लिए सबसे प्रमुख उपजीव्य ग्रंथ रहे हैं। *कुरुक्षेत्र* भी *महाभारत* के शान्ति पर्व पर आधारित है। जहाँ तक कथा, चरित्रों के मूल ग्रंथ के नज़दीक होने का प्रश्न है तो दिनकर का स्वयं का भी यह दावा नहीं है—

''मैं ज़रा भी दावा नहीं करता कि *कुरुक्षेत्र* के भीष्म और युधिष्ठिर, ठीक-ठीक, *महाभारत* के ही युधिष्ठिर और भीष्म हैं। यद्यपि मैंने सर्वत्र ही इस बात का ध्यान रखा है कि भीष्म अथवा युधिष्ठिर के मुख से कोई ऐसी बात न निकल जाये, जो द्वापर के लिए सर्वथा अस्वाभाविक हो।''

युधिष्ठिर और भीष्म यहाँ दो दृष्टिकोणों के प्रतीक के रूप में सामने आये हैं इसमें कोई शंका नहीं है। डॉ. खगेन्द्र ठाकुर समेत कुछ विद्वान् तो युधिष्ठिर को गाँधी जी का और भीष्म को क्रांतिकारियों का प्रतीक मानते हैं। आगे विवेचन करते हुए हम देखेंगे कि यह अतिसरलीकरण से निकाला गया निष्कर्ष है। अधिकांश विद्वान् मोटे तौर पर युधिष्ठिर को पूर्व-पक्ष के रूप में मानते हुए दिनकर की अपनी मान्यताओं को भीष्म के साथ संबद्ध करते हैं। जहाँ तक युधिष्ठिर के पलायनवादी संन्यास में वैयक्तिक मुक्ति या शान्ति खोजने और भीष्म द्वारा संसार से भागने की बजाय उसमें रहते हुए उसकी समस्याओं का हल निकालने और सामूहिक मोक्ष के लिए प्रयत्न के प्रवृत्तिवादी दृष्टिकोण का प्रश्न है, यह प्राक्कल्पना अंशतः ठीक है। किन्तु पूर्णतः यह आरोपण करना ठीक नहीं है। मात्र भीष्म के ही नहीं युधिष्ठिर के शान्तिवादी विचार भी दिनकर के हैं और ये दोनों इनके मानस के अलग-अलग पक्षों के सूचक हैं।

'युद्ध और शान्ति', 'हिंसा और अहिंसा', 'आपद्धर्म और परम धर्म' के बीच का द्वन्द्व दिनकर के मस्तिष्क को झकझोरने वाला सबसे बड़ा प्रश्न है (जो उनके 'शान्ति की समस्या' जैसे लेख का भी विषय है); वही *कुरुक्षेत्र* में युधिष्ठिर और भीष्म के माध्यम से व्यक्त हुआ है। इसी कारण 'इतिहास के अध्याय' पर रोने वाले युधिष्ठिर ही नहीं हैं, दिनकर भी हैं और वे समस्त शान्तिकामी व्यक्ति हैं जिनके मन में यह प्रश्न उठता है कि हर युद्ध के बाद हुए व्यापक विनाश से दुखी होने के बाद भी मनुष्य फिर नये युद्ध में प्रवृत्त क्यों हो जाता है? इस प्रश्न को उठाते ही *कुरुक्षेत्र* दिनकर की ही दूसरी कविता 'कलिंग-विजय' से आगे बढ़ जाता है, जहाँ युद्ध का कारण और उससे हुए विनाश के लिए 'व्यक्ति अशोक' के हृदय में उपजे पश्चाताप पर ही ध्यान केंद्रित किया गया है। किन्तु *कुरुक्षेत्र* में इस समस्या पर सार्वभौम और व्यापक दृष्टिकोण से विचार किया गया है। वास्तव में विश्व-मानव का मानस ही वह *कुरुक्षेत्र* है जिसमें यह द्वन्द्व जारी है। यह द्वन्द्व *कुरुक्षेत्र* का सौंदर्य है और इसमें प्रस्तुत समाधान की कोशिशों से अधिक ताक़तवर भी। दिनकर भूमिका में इसकी पुष्टि करते हैं—

'*कुरुक्षेत्र* न तो दर्शन है और न किसी ज्ञानी के प्रौढ़ मस्तिष्क का चमत्कार। यह तो अंततः, एक साधारण मनुष्य का शंकाकुल हृदय ही है, जो मस्तिष्क के स्तर पर चढ़कर बोल रहा है।'

कुरुक्षेत्र का प्रकाशन द्वितीय विश्व युद्ध के ठीक बाद हुआ। अतः इसमें द्वितीय विश्व युद्ध की छाया ढूँढ़ना तर्कसंगत है तथा पहले और छठे सर्ग में यह प्रभाव विशेष रूप से द्रष्टव्य है। द्वितीय विश्व युद्ध भारत की भूमि पर नहीं लड़ा गया फिर भी 'परमाणु बम' जैसे घातक अस्त्रों से हुए व्यापक विनाश के प्रति संवेदना और उसके विरुद्ध प्रतिक्रिया भारत में भी बड़ी गहराई से महसूस की गई। दिनकर की युद्ध-संबंधी

मान्यताओं पर इनकी युद्ध-प्रचार-विभाग में नियुक्ति और बर्ट्रेण्ड रसेल जैसे चिन्तक का प्रभाव भी है, जिनके ज़रिए इन्होंने इस युद्ध को निकटता से महसूस किया।

द्वितीय विश्व युद्ध पर हिन्दी में लिखे गए दो सर्वाधिक चर्चित काव्य *कुरुक्षेत्र* और धर्मवीर भारती द्वारा रचित *अंधा युग* हैं। यह मात्र संयोग नहीं है कि दोनों ही काव्यों में *महाभारत* की कथा का मिथक के रूप में प्रयोग किया गया है जो भारतीय जनमानस में सर्ववैनाशिक युद्ध के रूपक के रूप में छाया हुआ है; जिसमें न सिर्फ़ व्यापक जनविनाश हुआ बल्कि स्थापित जीवन-मूल्य भी संकट में पड़ गए। *अंधा युग* आधुनिक हिन्दी रंगमंच का सफलतम दृश्य काव्य है, इसके विपरीत *कुरुक्षेत्र* प्रधानत: पाठ्य और श्रव्य है। *अंधा युग* की एक प्रमुख विशेषता जो हमें आश्चर्यचकित करती है, वह है—उस समय के यूरोप द्वारा अनुभूत अनास्था, निराशा, संशय, कुंठा और तद्जन्य समस्त विकृतियों की संवेदनशील कलात्मक अभिव्यक्ति, जो कृति का *अंधा युग* नाम सार्थक सिद्ध करती है। इस पर अस्तित्ववाद का गहरा प्रभाव है। यह अंधकार *कुरुक्षेत्र* में अनुपस्थित है। इसका कारण यह है कि द्वितीय विश्व युद्ध के साथ-साथ ही *कुरुक्षेत्र* पर भारतीय स्वाधीनता संग्राम की भी गहरी छाप है। 'भारत-छोड़ो आंदोलन' के क्रूरतापूर्ण दमन के बावजूद भी *कुरुक्षेत्र* का रचनाकाल भारत में निराशा का युग नहीं था वरन् आसन्न आज़ादी की झलक सभी भारतीयों के मन में भी थी।

नवजागरण ने भारत में जिस सांस्कृतिक राष्ट्रीयता को उभारा था, उसी सांस्कृतिक राष्ट्रीयता ने राजनीतिक राष्ट्रीयता की नींव रखी। जहाँ यूरोप में पुनर्जागरण से उत्पन्न नवीन विचारों और राष्ट्रीयता ने 'उपनिवेशवाद' और 'साम्राज्यवाद' के रूप में अपना विकास किया; वहीं भारतीय नवजागरण ने विश्ववाद की भूमिका तैयार की और भारत में राष्ट्रीय चेतना ने उपनिवेशवाद-विरोधी और साम्राज्यवाद-विरोधी विचारधारा के रूप में अपने को परिभाषित और विकसित किया। यही कारण है कि भारतीय राष्ट्रीयता आरंभ से ही अंतरराष्ट्रीय चेतना लिए हुए थी। यह राष्ट्रीयता अंतरराष्ट्रीयता के विरुद्ध न होकर उसी के एक चरण के रूप में विकसित हुई। युगचारण दिनकर ने भी भारतीय स्वाधीनता संग्राम की इसी विशेषता को आत्मसात् किया। इस कारण *कुरुक्षेत्र* में स्वाधीनता संग्राम की झलक भी है और अंतरराष्ट्रीय युद्ध-विरोधी चेतना भी। वास्तव में दिनकर की चेतना का मूल है—प्रत्येक स्थिति में अन्याय, अत्याचार, शोषण का विरोध। 'उपनिवेशवाद' और 'साम्राज्यवाद' ही भारत की पराधीनता का कारण था और वही आधुनिक युग की सबसे बड़ी मानवीय त्रासदी विश्वयुद्धों का भी जनक था। इसलिए *कुरुक्षेत्र* एक साथ ही साम्राज्यवादी शोषण, अन्याय के विरुद्ध युद्धरत पराधीन राष्ट्र की राष्ट्रीय चेतना का काव्य है और उद्धत राष्ट्रवाद से परे जाकर अंतरराष्ट्रीयता, विश्व-शान्ति और युद्ध-विरोध का भी।

कुरुक्षेत्र पर भारतीय स्वाधीनता संग्राम के गहरे असर का एक और प्रमाण यह

भी है कि इसमें युद्ध न्याय के लिए अनिवार्य आवश्यकता के रूप में सामने आता है। इसे ब्रिटिश साम्राज्य द्वारा सेना और पुलिस के क्रूर दमन द्वारा स्थापित 'नकली शान्ति' के विरुद्ध स्वाधीनता संग्राम को 'वास्तविक शान्ति' के साधन के रूप में तर्कसंगत रूप से समझा जा सकता है। *कुरुक्षेत्र* में दीप्त प्रतिशोध की महिमा का गान भी भारत की पराधीनता से मुक्ति की आकांक्षा से जुड़ा हुआ है—

"प्रतिशोध जड़-चेतनों का जन्मसिद्ध अधिकार है"

यह पंक्ति लोकमान्य बालगंगाधर तिलक की गौरवपूर्ण घोषणा की याद दिला देती है—

"स्वराज्य मेरा जन्मसिद्ध अधिकार है"

जन्मसिद्ध अधिकार के रूप में प्रतिशोध सार्वदेशिक या सार्वभौमिक कल्याण के लिए ही हो सकता है, जबकि *अंधा युग* में अश्वत्थामा का प्रतिशोध पिता की हत्या का बदला लेने के लिए है। यह वैयक्तिकता उसमें कुंठा और हीनभावना भर कर पशुतुल्य बना देती है। *कुरुक्षेत्र* में प्रतिपादित हिंसा और अहिंसा के द्वन्द्व की भी भारतीय स्वाधीनता आंदोलन की दो धाराओं के दर्शन से संगति बैठ जाती है। *कुरुक्षेत्र* में स्पष्टतः एक पक्ष को (पांडवों को) न्याय के लिए संघर्षरत वर्णित किया गया है जो स्वाधीनता के लिए संघर्षरत भारतीयों से संगति प्रदर्शित करता है।

युद्ध और शान्ति की समस्या *कुरुक्षेत्र* का प्रमुख प्रतिपाद्य है। युद्ध के कारणों की खोज करते-करते दिनकर इस प्रश्न पर पहुँचते हैं कि अन्याय और शोषण के विरुद्ध जब युद्ध अनिवार्य हो जाए तब युद्ध का उत्तरदायित्व किसका हो? यदि अन्याय के विरुद्ध युद्ध अनिवार्य हो जाए तो उसका साधन क्या हो? इस प्रकार युद्ध और शान्ति की समस्या तात्विक दृष्टिकोण से अंततः हिंसा और अहिंसा की समस्या बन जाती है। युधिष्ठिर के रूप में दिनकर का 'शंकाकुल हृदय' ही युद्ध के महाविनाश पर शोकमग्न है—

"वह कौन रोता है वहाँ
इतिहास के अध्याय पर
जिसमें लिखा नौजवानों के लहू का मोल है"

उन्हीं दिनकर के हृदय का दूसरा पक्ष मनुष्य के हृदय के दूसरे पक्ष को भी एक कटु यथार्थ मानते हैं जिसमें स्वार्थ है, लोभ है, अहंकार है। युद्ध की अनिवार्यता स्वीकार करते हुए कवि कहता है—

"युद्ध को तुम निंद्य कहते हो मगर,
जब तलक हैं उठ रहीं चिनगारियाँ
भिन्न स्वार्थों के कुलिश-संघर्ष की,
युद्ध तब तक विश्व में अनिवार्य है।"

दिनकर मानते हैं कि कायरतापूर्वक अन्याय सहन करने की बजाय अपने न्यायोचित अधिकार के लिए युद्ध करना मनुष्य के लिए अनिवार्य हो जाता है।

दिनकर के इन परस्पर विरोधी प्रतीत होने वाले विचारों का स्रोत बर्ट्रेंड रसेल, नीत्शे, डार्विन और मार्क्स से लेकर रवीन्द्र, इक़बाल और गीता तक विभिन्न दार्शनिक पृष्ठभूमियों में ढूँढ़ने की सार्थक कोशिशें हुई हैं। किंतु इस संबंध में दिनकर पर सर्वाधिक प्रभाव तिलक और गाँधी का प्रतीत होता है।

जैसा हम ज़िक्र कर चुके हैं—दिनकर के काव्य में, विशेषकर *कुरुक्षेत्र* में युद्ध और शान्ति का, हिंसा और अहिंसा का यह द्वन्द्व द्वितीय विश्व युद्ध से हुए महाविनाश की प्रतिक्रिया तो है ही किंतु यह द्वन्द्व भारत के स्वतंत्रता-संग्राम की दो प्रमुख धाराओं के द्वन्द्व में भी अनुस्यूत है। साथ ही यह दिनकर का निजी द्वन्द्व ही नहीं है; वरन् उस युग के पूरे मध्यमवर्गीय युवा-वर्ग के हृदय का अंतर्द्वंद्व है। उक्त दो धाराओं में से—

1. पहली धारा क्रांतिकारियों की विचारधारा है जिस पर तिलक और रूसी क्रांति का भी असर है और जो स्वराज्य के लिए उचित-अनुचित, हिंसक-अहिंसक सभी साधनों को अपनाने को प्रस्तुत थी।
2. दूसरी वह धारा, जो गाँधी जी के नेतृत्व में स्वराज्य के महान लक्ष्य को उतने ही महान साधनों सत्य और अहिंसा से प्राप्त करना चाहती थी।

दिनकर के काव्य में ये दोनों ही स्वर मौजूद हैं, और पूरी शिद्दत के साथ हैं। एक ओर *कलिंग-विजय* के दिनकर हैं तो दूसरी ओर *परशुराम की प्रतीक्षा* के रचयिता हैं।

चाहे *कुरुक्षेत्र* हो या *परशुराम की प्रतीक्षा,* साध्य के रूप में दिनकर ने सदैव शान्ति और अहिंसा को ही स्वीकार किया है; युद्ध और हिंसा को कभी नहीं। *कुरुक्षेत्र* का अंत इस विश्वास के साथ होता है कि—

''आशा का प्रदीप जलाए चलो धर्मराज
एक दिन होगी मुक्त भूमि रण-भीति से।''

किंतु साधन के रूप में अहिंसा की व्यावहारिकता को लेकर दिनकर का हृदय द्विधाग्रस्त है। इसका सबसे बड़ा कारण है—कथित 'शान्ति' या 'अहिंसा' का निष्क्रिय रूप (यह गाँधी जी की सक्रिय अहिंसक संघर्ष की नीति से निश्चित रूप से अलग है।); जो असमानता और शोषण को बनाए रखने का साधन बनता है। इसे ही दिनकर ने *कुरुक्षेत्र* में 'नकली शान्ति' कहा है। पराधीन भारत में 'पैक्स ब्रिटानिका' के रूप में भारत में शान्ति-स्थापना का उपनिवेशवादी खोखला दावा इसी छद्‌म शान्ति का एक उदाहरण है। हारे हुए देशों पर विभेदकारी संधियों से जबरन लादी गई द्वितीय विश्व युद्ध से पहले की शान्ति भी इसी प्रकार की थी। आज के एन.पी.टी. जैसे विभेदकारी क़रारों में भी इसी छद्‌म शान्ति के दर्शन होते हैं।

"शान्ति! सुशीतल शान्ति! कहाँ
वह समता देने वाली
देखो, आज विषमता की ही
वह करती रखवाली।"

दिनकर की अपनी कुछ पूर्व-धारणाएँ या मान्यताएँ हैं जो उनके काव्य में भी उभर कर आती हैं—पहली तो यह कि दया, क्षमा, सहनशीलता, अहिंसा व्यक्तिगत गुणों के रूप में तो स्पृहणीय हैं, किंतु ये समुदाय के गुण बन जाएँ तो समुदाय नष्ट हो जाता है। व्यक्ति और समुदाय के लिए अलग-अलग नैतिकता को स्वीकार करने में दिनकर, रसेल से प्रभावित हैं। इसलिए दिनकर युद्ध के समय क्षमा, दया, सहनशीलता आदि गुणों को समुदाय के लिए अव्यवहार्य मानते हैं।

"व्यक्ति का है धर्म तप, करुणा, क्षमा
व्यक्ति की शोभा विनय भी, त्याग भी
किंतु उठता प्रश्न जब समुदाय का
भूलना पड़ता हमें तप-त्याग को।"

भारतीय स्वाधीनता संग्राम के 'गाँधी युग' से पहले अहिंसा आदि गुणों के इस तरह सामुदायिक इस्तेमाल से सफलता प्राप्त करने का इतिहास में कोई उदाहरण मिलता भी नहीं। रसेल और दिनकर दोनों युद्ध का मनोवैज्ञानिक कारण मनुष्य में अब तक बची हुई पाशविक प्रवृत्तियों को मानते हैं और यह भी कि इन पाशविक प्रवृत्तियों के उन्नयन से ही युद्ध का स्थायी समाधान संभव है।

दिनकर की दूसरी मान्यता यह कि क्षमा आदि गुण उसी व्यक्ति के संदर्भ में गुण हैं जिसके पास शक्ति है; अन्यथा वे कायरता को छिपाने के आवरण मात्र हैं।

"क्षमा शोभती उस भुजंग को जिसके पास गरल हो
उसको क्या जो दंतहीन, विषरहित, विनीत सरल हो?"

हिन्द-स्वराज में गाँधी जी भी यही लिखते हैं कि 'बराबरी का आदमी अर्ज़ी करेगा तो वह उसकी नम्रता की निशानी मानी जाएगी। गुलाम अर्ज़ी करेगा तो वह उसकी गुलामी की निशानी होगी। जिस अर्ज़ी के पीछे बल है वह बराबरी के आदमी की अर्ज़ी है।' इस स्पष्टीकरण की कोई आवश्यकता नहीं है कि गाँधी जी के मत में 'बल' से तात्पर्य केवल आत्मबल से है, इससे कुछ अलग हटकर दिनकर देह और मन दोनों की शक्ति को 'बल' में शामिल मानते हैं।

तीसरे, दिनकर यह मानते हैं कि 'देह' की लड़ाई 'देह' से और 'मन' की लड़ाई 'मन' की शक्ति से लड़ी और जीती जाती है।

"कौन केवल आत्मबल से जूझ कर,
जीत सकता देह का संग्राम है?
पाशविकता खड्ग जब लेती उठा,
आत्मबल का एक बस चलता नहीं।"

साथ ही दिनकर यह भी मानते हैं कि मनुष्य अभी विकास के क्रम में है। अभी उसमें पशुत्व की मात्रा अधिक है; विकास के अगले चरणों में अहिंसा को साधन रूप में अपनाने में उसे अभी समय लगेगा—

''किन्तु, हाय, आधे पथ तक ही
पहुँच सका यह जग है,
अभी शान्ति का स्वप्न दूर
नभ में करता जगमग है।''

दिनकर का काव्य उस युग-चेतना की प्रतिध्वनि है जब पराधीनता से मुक्ति सर्वोच्च प्राथमिकता थी। गाँधी जी ने भी कहा था कि जब अंतिम चुनाव हिंसा और कायरता के बीच हो तो मैं हिंसा को चुनना पसंद करूँगा। देश की पराधीनता को चुपचाप सहन करने से बड़ी कायरता और क्या हो सकती है?

''किसने कहा पाप है समुचित
स्वत्व-प्राप्ति हित लड़ना?
उठा न्याय का खड्ग समर में
अभय मारना-मरना?

क्षमा, दया, तप, तेज, मनोबल
की दे वृथा दुहाई,
धर्मराज, व्यंजित करते तुम
मानव की कदराई।''

कुरुक्षेत्र में युधिष्ठिर की अहिंसा यही पलायनवादी अहिंसा थी जो अन्याय से संघर्ष की बजाय उससे मुँह छिपाना चाहती थी; *गीता* में अर्जुन के मोह से यह भिन्न नहीं है। ऐसी पलायनवादी नकली शान्ति और अहिंसा शोषण की कड़ियाँ मज़बूत करने का काम करती हैं और विषमता की सृष्टि कर एक नये युद्ध की पृष्ठभूमि का निर्माण करती हैं।

''शोषण की शृंखला के हेतु बनती जो शान्ति,
युद्ध है, यथार्थ में वो भीषण अशान्ति है''

हिंसामुक्त समाज और वास्तविक शान्ति की आकांक्षा एवं युद्ध और हिंसा के प्रति घृणा ही दिनकर को हिंसा का मूल खोजने को विवश करती हैं।

''समर निंद्य है धर्मराज पर कहो शान्ति वह क्या है?
जो अनीति पर स्थित होकर भी बनी हुई सरला है''

अत: दिनकर के अनुसार शोषण और अन्याय को बनाए रखने के साधन के रूप में छद्म शान्ति और निष्क्रिय अहिंसा त्याज्य है; इनके विरुद्ध संघर्ष ही वरेण्य है—जहाँ

तक संभव हो अहिंसा से और यदि ज़रूरत पड़े तो हिंसक साधनों से भी। दिनकर अहिंसा को परमधर्म मानते हुए भी 'परमधर्म' की साधना के लिए 'आपद्धर्म' के रूप में हिंसा से परहेज़ नहीं करते।

'देह की लड़ाई देह से' जीतने की मान्यता रखने वाले दिनकर युद्ध के कारणों पर शोध करते-करते *कुरुक्षेत्र* में युद्ध की मनोभूमि ईर्ष्या, द्वेष, घृणा, स्वार्थ और लोभ तक पहुँच जाते हैं और उन्हें ही हिंसा का मूल सिद्ध करते हैं। *कुरुक्षेत्र* के अंत तक आते-आते तो वे साधन के रूप में भी अहिंसक उपायों के पक्षधर प्रतीत होते हैं—

''प्रेरित करो इतर प्राणी को, निज चरित्र के बल से।
भरो पुण्य की किरण प्रजा में, अपने तप निर्मल से।''

अतः दिनकर के काव्य में युद्ध और शान्ति, हिंसा और अहिंसा का द्वन्द्व आदर्श को लेकर नहीं है; वरन् यथार्थ में उसकी व्यावहारिकता को लेकर है; यह द्विधा साध्य को लेकर नहीं साधन के रूप में अहिंसा के प्रयोग को लेकर है। युद्ध और हिंसा के प्रति दिनकर की घृणा का इससे बढ़कर प्रमाण क्या हो सकता है कि इनके काव्य में विजेता भी सदैव युद्ध के विनाश पर विलाप करता है, चाहे *कलिंग-विजय* का अशोक हो या *कुरुक्षेत्र* का युधिष्ठिर।

''आशा मनुजत्व की विजेता के विलाप में है''

दिनकर में जहाँ भी हिंसा का समर्थन प्रतीत होता है, वह कवि के हृदय का अधैर्य है; और यह अधैर्य भी उदात्त और प्रशंसनीय है क्योंकि यह अन्याय और शोषण को जल्द-से-जल्द मिटाने के लिए है; अतः यह उनके द्वारा अन्यत्र प्रतिपादित 'परमधर्म अहिंसा' से असंगत नहीं है।

विज्ञान के विनाशकारी प्रभावों के विरुद्ध चेतना भी *कुरुक्षेत्र* के प्रतिपाद्य की दृष्टि से महत्त्वपूर्ण है जिसे पूरा छठा सर्ग समर्पित है। इसमें इस विनाश के लिए हृदय के मुकाबले बुद्धि के अबाध प्रसार को उत्तरदायी ठहराया गया है। *कुरुक्षेत्र* के छठे सर्ग में विज्ञान के विनाशकारी प्रभावों के चलते हिरोशिमा में परमाणु बम द्वारा विनाश के विरुद्ध प्रतिक्रिया और बर्ट्रेंड रसेल के विचारों का असर है। परमाणु बम के आविष्कार से पूर्व भी पश्चिम में विज्ञान के विकास और औद्योगिक क्रांति की कीमत भारत जैसे पराधीन देशों को उपनिवेशवाद के रूप में चुकानी पड़ी थी। लोभ की प्रेरणा से चालित यह विज्ञान पश्चिम की प्रगति के लिए पूर्व के उपनिवेशों के शोषण का माध्यम बन गया था। इसी शोषक पश्चिमी सभ्यता को गाँधी जी ने *हिन्द-स्वराज* में 'शैतानी सभ्यता' कहा था। टॉलस्टॉय और जॉन रस्किन जैसे पाश्चात्य चिंतकों ने भी इस सच्चाई को स्वीकारा। इन सभी चिंतकों के समान दिनकर भी इस समस्या का मूल कारण यह मानते हैं कि यह सभ्यता देह और बुद्धि को ही सब-कुछ मानती है और मनुष्य के हृदय या आत्मा की उपेक्षा करती है—

"यह प्रगति निस्सीम! नर का यह अपूर्व विकास!
चरण-तल भूगोल! मुट्ठी में निखिल आकाश!
किन्तु, है बढ़ता गया मस्तिष्क ही निःशेष,
छूट कर पीछे गया है रह हृदय का देश;
नर मनाता नित्य नूतन बुद्धि का त्योहार,
प्राण में करते दुखी हो देवता चीत्कार।"

विज्ञान की अंध-प्रगति से उत्पन्न इस विडम्बना का मूल कारण यह है कि आधुनिक युग का मनुष्य हृदय से अधिक बुद्धि के अधीन हो गया है। रसेल ने अपनी पुस्तक *अथॉरिटी एण्ड इंडिविज़ुअल* में इस समस्या को उठाया है—

"We know too much and feel too little."

दिनकर ने भी इसी निर्बाध बढ़ती बुद्धि पर चिंता प्रकट की है। दिनकर अपने प्रिय प्रतीक 'अर्धनारीश्वर' में नारी को हृदय का प्रतीक मानते हुए उसके गुणों के प्रत्येक नर में विकास को युद्ध की समस्या का स्थायी हल मानते हैं।

अथॉरिटी एण्ड इंडिविज़ुअल में रसेल मानते हैं कि कभी-कभी क़ानून तोड़ना अपराध नहीं कर्तव्य बन जाता है। दिनकर भी *कुरुक्षेत्र* में भीष्म के बहाने यह सिद्ध करते हैं कि अन्याय के प्रतिकार के लिए प्रचलित व्यवस्था के विरुद्ध विद्रोह प्रशंसनीय है। रसेल और *कुरुक्षेत्र* के दिनकर दोनों मानते हैं कि आदिम युग में मनुष्य अधिक स्वतंत्र था एवं सभ्यता के विकास के साथ इसके बंधनों में वृद्धि हुई है।

कुरुक्षेत्र में दिनकर एवं इनसे भी पहले *कामायनी* में जयशंकर प्रसाद मानव के बुद्धि-प्रेरित अंध-विकास की बजाय उसके हृदय को प्रधानता देते हैं। *कुरुक्षेत्र* के षष्ठम् सर्ग में दिनकर मानते हैं कि 'हृदय' की उपेक्षा के कारण ही विज्ञान के कल्याणकारी आविष्कार भी अपना शुभधर्म भूल कर मात्र बुद्धि-प्रेरित होकर कुछ मनुष्यों की वासना-पूर्ति का साधन बन रहे हैं। इसी कारण विज्ञान का अंध-विकास युद्ध का कारण बन रहा है।

दिनकर बुद्धि और हृदय के द्वन्द्व में बुद्धि को इसलिए तिरस्कृत करते हैं क्योंकि बुद्धि मनुष्य को द्विधाग्रस्त कर देती है, जबकि हृदय (इन्ट्यूशन या सहजबुद्धि) उसे सही निर्णय लेने में सक्षम बनाता है। बुद्धिचालित होने के कारण द्विधाग्रस्त भीष्म द्रौपदी के अपमान का प्रतिकार नहीं कर पाये और न ही पांडवों के प्रति हुए अन्याय का विरोध कर न्याय का पक्ष ले सके।

मानववाद दिनकर की अन्य कृतियों की तरह *कुरुक्षेत्र* में पूरी शक्ति से प्रतिपादित है। विशेषकर सप्तम् सर्ग में प्रतिपादित है कि समतावादी समाज ही युद्ध का स्थायी समाधान हो सकता है। दिनकर निःसंदेह ईश्वर की सत्ता में विश्वास करते हैं, *कुरुक्षेत्र* में कई पंक्तियाँ इसको प्रमाणित करती हैं परन्तु इस कारण मार्क्स के विचारों के उन पर प्रभाव

को हल्का करके नहीं आँका जा सकता। दिनकर के समावेशी मानववाद में गाँधी, मार्क्स, रवीन्द्रनाथ, इक़बाल, रूसो, रसेल सभी शामिल हैं। कहीं-कहीं तो नीत्शे की झलक भी मिलती है। वास्तव में यह मानववाद भारतीय नवजागरण के ज़रिए उन्हें प्राप्त हुआ है।

कुरुक्षेत्र में दिनकर अस्वस्थ निवृत्ति और पलायनवादी संन्यास की बजाय लोक-कल्याणकारी प्रवृत्तिमार्ग को स्पृहणीय समझते हैं—

"जीवन उनका नहीं युधिष्ठिर,
जो उससे डरते हैं,
वह उनका, जो चरण रोप,
निर्भय होकर लड़ते हैं।"

कुरुक्षेत्र के सातवें सर्ग में भीष्म शेष विश्व को जलता हुआ छोड़कर युधिष्ठिर के वैयक्तिक मुक्ति के प्रयास—संन्यास की निन्दा करते हैं। वैयक्तिक मुक्ति के स्थान पर वे समष्टि की मुक्ति में अपनी मुक्ति खोजने पर बल देते हैं—

"धर्मराज, जिसके भय से तुम
त्याग रहे जीवन को,
इस प्रदाह में देखो जलते
हुए समग्र भुवन को।"

यहाँ स्वामी विवेकानन्द के विचारों का स्पष्ट प्रभाव है। भीष्म के चरित्र में ब्रह्मचर्य-व्रत के प्रति खेद-प्रकाशन द्वारा भी दिनकर जीवन में कर्तव्य एवं प्रेम के संतुलन वाले गार्हस्थ्य की महिमा प्रतिपादित करते हैं।

भाग्यवाद के आधार पर असमानता और शोषण को उचित ठहराने का ये पूरी शक्ति से विरोध करते हैं, साथ ही ये यह मानते हैं कि मनुष्य अपने पुरुषार्थ से भाग्य को बदल सकता है—

"ब्रह्मा का अभिलेख पढ़ा करते निरुद्यमी प्राणी,
धोते वीर कु-अंक भाल का बहा भ्रुवों से पानी।"

'कर्म और भाग्य' के द्वन्द्व के संबंध में विवेचन *रश्मिरथी* में भी विस्तार से किया गया है।

दिनकर जगत् को मिथ्या नहीं समझते। 'जगत्' को उन्होंने बहुधा 'मिट्टी' के प्रतीक से अभिव्यक्त किया है। 'स्वर्ग' एवं 'मिट्टी' का द्वन्द्व *उर्वशी* के आरंभ में है और *रश्मिरथी* में इन्द्र द्वारा कर्ण के कवच-कुण्डल माँगे जाने के प्रसंग में। यह द्वन्द्व *कुरुक्षेत्र* में भी है, जहाँ किसी काल्पनिक सुख की आशा में धरती के जीवन की उपेक्षा को दिनकर अनुचित मानते हैं—

"ऊपर सब कुछ शून्य-शून्य है,
कुछ भी नहीं गगन में,
धर्मराज! जो कुछ है, वह है
मिट्टी में, जीवन में।"

जीवन और जगत् के प्रति यह प्रवृत्तिपरक दृष्टिकोण तत्कालीन युग की माँग थी जो रवीन्द्रनाथ जैसे कवि के लिए ही नहीं अरविन्द जैसे संन्यासी के लिए भी आवश्यक बन गया, क्योंकि भारत के पराधीन होने का एक कारण निवृत्तिपरक दृष्टिकोण था।

युद्ध को समाप्त करने के लिए दिनकर अन्याय और शोषण का अन्त कर समतावादी समाज की रचना को सच्चा और स्थायी समाधान मानते हैं—

"जब तक मनुज-मनुज का यह
सुख-भाग नहीं सम होगा,
शमित न होगा कोलाहल,
संघर्ष नहीं कम होगा।"

यहाँ दिनकर पर मार्क्स के विचारों का स्पष्ट प्रभाव है। *कुरुक्षेत्र* पर *गीता* का प्रभाव तिलक की प्रवृत्तिवादी व्याख्या के संदर्भ से है। सप्तम् सर्ग में आद्य समतामूलक समाज की परिकल्पना पर रूसो के विचारों का असर स्पष्ट है।

कुरुक्षेत्र की एक विशेषता इसकी लोकतांत्रिक चेतना है। इसमें गुप्त जी के *साकेत* से भी अधिक मुखर रूप से राजतन्त्र की निन्दा, हज़ारों वर्ष पुराने कथानक का उपयोग करते हुए उसे आधुनिक युगबोध प्रदान करने का एक उदाहरण है—

"राजतन्त्र द्योतक है नर की
मलिन, निहीन प्रकृति का,
मानवता की ग्लानि और
कुत्सित कलंक संस्कृति का।"

मनुष्य की क्षमताओं में दिनकर का अटूट विश्वास है—

"इस भुज, इस प्रज्ञा के सम्मुख
कौन ठहर सकता है?
कौन विभव वह, जो कि पुरुष को
दुर्लभ रह सकता है?"

मानव के विकास की अटूट आशा रखते हुए भी दिनकर को उसकी प्रगति के प्रति असन्तोष है। इनके अनुसार 'सृष्टि का शृंगार' मनुष्य अभी भी अपनी पशु-प्रवृत्तियों से मुक्त नहीं हो पाया है।

इस संकलन में *कुरुक्षेत्र* के सभी पक्षों पर विभिन्न विद्वानों के विचारों को समेटने का प्रयास किया गया है। डॉ. सावित्री सिन्हा, दिनकर के काव्य की गंभीर

अध्येता हैं। वे दिनकर की कविताओं को व्यष्टि-चेतना और समष्टि-चेतना की कविताओं में विभाजित करती हैं और *कुरुक्षेत्र* को 'समष्टि-चेतना' के वर्ग में रखती हैं। वे यह भी मानती हैं कि 'द्वन्द्व-गीत' आदि पूर्व में रचित कविताओं में अभिव्यक्त दिनकर के मानसिक द्वन्द्व के ये दोनों पक्ष *कुरुक्षेत्र* में युधिष्ठिर और भीष्म के माध्यम से अभिव्यक्त हुए हैं। वे 'विपथगा' आदि क्रांतिधर्मी कविताओं को *कुरुक्षेत्र* की पृष्ठभूमि मानते हुए इसे हिन्दी का प्रथम युद्धकाव्य घोषित करती हैं। *कुरुक्षेत्र* के भावपक्ष को वे तीन प्रमुख भागों में विभाजित करती हैं—युधिष्ठिर द्वारा उठाई हुई समस्याएँ, भीष्म द्वारा स्थापित जीवन-दर्शन, कथानक से स्वतंत्र कवि द्वारा स्वीकृत मान्यताएँ। वे दिनकर की इस मान्यता को रेखांकित करती हैं कि देह की लड़ाई देह से लड़ी जाती है और युद्ध आपद्धर्म के रूप में अनिवार्य विकार है। वे यह भी मानती हैं कि दिनकर युद्ध और हिंसा को साध्य नहीं मानते। युद्ध से इतर *कुरुक्षेत्र* के दर्शन की मुख्य प्रवृत्तियों को वे भावमूलक तत्वों पर अभावमूलक तत्वों की विजय और जीवन के विभिन्न विरोधी तत्वों में सामंजस्य करने वाला मानती हैं। *कुरुक्षेत्र* के दर्शन को वे पाप पर पुण्य, भाग्यवाद पर कर्मवाद, निवृत्ति, जीवन पर मृत्यु, वैयक्तिक भोगवाद पर समष्टि-हित की विजय मानती हैं। अन्य विद्वानों के विपरीत डॉ. सावित्री सिन्हा *कुरुक्षेत्र* के दर्शन में संतुलन और सामंजस्य देखती हैं।

डॉ. नंदकिशोर नवल *महाभारत* के 'शान्ति पर्व' को *कुरुक्षेत्र* की रचना का आधार मानते हुए इसके भाव पक्ष और शिल्प पक्ष की विस्तृत विवेचना करते हैं। वे युधिष्ठिर और भीष्म के चरित्र को परस्पर प्रतिपक्षी नहीं पूरक मानते हैं। दिनकर की भाषा में वे प्रसंगानुसार अत्यन्त ओजस्वी, ललित, गंभीर, मस्ती से लबरेज़ और संप्रेषणीय होने के गुण देखते हैं। काव्य के भाव पक्ष के लिए वे कहते हैं कि आत्म-भर्त्सना का ऐसा तीखा स्वर दिनकर के बाद फिर मुक्तिबोध में ही सुनाई पड़ता है और यह भी कि यहाँ छंद और विषय के पुराने होते हुए भी भीतर से प्रकट होने वाला आशय और उसकी विधि एकदम नई है, यह दिनकर की विशेषता है। *कुरुक्षेत्र* के षष्ठम् सर्ग के महत्त्व को वे विशेष रूप से रेखांकित करते हैं जिसमें हृदयहीन बुद्धि के आधिक्य से पीड़ित विज्ञानाधारित औद्योगिक सभ्यता से मनुष्यता के सम्मुख उपस्थित खतरे को बहुत व्यापक फलक पर उठाया गया है।

कुमार विमल युद्ध-काव्यों को आसन्न युद्ध-पूर्व काव्य, युद्धकालीन काव्य और युद्धोत्तर काव्य में विभाजित करते हुए इनकी वैश्विक परम्परा में *कुरुक्षेत्र* को देखते हैं और इसे विचार-प्रधान युद्धोत्तर काव्य मानते हैं। दिनकर के *कुरुक्षेत्र* और धर्मवीर भारती के *अंधा युग* को वे अंग्रेज़ी युद्धकाव्यों के समकक्ष मानते हैं। प्रो. विजेन्द्र नारायण सिंह अपने आलेख में *कुरुक्षेत्र* पर बर्ट्रेंड रसेल और तिलक के वैचारिक प्रभाव का आकलन करते हुए इसे 'ज्ञानी के प्रौढ़ मस्तिष्क का चमत्कार' मानने की बजाय 'एक

साधारण मनुष्य का शंकाकुल हृदय' मानते हैं। डॉ. सावित्री सिन्हा के विपरीत दिनकर के विचारों में द्वन्द्व को वे उनके चिंतन की असंगति मानते हैं कि युधिष्ठिर का चरित्र निकाल देने पर भी काव्य में विचारों की एकता छिन्न-भिन्न नहीं होती।

कुरुक्षेत्र के काव्यरूप पर भी विद्वानों में मतभेद है। डॉ. तारकनाथ बाली *कुरुक्षेत्र* को 'समस्यात्मक खंडकाव्य' मानते हैं तो डॉ. नगेन्द्र इसे पारिभाषिक रूप से 'सप्त-सर्ग-बद्ध पौराणिक प्रबंध काव्य' स्वीकार करते हुए भी 'लंबी चिन्ता-प्रधान कविता' मानते हैं। वस्तुतः इस काव्य का कलेवर पौराणिक प्रबंध काव्य का है परन्तु मूल चेतना विचारप्रधान लंबी कविता की है। डॉ. नगेन्द्र लिखते हैं कि *कुरुक्षेत्र* में सामग्री-नियोजन, शब्द-विन्यास, छंद और लय-योजना में सर्वत्र एक सुख-सरल गति है। बनाव-सिंगार का प्रयत्न न होने पर भी इसमें अद्‌भुत वक्रता, अर्थ-गौरव और समास-गुण मिलता है। समास-गुण का निर्देश कर डॉ. नगेन्द्र *कुरुक्षेत्र* के विषय में शब्द-स्फीति, विचार-अभिव्यक्ति के दुहराव की बहुप्रचलित धारणा के विपरीत अपना मत देते हैं।

डॉ. खगेन्द्र ठाकुर मानते हैं कि प्रबंध के प्रचलित अर्थों में दिनकर प्रबंध-काव्य की रचना में कुशल नहीं हैं। *कुरुक्षेत्र* प्रबंध-काव्य न होकर 'प्रबंधात्मक कविता' है। आधुनिक युग प्रबंध-रचना के अनुकूल भी नहीं है। डॉ. ठाकुर युधिष्ठिर और भीष्म को पात्र या चरित्र नहीं प्रतीक मानते हैं और युधिष्ठिर को गाँधीजी के विचारों का प्रतीक मानते हैं। विचारों की ऊँचाई और अभिव्यक्ति की सफ़ाई को वे *कुरुक्षेत्र* की महत्त्वपूर्ण विशेषता मानते हुए कहते हैं कि दिनकर की वक्तव्य-प्रधान शैली इसमें उठे बड़े प्रश्नों के ऐतिहासिक महत्त्व के कारण नहीं अखरती। वे यह भी लिखते हैं कि *कुरुक्षेत्र* पीड़ितों के पक्ष का काव्य है जिसमें विजय के बावजूद उन्माद नहीं, बल्कि मनुष्यता की हानि पर दुख अभिव्यक्त है।

आचार्य नंददुलारे वाजपेयी अपने आलेख में 'अन्याय के प्रतिकार के लिए युद्ध की अनिवार्यता' को *कुरुक्षेत्र* का मूल संदेश मानते हैं। भीष्म की उक्तियों को आधार बनाकर वे यह भी कहते हैं कि कवि की मूल प्रेरणा सामाजिक न्याय या समता स्थापित करने की उतनी नहीं रही है जितनी हिंसात्मक साधनों का अवलंबन लेकर युद्ध का डंका बजाने की। डॉ. खगेन्द्र ठाकुर के विपरीत आचार्य वाजपेयी युधिष्ठिर के अकर्मण्य व्यक्तित्व को गाँधी जी की अहिंसा-दृष्टि से अलगाते हैं। वे यह भी लिखते हैं कि *कुरुक्षेत्र* में साधारण मनुष्य का ही नहीं, एक अच्छे कवि का हृदय बोलता मिलता है जो शंकाकुल ही नहीं, ओजस्वी और मनस्वी भी है। *कुरुक्षेत्र* के शैल्पिक वैशिष्ट्य पर भी एक पृथक आलेख इस पुस्तक में संकलित किया गया है।

इस प्रकार हम देखते हैं कि *कुरुक्षेत्र* के कथ्य और शिल्प के बारे में मत-वैभिन्य है। मतों की यह विविधता साहित्यिक लोकतंत्र का प्रतीक है और *कुरुक्षेत्र* के व्यापक फलक को व्यक्ति की दृष्टि में बांधने के प्रयास की सीमा का परिचायक भी। दिनकर

के बारे में कहा भी जाता है कि वे समस्या के कवि हैं समाधान के नहीं। *कुरुक्षेत्र* का भी सौंदर्य 'युद्ध और शान्ति', 'हिंसा और अहिंसा', 'प्रवृत्ति-निवृत्ति' की समस्या को पूरी शिद्दत के साथ उठाने में है। *कुरुक्षेत्र* युद्धकाव्य का एक नया निकष प्रस्तुत करता है। यह निकष युद्ध को समाप्त करने की संभावना खोजता है। दिनकर मानते हैं कि समतामूलक समाज की स्थापना ही युद्ध का स्थायी समाधान हो सकता है। साथ ही प्रश्न यह भी है कि क्या समाधान देना काव्य का काम है? उद्धत राष्ट्रवाद की धमक के साथ पूरे विश्व में आज युद्ध जैसी परिस्थितियों में पीड़ित मानवता शरणार्थी नज़र आ रही है। तब युद्ध और शान्ति का मूल प्रश्न उठाने वाला यह काव्य हमारा मार्गदर्शन कर सकता है। आज जिस विश्वयुद्ध का खतरा है वह मात्र कुछ राष्ट्रों का अन्य राष्ट्रों के विरुद्ध नहीं वरन् दुनिया के एक प्रतिशत नकली शान्तिवादी, अन्यायी यथास्थितिवादी, सुविधाभोगी, अनन्त-लोभ-वासनाग्रस्त व्यक्तियों द्वारा विश्व के सबसे पीड़ित, वंचित शेष मानव-समुदाय के विरुद्ध लड़े जाने की आशंका है। इस युद्ध के तरीके सैनिक भी हैं और आर्थिक भी। ये तो साधन के भेद हैं परन्तु इसके मूल में छिपा हिंसक भाव वही है। संकीर्णमना अन्यायी सत्ताएँ आज भी लोभ, स्वार्थ, अहंकारवश पूरे विश्व को विनाश के कगार पर पहुँचा रही हैं। *कुरुक्षेत्र* से जिस विमर्श की शुरुआत हुई है, उससे यह आशा अवश्य रखी जा सकती है कि एक-न-एक दिन मनुष्य के लालच, अन्याय, शोषण और उसके परिणाम सर्ववैनाशिक युद्ध की समस्या का स्थायी समाधान विश्व को अवश्य प्राप्त होगा; क्योंकि—

> *''कुरुक्षेत्र की धूल नहीं इति पन्थ की,*
> *मानव ऊपर और चलेगा;''*

इस पुस्तक में सम्मिलित आलेखों के लिए सभी लेखकों का हार्दिक आभार। धन्यवाद, जिन पुस्तकों से ये आलेख संकलित किए गए हैं, उन प्रकाशकों का भी। मेरा परिवार और मेरे मित्र धन्यवाद-ज्ञापन से असहज महसूस करते हैं; उनका यह सहज-स्नेह मेरी रचनात्मक शक्ति है। मैं इस अहेतुकी स्नेह के लिए हृदय से उनकी कृतज्ञ हूँ। इस पुस्तक के प्रकाशक को हार्दिक आभार, सुरुचिपूर्ण ढंग से दिनकर की इस कृति और इसमें उठाए व्यापक समसामयिक महत्त्व के प्रश्नों को नए सिरे से बहस में लाने के लिए। आचार्य नन्ददुलारे वाजपेयी के शब्दों में कहें तो ''*कुरुक्षेत्र* में मनुष्य मरे हैं, मनुष्यता नहीं मरी है। उसी मनुष्यता का नवविकास मानव समाज में रहकर करना होगा।'' *कुरुक्षेत्र* एक प्रकाश-स्तंभ की भाँति मानवता की उन्नति का मार्ग आलोकित करे, इन्हीं शुभकामनाओं के साथ...

—रेणु व्यास

renuvyas00@gmail.com

द्वन्द्वों के समन्वय की समष्टि चेतना

सावित्री सिन्हा*

दिनकर के मानसिक द्वन्द्व के दो पक्ष *कुरुक्षेत्र* में युधिष्ठिर और भीष्म के माध्यम से व्यक्त हुए। *कलिंग-विजय* में द्वन्द्वग्रस्त निवृत्ति अशोक की करुणा बन कर रह गई थी— *कलिंग-विजय* के आख्यान में बौद्ध धर्म की अहिंसा को स्वीकार करने के अतिरिक्त कोई समाधान नहीं था। युद्धजन्य-विध्वंस और अव्यवस्था के तात्कालिक समाधान के रूप में तो अशोक की प्रतिक्रियाओं को स्वीकार किया जा सकता था, परन्तु जीवन के स्थायी समाधान के रूप में उसे स्वीकार करना, दिनकर की मान्यताओं के बिलकुल ही विपरीत था। लेकिन यह कहना गलत होगा कि दिनकर ने युद्ध के प्रश्न को *कुरुक्षेत्र* में फिर से केवल अपने मताग्रह की पुष्टि के लिए ही उठाया। *कलिंग-विजय* में युद्धान्त पर उस विजय की भावात्मक प्रतिक्रिया का चित्रण था, जिसने अपने द्वारा किए हुए ध्वंस का प्रतिकार करुणा से किया। *कुरुक्षेत्र* के युधिष्ठिर के आँसुओं का अथाह सागर उन्हें कर्तव्याकर्तव्य का निर्णय करने में पूर्ण रूप से असमर्थ बना देता है। विजयी होने पर भी वे हारे हुए हैं, इस प्रकार युधिष्ठिर के निर्वेद और करुणा के द्वारा जीवन की मूलभूत समस्याओं का उद्घाटन मात्र किया गया है और उसी के व्याज से उनके प्रश्नों का समाधान प्रस्तुत किया गया है। निर्वेद और नैराश्य से भरे हुए युधिष्ठिर के पास आँसू, उच्छ्वास, ग्लानि और परिताप को छोड़कर और कुछ नहीं है, यदि यह कहें कि दिनकर की द्वन्द्वग्रस्त चेतना को युधिष्ठिर के व्यक्तित्व के माध्यम से पूर्ण रूप से खुलने का अवसर मिला है तो भी कोई अत्युक्ति न होगी। युधिष्ठिर के पास कुछ कहने को नहीं है, यहाँ तक कि भीष्म की हिंसा के विरोध में अहिंसा का प्रतिनिधित्व भी वह नहीं करते। आपद्धर्म के रूप में हिंसा के औचित्य और अहिंसा के सार्थक रूप का विवेचन भीष्म द्वारा

---

*दिल्ली विश्वविद्यालय में विभागाध्यक्ष रहीं सावित्री सिन्हा द्वारा लिखी पुस्तक *युगचारण दिनकर* और सम्पादित पुस्तक *दिनकर* प्रकाशित हो चुकी है।

ही होता है। युधिष्ठिर तो वेदना की उस चरम स्थिति पर पहुँच गए हैं जहाँ चेतना जड़ हो जाती है—

भर गया ऐसा हृदय दुख दर्द से,
फेन या बुदबुद नहीं उसमें उठा,
खींच कर उच्छ्वास बोले सिर्फ़ वे,
पार्थ मैं जाता पितामह पास हूँ।[1]

कुरुक्षेत्र की भूमिका में दिनकर ने लिखा है, 'यह तो *कुरुक्षेत्र* अन्ततः एक साधारण मनुष्य का शंकाकुल हृदय ही है जो मस्तिष्क के स्तर पर चढ़ कर बोल रहा है।' अब प्रश्न यह है कि इस शंकाकुल हृदय में कितना अंश आग बरसाने वाले दिनकर का है और कितना नैराश्य के अन्धकार में डूबते हुए दिनकर का? अथवा, उनके व्यक्तित्व में एक तीसरा अंश उदय हो रहा है जो उस भयंकर आग की ज्वाला को बाँध कर उसके ध्वंसक तत्व को सृजनात्मक और रचनात्मक रूप देना चाहता है। वास्तव में *कुरुक्षेत्र* में पहली बार दिनकर ने अपनी भावुक प्रतिक्रियाओं पर विचार की लगाम कसी है, पहली बार अपने ऊपर संयम रख कर चिन्तन-मनन का प्रयत्न किया है, और इसी कारण *कुरुक्षेत्र* पहले की कृतियों की अपेक्षा अधिक गौरवपूर्ण हो उठा है। छायावाद की भूमिका में दिनकर ने स्वयं लिखा है, 'सम अवस्था या मध्यम मार्ग की जैसे सर्वत्र महिमा देखी जाती है, वैसे ही, उसका साहित्य में भी महत्त्व है। निरी बुद्धि से कविता नहीं बनती, किन्तु कोरी भावुकता भी कविता के लिए अपर्याप्त है। अनुभूति के समय भावुकता, किन्तु, रचना के समय बुद्धि का सहयोग, यही वह मार्ग है जिससे ऊँचे साहित्य का सृजन हो सकता है।'[2] *कुरुक्षेत्र* दिनकर का प्रथम विचारात्मक अथवा चिन्तन प्रधान काव्य है, जिसमें 'द्वन्द्व गीत' के दिनकर शंका उठाते हैं और *हुंकार* के दिनकर शास्त्र और दर्शन का सहारा लेकर उनका समाधान करते हैं।

बाह्य परिस्थितियाँ बड़े-से-बड़े व्यक्ति को ऐसी परीक्षा में डाल देती हैं जिससे वह अपने मूल्यों, प्रतिमानों और आदर्शों के विरुद्ध कार्य करने की संशयग्रस्त स्थितियों में पड़ जाता है। मूल्यों का यह संशोधन उसके व्यक्तित्व और अस्तित्व मात्र को हिला देता है, ऐसी ही द्वन्द्व की स्थिति *कुरुक्षेत्र* के युधिष्ठिर की है। उनके मन में युद्ध का परिताप है। ध्वंस और विनाश के हृदयद्रावक दृश्यों से विचलित होकर, वे भीष्म पितामह की शरण में जाते हैं। उस रक्तसिक्त विजय में उन्हें अपनी हार ही दिखाई पड़ती है—सैन्य युद्ध का यह भीषण परिणाम उनकी ग्लानि का पहला तर्क उपस्थित करता है—

जानता कहीं जो परिणाम 'महाभारत' का,
तन-बल छोड़ मैं मनोबल से लड़ता;
तप से, सहिष्णुता से, त्याग से सुयोधन को,
जीत, नई नींव इतिहास की मैं धरता।[3]

---

1. *कुरुक्षेत्र*—दिनकर 2. काव्य की भूमिका—दिनकर 3. *कुरुक्षेत्र*

कर्तव्य के नाम पर किया गया युद्ध अनघ है, यह समझने का प्रयास करने पर भी उनका हृदय व्यथा और वेदना से ही भरा है—निराशा और ग्लानि के चरम क्षणों में जीवन से भागने में ही उन्हें मुक्ति दिखाई देती है। इसी पलायन का उत्तर भीष्म देते हैं अथवा द्वन्द्वग्रस्त दिनकर का उत्तर कर्मयोगी दिनकर देते हैं, जिन्होंने अब समस्याओं पर विचारभूमि करना आरम्भ कर दिया है। परन्तु यह बात ध्यान में रखने की है कि *कुरुक्षेत्र* की विचारभूमि *हुंकार* की भावभूमि पर टिकी हुई है। *हुंकार* की ईंटों की जड़ाई पर विचार का सीमेन्ट लगाकर *कुरुक्षेत्र* की रचना हुई है। *कुरुक्षेत्र* में राष्ट्र का स्थान विश्व ने ले लिया है और स्वतन्त्रता की लड़ाई का स्थान विश्वयुद्ध ने, परन्तु शौर्य और संघर्ष-नीति का मूलाधार और आदर्श वही है जो *हुंकार* में था।

प्रतिपाद्य की दृष्टि से *कुरुक्षेत्र* का विभाजन आसान नहीं है, क्योंकि उसमें विरोधी तत्वों के निराकरण और स्थापना के लिए अनेक विचार-सूत्रों का प्रयोग किया गया है, और बहुचर्चित काव्य होने के कारण अनेक आलोचकों ने इस विषय में अपनी-अपनी ढपली अपना-अपना राग वाली कहावत चरितार्थ की है। फिर भी उसके तीन मुख्य रूप माने जा सकते हैं—

1. युधिष्ठिर द्वारा उठाई हुई समस्याएँ
2. भीष्म द्वारा स्थापित जीवन-दर्शन
3. कथानक से स्वतन्त्र कवि द्वारा स्वीकृत मान्यताएँ

1. युधिष्ठिर का पक्ष निवृत्ति और पलायन का द्योतक है। जीवन के उदात्त तत्वों की रक्षा के प्रति जागरूकता के जो भाव उनके द्वारा व्यक्त कराए गए हैं, वे केवल प्रसंगवश हैं और उनके वैयक्तिक आदर्श हैं, जो *महाभारत* के 'धर्मराज' के व्यक्तित्व के निर्माण में सहायक होते हैं। उनके निर्वेद को गाँधी दर्शन का प्रतीक नहीं माना जा सकता, क्योंकि दिनकर का, गाँधी-नीति की व्यावहारिकता के प्रति चाहे जितना अविश्वास रहा हो, उसकी निर्भयता, अपराजेयता और श्रेष्ठता उन्होंने सर्वत्र खुले शब्दों में स्वीकार की है। युधिष्ठिर का परिताप, उनके आँसू, उनका निर्वेद, इस निर्भय अपराजेयता से ज़रा दूर पड़ते हैं। उनकी उक्तियाँ करुणा तथा निर्वेद से जड़ व्यक्ति की आकुल उक्तियाँ हैं, क्योंकि, विलाप में बुद्धि कम, पागल और विक्षिप्त भावना अधिक होती है। इसीलिए युधिष्ठिर का द्वन्द्व, दिनकर के *द्वन्द्व गीत* अधिक निकट पड़ता है, जिन्होंने मानो अपनी निवृत्ति-भावना को सदा के लिए मिटा देने को ही युधिष्ठिर में उसकी चरम परिणति दिखाई है।

भीष्म द्वारा प्रतिपादित दर्शन

कुरुक्षेत्र के प्रतिपाद्य के विषय में अनेक प्रकार के मत प्रकट किए गए हैं, कोई उसमें अराजकतावाद के तत्व देखता है, किसी को वह प्रगतिवादी रचना जान पड़ती है,

कोई उसमें स्वीकृत हिंसा के कारण उन पर हिंसावादी होने का आरोप लगाता है। इस मत-वैभिन्य को देखते हुए प्रस्तुत विषय का विश्लेषण और भी कठिन हो जाता है। इसलिए, यहाँ अपनी ओर से कुछ निष्कर्ष न देकर भीष्म की उक्तियों के विश्लेषण द्वारा ही अपने मन्तव्य को स्पष्ट करने का प्रयास किया जा रहा है।

युद्धान्त पर युधिष्ठिर की करुणा और परिताप के प्रति भीष्म की प्रथम प्रतिक्रिया ही इस बात की द्योतक है कि वह युधिष्ठिर के हृदय में जागे हुए, करुणा पर आधृत मानवतावादी आदर्श को समस्त विश्व में साकार देखना चाहते हैं—युधिष्ठिर के हृदय की विशालता और असीमता की थाह लेते हुए उनकी व्यथा का प्रथम विस्फोट इस प्रकार होता है—

...हाय नर के भाग!
क्या कभी तू भी तिमिर के पार
उस महत् आदर्श के जग में सकेगा जाग,
एक नर के प्राण में जो हो उठा साकार है
आज दुख से, खेद से, निर्वेद के आघात से।[4]

भीष्म को अन्धा हिंसावादी करार देने वालों के विरोध में सबसे प्रथम और सबल तर्क उनकी यह उक्ति है जहाँ वे करुणा और प्रेम के आदर्श को साध्य रूप में स्वीकार करके ही आगे बढ़ते हैं।

हुंकार की क्रान्ति और *कुरुक्षेत्र* के युद्ध की सामान्य पृष्ठभूमि

युद्ध के कारणों का विश्लेषण करते हुए जिन परिस्थितियों को उसके लिए उत्तरदायी सिद्ध किया गया है, उनका मूल *हुंकार* की क्रान्ति विषयक कविताओं में विद्यमान है। शोषक शासक की स्वार्थ नीति की विषैली साँसों से युद्ध की लपटें छूटती हैं तथा विकारों की शिखाएँ जब व्यापक बन कर समष्टि पर छा जाती हैं तभी युद्ध के वातावरण का निर्माण होता है। *हुंकार* की 'विपथगा' कविता में इसी प्रकार का भाव राष्ट्रीय स्तर पर व्यक्त हुआ है जहाँ क्रान्तिकुमारी की पायलों की झनकार तलवारों की झनझनाहट बनकर गूँज उठती है। *हुंकार* के राष्ट्रीय युद्ध और *कुरुक्षेत्र* के विश्वयुद्ध की परिस्थितियों के साम्य का विश्लेषण करने के लिए दोनों ही कृतियों के कुछ समानान्तर उद्धरण देना उचित जान पड़ता है, यद्यपि उससे प्रस्तुत विषय के कलेवर में अनावश्यक विस्तार हो जाने का भय है—'विपथगा' के जन्म और विकास की परिस्थितियाँ ये हैं—

पी अपमानों के गरल घूँट शासित जब होंठ चबाते हैं,
जिस दिन रह जाता क्रोध मौन, मेरा वह भीषण जन्मलग्न।

---

4. *कुरुक्षेत्र*

पौरुष की बेड़ी डाल पाप का अभय रास जब होता है
दुनिया को भूखों मार भूप जब सुखी महल में सोता है
सहती सब कुछ मन मार प्रजा, कसमस करता मेरा यौवन।

हिम्मत वाले कुछ कहते हैं तब जीभ तराशी जाती है
उल्टी चालें यह देख देश में हैरत-सी छा जाती है
भट्टी की ओदी आँच छिपी तब और अधिक धुँधुवाती है।
कोड़ों की खाकर मार पली पीड़ित की दबी कराहों में;
सोने सी निखर जवान हुई तप कड़े दमन के दाहों में;
मेरे चरणों में खोज रहे भय-कम्पित तीनों लोक शरण।[5]

इन्हीं से मिलती-जुलती परिस्थितियाँ *कुरुक्षेत्र* के युद्ध की पृष्ठभूमि में भी हैं, जहाँ भीष्म अधर्म पर टिकी हुई कृत्रिम शान्ति का विश्लेषण करके युद्ध के विध्वंस से विचलित युधिष्ठिर के मन का भार हल्का करना चाहते हैं—

सहते-सहते अनय जहाँ मर रहा मनुज का मन हो;
समझ कापुरुष अपने को धिक्कार रहा जन-जन हो;
अहंकार के साथ घृणा का जहाँ द्वन्द्व हो जारी,
ऊपर शान्ति, तलातल में हो छिटक रही चिनगारी
दबे हुए आवेश वहाँ यदि उबल किसी दिन फूटें
संयम छोड़, काल बन मानव अन्यायी पर टूटें
कहो, कौन दायी होगा उस दारुण जगद्दहन का?
अहंकार या घृणा? कौन दोषी होगा उस रण का?[6]

पृष्ठभूमि वही है अन्तर केवल इतना ही है कि *हुंकार* की अभिव्यक्ति में रूमानी कवि का असंयमित आक्रोश और विद्रोह है, *कुरुक्षेत्र* की उक्तियों में अभिजात कविता का गौरव और मार्दव है, उसमें क्रोधी युवक दिनकर के गर्जन के स्थान पर वयोवृद्ध पितामह की गम्भीरता है।

भीष्म, *हुंकार* के 'महामानव' के प्रतिरूप

पहले कहा जा चुका है कि 'कल्पना की दिशा' के 'महामानव खण्ड' में दिनकर ने जिस धर्मध्वजधारी विक्रमादित्य की कल्पना की थी, भीष्म द्वारा प्रतिपादित जीवन-दृष्टि में उसी का व्यावहारिक आरोपण मिलता है। *कुरुक्षेत्र* की रचना द्वितीय महायुद्ध के संहार और नाश की प्रतिक्रियाओं के फलस्वरूप हुई थी, और उसमें दिनकर का शंकाकुल हृदय मस्तिष्क के स्तर पर चढ़ कर बोला था। उनके शंकाकुल हृदय का

5. *हुंकार* 6. *कुरुक्षेत्र*

प्रतिनिधित्व युधिष्ठिर करते हैं और मस्तिष्क का भीष्म। *कुरुक्षेत्र* में चिन्तन, मनन और विचार प्रधान हैं इसलिए उसमें व्यक्त काव्य-चेतना के विश्लेषण का अर्थ है उसके विचार-तत्व और दर्शन का विश्लेषण। इस दृष्टि से *कुरुक्षेत्र* में व्यक्त दर्शन के दो रूप मिलते हैं। (1) कृति के मुख्य प्रतिपाद्य विषय युद्ध का दर्शन तथा (2) समग्र रूप से स्थापित सामान्य जीवन-दर्शन। इन्हीं दोनों दृष्टियों से *कुरुक्षेत्र* के दार्शनिक प्रतिपाद्य का विश्लेषण प्रस्तुत किया जा रहा है।

कुरुक्षेत्र में प्रतिपादित युद्ध-दर्शन

यह कहना अनुचित न होगा कि दिनकर जी हिन्दी के पहले कवि हैं, जिन्होंने 'युद्ध' को अपनी कविता का प्रतिपाद्य बनाया, उसके मूल कारणों तथा पक्ष-विपक्ष का विश्लेषण करके उससे उत्पन्न समस्याओं के समाधानों की ओर इंगित किया। द्वितीय महायुद्ध के भीषण संहार, हाहाकार और त्रास ने दिनकर को इस विषय पर सोचने को बाध्य किया। अपनी दुर्बलताओं और परिसीमाओं से लड़ने में ही मनुष्य सबसे निरीह होता है। पारिवारिक परिस्थितियों की विषमताओं के दबाव से उन्हें युद्ध-प्रचार विभाग में कार्य करना पड़ा। नियति का व्यंग्य देखिए कि जिस युवा कवि की कृतियाँ देश के लिए जेल जाने वाले नवयुवकों की जेबों में रहती थीं, जिसके सशक्त और ओजपूर्ण स्वर जनता में क्रान्ति की लहर उत्पन्न कर रहे थे, वही कवि परिस्थितियों के हाथ का खिलौना बन कर युद्ध-प्रचार में योग देने को अपना गला साफ़ कर रहा था। *कुरुक्षेत्र* की रचना ही इस बात का प्रमाण है कि दिनकर का मन उन दिनों कितना द्वन्द्वग्रस्त रहा होगा। जो भी हो, उन्हीं बाह्य परिस्थितियों और मानसिक संघर्षों के फलस्वरूप हिन्दी में विचारात्मक काव्य की नींव पड़ी और हिन्दी का प्रथम युद्ध-काव्य *कुरुक्षेत्र* लिखा गया।

कुरुक्षेत्र में दिनकर जी युद्ध के विषय में एक नया दृष्टिकोण लेकर आए। भले ही भारतीय और पाश्चात्य धारणाएँ पार्श्वभूमि और पृष्ठभूमि के रूप में हों, लेकिन स्थापनाएँ और संदेश उनके अपने हैं और वे इतने व्यावहारिक, सार्वभौम और पूर्ण हैं कि आज जब हमारे देश में युद्ध के बादल घिरे हुए हैं, *कुरुक्षेत्र* की एक-एक उक्ति सार्थक जान पड़ती है।

वर्तमान समस्या : पुराना माध्यम

वर्तमान समस्या के व्याख्यान और समाधान के लिए उन्होंने *महाभारत* का माध्यम क्यों चुना? इसके कुछ मुख्य कारण दिखाई देते हैं।

सबसे पहली बात तो यह है कि द्वितीय महायुद्ध के समय देश पराधीन होने के कारण, भारतीय जनता में युद्ध के प्रति न तो भावात्मक सहानुभूति थी न बौद्धिक। अंग्रेज़ों की प्रवंचक दमन-नीति ने तानाशाही शक्तियों से लड़ने वाली प्रजातन्त्रवादी

शक्तियों के विरुद्ध भारत में विरोधी और विद्रोही वातावरण उत्पन्न कर दिया था। अंग्रेज़ हमारे पहले शत्रु थे। उनकी विजय हमारे मन में आत्मगौरव का भाव नहीं भर सकती थी : हाँ, उनकी हार से हमें प्रच्छन्न सुख अवश्य मिलता था। हम एक सबल प्रजातन्त्रवादी देश की तानाशाही भोग रहे थे। ऐसी स्थिति में, युद्ध-काव्य की रचना में वर्तमान युद्ध की प्रेरणा परोक्ष ही रह सकती थी। दूसरी बात यह है कि दोनों ही विश्व-युद्ध भारत से बाहर सुदूर देशों में लड़े गये। आग की लपटों की आँच भारत तक पहुँची तो, लेकिन युद्ध की विभीषिका आँखों के सामने आती—ऐसी नौबत नहीं आई। आकाश में मँडराते हुए हवाई जहाज़, बम-प्रहारों से ढहते हुए गगनचुम्बी प्रासाद, भरभराती हुई दीवारें, छतरियों से उतरते हुए हवाबाज़, मशीनगनों और तोपों की गड़गड़ाहटों को कवि ने स्वयं नहीं देखा-सुना था—समाचार-पत्रों और रेडियो के विवरणों द्वारा ही उनके विषय में अनुमान और कल्पना की जा सकती थी। यह परोक्ष सम्पर्क कवि को अभिव्यक्ति का सबल माध्यम प्रदान करने के लिए काफ़ी नहीं था। इसके विपरीत, लंकाकांड और *महाभारत* के युद्ध-वर्णन उनके मानस में संस्कार रूप में जमे हुए थे। यही कारण है कि दिनकर जी ने निकट वर्तमान की समस्या को सुदूर अतीत के माध्यम से व्यक्त किया। युद्ध-नायकों के विषय में भी यही बात कही जा सकती है—कैसर, हिटलर, मुसोलिनी प्रथम और द्वितीय विश्व-युद्धों में विश्व-संहार के लिए चाहे जितनी बड़ी सीमा तक उत्तरदायी रहे हों, लेकिन भारतीय जनता तथा कवि के मानस में बने, दुर्वृत्तियों के प्रतीक दुर्योधन और रावण के व्यक्तित्वों से अधिक निकट नहीं आ सकते थे। इसी प्रकार युद्ध के सद्पक्ष के उद्घाटन में राम और युधिष्ठिर के समकक्ष प्रजातन्त्रवादी सत्ताओं के अग्रणी लायड जार्ज, विल्सन, चर्चिल अथवा रूज़वेल्ट को भी नहीं रखा जा सकता था। इन युद्धों में सद्असद का निर्णय भी कठिन था, क्योंकि दोनों ही महायुद्धों का मूल कारण राजनीतिक और आर्थिक शक्तियों की खींचतान मात्र था।

युद्ध एक अनिवार्य विकार

कुरुक्षेत्र का आरम्भ युद्धान्त पर युधिष्ठिर के हृदय की ग्लानि के चित्रण के साथ होता है। प्रस्तुत प्रसंग में युधिष्ठिर के निर्वेद का केवल इतना महत्त्व है कि उसके ब्याज से ही भीष्म पितामह द्वारा शौर्य की महिमा का व्याख्यान किया गया है तथा युद्ध के अनघत्व की स्थापना की गई है। युद्ध एक तूफ़ान है। जिस प्रकार तूफ़ान अनायास ही नहीं टूट पड़ता; उसी प्रकार मानव समाज में व्यक्तिगत, राजनीतिक और राष्ट्रीय स्तर पर जो विकारों की शिखाएँ धीरे-धीरे सुलगती रहती हैं, क्षोभ, घृणा, ईर्ष्या और द्वेष उनको प्रज्ज्वलित करते रहते हैं। वही आग देश-प्रेम अथवा राष्ट्र-प्रेम के व्याज

से युद्धाग्नि के रूप में फैल जाती है। युद्ध का आरम्भ अनय ही करता है। फिर धर्म, नीति तथा न्याय के मार्ग पर चलने वालों के लिए उसकी चुनौती स्वीकार करने के अतिरिक्त कोई विकल्प रह नहीं जाता। शान्तिप्रेमियों को भी युद्ध की ज्वाला में कूद पड़ना पड़ता है; तत्व-चिन्तन, गम्भीर विचार पीछे पड़ जाते हैं। युद्ध एक अनिवार्य विकार है और उसका उत्तर युद्ध से ही दिया जा सकता है, क्योंकि विषम रोग का उपचार मिष्टान्न नहीं, तिक्त औषधि है।

''रुग्ण होना चाहता कोई नहीं
रोग लेकिन आ गया जब पास हो
तिक्त औषधि के सिवा उपचार क्या?
शमित होगा वह नहीं मिष्टान से।''

युद्ध आपद्धर्म

भीष्म द्वारा हिंसा और युद्ध का प्रतिपादन कराने के कारण दिनकर जी पर हिंसावादी होने का आरोप लगाया जाता है, लेकिन उन्होंने हिंसा अथवा युद्ध को जीवन के साध्य या अन्तिम लक्ष्य के रूप में कभी नहीं स्वीकार किया। कोई भी कार्य चाहे वह वैयक्तिक हो अथवा समष्टिगत अपने-आप में पुण्य या पाप नहीं होता, पुण्य या पाप की कसौटी उस कार्य का लक्ष्य या उद्देश्य होता है। फिर युद्ध तो बिलकुल ही अपवाद है—

''क्योंकि कोई कर्म है ऐसा नहीं,
जो स्वयं ही पुण्य हो या पाप हो,
औ समर तो और भी अपवाद है,
चाहता कोई नहीं इसको, मगर,
जूझना पड़ता सभी को, शत्रु जब
आ गया हो द्वार पर ललकारता।''

युद्ध के पाप-रूप का भी विश्लेषण उन्होंने किया है। युद्ध के मूल कारण हैं वैयक्तिक और राष्ट्रीय स्तर पर विभिन्न प्रकारों की प्रतियोगिताएँ, स्पर्धा और ईर्ष्या तथा राजनीतिक शक्तियों का केन्द्रीकरण। दिनकर जी ने किसी भी राष्ट्र के लिए सैन्य-शक्ति का संतुलन और उसके प्रयोग की सामर्थ्य को राष्ट्र का आवश्यक अंग माना है। वे कहते हैं—

''सेना-साज हीन है परस्व हरने की वृत्ति,
लोभ की लड़ाई क्षात्र-धर्म के विरुद्ध है;
वासना-विषय से नहीं पुण्य उद्भूत होता,
वाणिज्य के हाथ की कृपाण ही अशुद्ध है;

चोट खा परन्तु, जब सिंह उठता है जाग,
उठता कराल प्रतिशोध हो प्रबुद्ध है;
पुण्य खिलता है चन्द्रहास की विभा में तब,
पौरुष की जागृति कहानी धर्म-युद्ध है।''

स्वत्व, धर्म और सम्मान की रक्षा के लिए जो युद्ध किया जाता है वह पाप नहीं होता। अत्याचार का प्रतिशोध लेने के लिए उठाई गई तलवार की चमक में पुण्य खिलता है। अत्याचार सहना पाप है, अन्यायी को अन्याय करने की हिम्मत करने का अवसर देना पाप है—

''छीनता हो स्वत्व कोई और तू त्याग तप से काम ले, यह पाप है।
पुण्य है विच्छिन्न कर देना उसे, बढ़ रहा तेरी तरफ़ जो हाथ है।''

देह की लड़ाई देह से

त्याग, तप, करुणा, दया-क्षमा मनुष्य के व्यक्तित्व का परिष्कार करते हैं, उसे मनुजत्व से देवत्व की ओर ले जाते हैं; इन्हीं की साधना मानव को अभीष्ट है, लेकिन यह केवल व्यक्ति-धर्म है, सामान्य धर्म है। युद्ध की स्थिति अपवाद है, क्योंकि आत्मबल मनोबल के सामने नहीं ठहर सकता—

''कौन केवल आत्मबल से जूझ कर
जीत सकता देह का संग्राम है?
पाशविकता खड्ग जब लेती उठा,
आत्मबल का एक वश चलता नहीं।''

इसी प्रकार हारी हुई जाति की अहिंसा, दया, करुणा और क्षमा का भी कोई अर्थ नहीं है। पराजित, शोषित और दलित की क्षमा कुलीन जाति का घोर कलंक है। पराजित का धर्म है प्रतिशोध, खोए हुए आत्मसम्मान की पुनः प्राप्ति। विवशता की स्थिति में की गई क्षमा अर्थहीन है, अभिशाप है—

''क्षमा शोभती उस भुजंग को, जिसके पास गरल हो।
उसको क्या जो दंतहीन, विषरहित, विनीत, सरल हो।''
तथा—
जेता के विभूषण सहिष्णुता क्षमा है, किन्तु
हारी हुई जाति की सहिष्णुता अभिशाप है।

मन तथा कर्म का तादात्म्य

अधर्म और अन्याय के प्रति एक ही प्रतिक्रिया उचित मानी जा सकती है—उसके निराकरण के लिए दहकते हुए अंगारों पर चलना, और बिना किसी तर्क-वितर्क के आक्रमणकारी को मार भगाना। तर्क-वितर्क बुद्धि-जन्य होते हैं। साधारणतः जो

विवेक, बुद्धि-ग्राह्य और कल्याणकारी होता है, युद्धकाल में वही विष बन जाता है। पुण्य और पाप, शान्ति और ध्वंस, मान और अपमान में कौन अभीष्ट है—अगर यह द्विधा मन में उत्पन्न हुई, अगर भुजा और मस्तिष्क अलग-अलग चले, तो युद्धकालीन कर्तव्य के पालन में व्याघात पहुँचता है। *कुरुक्षेत्र* के भीष्म बार-बार युधिष्ठिर को समझाते हैं—

"जहाँ भुजा का एक पंथ हो, अन्य पंथ चिन्तन का,
सम्यक् रूप नहीं खुलता उस द्वन्द्वग्रस्त जीवन का।
द्विधामूढ़, वह कर्म योग से कैसे कर सकता है?
कैसे हो सन्नद्ध जगत् के रण में लड़ सकता है?"

हिंसा, प्रतिशोध, घृणा इत्यादि सभी विकारी भावों को आपद्धर्म के रूप में न्यायोचित स्वीकार करने पर भी, न युद्ध को दिनकर ने कहीं साध्य माना है और न हिंसा को। *कुरुक्षेत्र* के तीनों पात्रों (युधिष्ठिर, भीष्म और स्वयं कवि) का अन्तिम लक्ष्य है—प्रेम और करुणा, दया और क्षमा पर आधृत मानवतावाद। पंचम सर्ग के अन्त में दारुण ऊहापोह और उद्वेलन के बाद युधिष्ठिर के सामने से निराशा और अवसाद का कुहासा मिट जाता है। वे नाश पर निर्माण की नींव रखने के लिए फिर से सन्नद्ध हो जाते हैं। रण-छिन्नलता में शान्ति-सुधा-फल के फलने का स्वप्न देखते हुए उनके द्वन्द्व की समाप्ति होती है—

कुरुक्षेत्र की धूलि नहीं इति पन्थ की,
मानव ऊपर और चलेगा;
मनु का यह पुत्र निराश नहीं,
नवधर्म-प्रदीप अवश्य जलेगा।

इसी प्रकार भीष्म भी सम्पूर्ण प्रसंग में शौर्य, हिंसा, क्रान्ति और युद्ध के औचित्य को सबल और समर्थ शब्दों में सिद्ध करने के बाद, रण-भीति से मुक्त पृथ्वी की कल्पना, हिंसा और बल-प्रयोग के आधार पर नहीं मनुष्य के प्रेम, स्नेह, बलिदान और त्याग को मूलभूत तत्व मान कर ही करते हैं—

भावना मनुष्य की न राग में रहेगी लिप्त,
सेवित रहेगा नहीं जीवन अनीति से;

स्नेह बलिदान होंगे माप नरता के एक,
धरती मनुष्य की बनेगी स्वर्ग प्रीति से।

षष्ठम् सर्ग का क्षेपक तो कवि ने प्रेम, दया, करुणा और धर्म-दृष्टि की स्थापना के

लिए ही लिखा है। उनके अनुसार आज के जीवन-दर्शन की सबसे बड़ी कमी यही है कि आज मस्तिष्क की तुलना में मनुष्य का हृदय पीछे पड़ गया है। रसवती भू के मनुज का श्रेय उसके आँसू हैं, प्रणय-वायु है, मानव के लिए समर्पित मानव की आयु है। उसका श्रेय है मनुज का समता-विधायक ज्ञान और स्नेह सिंचित न्याय, पारस्परिक विश्वास, उसका श्रेय है वह मानवतावाद, वह विश्वबन्धुत्व जो मनुष्य का मनुष्य से उचित सम्बन्ध जोड़ता है—मानव मात्र के आध्यात्मिक और भौतिक साम्य-स्थापना के लिए ही उनकी सहज गर्जना याचना की नम्रता और असहायता में परिवर्तित हो गई है—

साम्य की वह रश्मि स्निग्ध उदार,
कब खिलेगी, कब खिलेगी विश्व में भगवान?
कब सुकोमल ज्योति से अभिषिक्त—
हो, सरस होंगे जली-सूखी रसा के प्राण?

कुरुक्षेत्र में प्रतिपादित सामान्य जीवन-दर्शन

जीवन की अनेक समस्याओं के द्विमुखी और विरोधी पक्षों के साथ-साथ विश्लेषण और प्रतिपादन के कारण *कुरुक्षेत्र* के विषय में यह कहा जाता है कि उनकी दृष्टि द्वन्द्वग्रस्त और प्रतिपादन अस्पष्ट है। यह धारणा भ्रामक है। प्रत्युत, सत्य तो यह है कि *कुरुक्षेत्र* में आकर उनकी प्रवृत्तियाँ संतुलित हो गई हैं। उनके मूल्य निर्धारित हो गये हैं। 'कविता ज्ञान है या आनन्द' नामक लेख में आई.ए. रिचर्ड्स की जिन मान्यताओं का विश्लेषण दिनकर ने किया है, वे ही *कुरुक्षेत्र* पर लागू होती हैं। रिचर्ड्स के अनुसार 'कविता का महत्त्व ज्ञान-दान को लेकर नहीं मूल्यों को लेकर है। मनुष्य के भीतर अनेक प्रवृत्तियाँ चलती रहती हैं। ये सभी प्रवृत्तियाँ भूखी होती हैं और सबकी सब संतुलन खोजती हैं।' अनुभूतियाँ, वे श्रेष्ठ हैं जो संख्या में कम-से-कम प्रवृत्तियों को विफल करके अधिक-से-अधिक प्रवृत्तियों की तृषा को पूर्ण कर दें, उनके भीतर पारस्परिक संतुलन बिठा दें। कविता मनुष्य की चेतना में जो सुगबुगाहट उत्पन्न करती है उसका मूल्य इस बात पर निर्भर करता है कि यह सुगबुगाहट मनुष्य में कहाँ तक औदार्य की वृद्धि करती है, मनुष्य भीतर-ही-भीतर कहाँ तक प्रसार पाता है। यह औदार्य और प्रसार हृदय के उद्वेलन और द्वन्द्व से होता है। विचारक कवि की कविता में भी भावना ही प्रधान रहती है। यदि भावना पर विचार हावी हो जाता है तो कवि कलाकार न रह कर शास्त्रविज्ञ उपदेशक अथवा ज्ञानी बन जाता है। विचारप्रधान कविता की सृजन प्रक्रिया में दो शक्तियाँ साथ-साथ काम करती हैं। तर्कों से बँधे गतिहीन अथवा शिथिल-गति विचार को मानसिक प्रवृत्तियों से चंचल गतिशील भावनायें सजीव बनाती हैं, बुद्धि की स्थिरता, भावनाओं की द्रवणशीलता में बँध कर

हृदय का अंग बन जाती हैं, तभी विचारक कवि, कलाकार के रूप में अपने दायित्व का निर्वाह करने में समर्थ होता है। *कुरुक्षेत्र* में बुद्धिजन्य विचार और प्रवृत्तिजन्य राग का यह संघर्ष आरम्भ से अन्त तक विद्यमान है, इसलिए अनेक स्थलों पर विरोधाभास का भ्रम होने लगता है, जबकि वास्तव में सत्य यह है कि कुरुक्षेत्र में, विचार दिशा-निर्देश करते हैं और दिनकर की भावनायें उन्हें गति प्रदान करती हैं। मानसिक प्रवृत्तियों के बीच संतुलन और सामंजस्य की इस प्रक्रिया के कारण विरोधी तत्वों का समावेश *कुरुक्षेत्र* में अनिवार्य और अवश्यम्भावी हो गया है।

इसके अतिरिक्त एक बात और ध्यान में रखने की है। विचारप्रधान कविता में विरोधी-तत्व का समाविष्ट हो जाना स्वाभाविक और सहज है, क्योंकि भावप्रधान कविता की भाँति उसमें कवि दर्शक अथवा आश्रय मात्र न होकर विचारक और द्रष्टा होता है, इसीलिए *कुरुक्षेत्र* जैसी विचारप्रधान कविता को जब रस के शिकंजे पर चढ़ाया जाता है तो रस-सिद्धान्त में निहित सार्वभौम तत्वों पर विश्वास और आस्था रखते हुए भी मेरे मस्तिष्क में बड़े-बड़े प्रश्नचिह्न बन जाते हैं।

यह तो हुई विचारप्रधान कविता में विरोधी तत्वों के अस्तित्व के औचित्य की बात। *कुरुक्षेत्र* की द्वन्द्वग्रस्त जीवन-दृष्टि के प्रश्न पर निर्भ्रान्त और स्पष्ट रूप से यह कहा जा सकता है कि यहाँ आकर दिनकर का द्वन्द्व सदैव के लिए समाप्त हो गया है। अभी तक जीवन के विभिन्न प्रश्नों और समस्याओं के प्रति जो विरोधी दृष्टिकोण उनके सामने चले आ रहे थे, *कुरुक्षेत्र* में उनके सत्यासत्य का निर्णय हो गया है। मरण और जीवन, नाश और निर्माण में से सत्य कौन है, असत्य कौन ? प्रवृत्ति और निवृत्ति में कौन धर्म है, कौन अधर्म; संसार नित्य है अथवा अनित्य; सुन्दरता सत्य है अथवा उसके भीतर छिपी हुई कुरूपता; कलि का मुरझाना सत्य है अथवा विकास ? इत्यादि प्रश्न दिनकर के मन में दीर्घकाल से चले आ रहे थे। जैसे प्रौढ़ होकर व्यक्ति अपने हृदय के उद्वेलनों का शमन दर्शन और आध्यात्मिकता से करता है वैसे ही जीवन की विविध विषमताओं और विरोधी परिस्थितियों से उत्पन्न अवसाद और उद्वेलन, समस्याओं और प्रश्नों का समाधान दिनकर ने *कुरुक्षेत्र* में पाश्चात्य और भारतीय दर्शन के सार तत्वों को ग्रहण करके किया है। ऐसी स्थिति में इस कृति की मूल चेतना को द्वन्द्वग्रस्त मानकर उसके आधार पर उसके कवि को 'द्वन्द्व का कवि' सिद्ध करना अनुपयुक्त है। *कुरुक्षेत्र* की काव्य-चेतना का सम्यक् विश्लेषण हम उसके पूर्ववर्ती काव्य के परिपार्श्व में रख कर ही कर सकते हैं, और ऐसा करने पर *कुरुक्षेत्र* में आकर 'रेणुका' और 'द्वन्द्व गीत' की समस्याओं का स्वस्थ समाधान मिलता है, *हुंकार* की भाव प्रधान समष्टि-चेतना दर्शन से सम्पुष्ट होकर स्थायी हो जाती है। हिंसा और अहिंसा का कितना अंश साध्य है कितना त्याज्य, इनमें से कौन साध्य है, कौन साधन, इस विषय में भी कवि की दृष्टि

निर्भ्रान्त और स्पष्ट हो जाती है। दिनकर के मन में उठी हुई प्राय: हर शंका का स्वस्थ और संतुलित समाधान होता है, हर क्षेत्र की समस्या अभाव से भाव की ओर मुड़कर कवि की दृष्टि को आशावादी बनाती है। युद्ध-दर्शन के प्रसंग में हिंसा और अहिंसा, व्यक्ति-धर्म और समष्टि-धर्म इत्यादि प्रश्नों पर विचार किया जा चुका है। युद्ध से इतर व्यापक क्षेत्रों में *कुरुक्षेत्र* के दर्शन की दो मुख्य प्रवृत्तियाँ हैं—

1. अभावमूलक तत्वों पर भावमूलक तत्वों की विजय।
2. जीवन के विरोधी तत्वों में सामंजस्य की स्थापना।

अभावमूलक तत्वों पर भावमूलक तत्वों की विजय

पाप पर पुण्य की विजय *कुरुक्षेत्र* के प्रथम पाँच सर्गों में युद्ध की पृष्ठभूमि प्रधान है। अतएव, उसमें विवेचित प्रश्नों का मुख्य सम्बन्ध युद्ध-विषयक विभिन्न प्रश्नों को लेकर ही है। भीष्म की अनेक उक्तियों में कहीं-कहीं जीवन-दर्शन के व्यापक सिद्धान्त संकलित अवश्य हो गए हैं, लेकिन मुख्य रूप से जीवन का विश्लेषण और जीवनगत सत्यों का निर्धारण सप्तम् सर्ग में ही हुआ है। पंचम सर्ग के अन्त में युधिष्ठिर 'रागानल' के बीच तप कर कुन्दन हो चुके हैं, पाप की ग्लानि का अंधकार मिट चुका है, आत्मा की किरण उसके तिमिर पर विजय प्राप्त कर चुकी है, और दीर्घकाल से चला आता हुआ दिनकर के मन का द्वन्द्व भी समाप्त हो गया है, उनकी समस्या का भी समाधान हो गया है। परिस्थितियों की विवशता के अन्धकार में से उन्हें कर्तव्य का आलोक दृष्टिगत हो गया है। अपराध और पाप से उत्पन्न हीन भावना और ग्लानि मिट गई है। पाप पर पुण्य की विजय घोषित करते हुए वे उस मानव की जय बोलते हैं जो पाप के गहन गर्त में गिरकर फिर उठ खड़ा होता है और आलोक के मार्ग पर अग्रसर होता है। पाप और पुण्य जीवन के दो मार्ग हैं। मनुष्य का भाग्य है कि उसे इन दोनों पर ही चलना पड़ता है। पाप और दुख भोग कर ही उसे पुण्य के सुख की उपलब्धि होती है। मानव-जीवन का यह सत्य है। सप्तम् सर्ग के आरम्भ में ही अघ के गहन गर्त में गिरे हुए मानव की जय बोलते हुए दिनकर कहते हैं—

जय हो, अघ के गहन गर्त में गिरे हुए मानव की
मनु के सरल अबोध पुत्र की, पुरुष ज्योति-संभव की।
हार मान हो गई न जिसकी किरण तिमिर की दासी,
न्योछावर उस एक पुरुष पर कोटि-कोटि संन्यासी।

जीवन का नियम है अन्धकार के बाद आलोक की प्राप्ति। भौतिकताजन्य दुखों और उद्वेगों के उपरान्त ही आत्मा का आलोक प्राप्त होता है। रजनी के बाद ही ऊषा का आगमन होता है। पृथ्वी के हर व्यक्ति के वस्त्र वैतरणी के जल से मलिन हैं। आरम्भ से लेकर अन्त तक किसी का पथ उज्ज्वल नहीं रहता। मनुष्य का मार्ग पुण्य के शिखरों

और पाप के गर्तों से पूरित है, दोनों का सामना करते हुए वह उठता-गिरता आगे बढ़ता है। कभी गलत पैर पड़ने से वह गर्त में फँस जाता है, परन्तु फिर धूल झाड़ कर आश्वस्त होकर और सँभल कर वह सामने की ऊँचाइयों की ओर बढ़ता है। पाप पर पुण्य की विजय की आशा और आकांक्षा ही उसे आगे की ओर बढ़ाए लिए जा रही है। जब तक यह पुण्य-बल है इस पुण्य का विश्वास है तब तक मनुष्य हार नहीं सकता—

जब तक है अवशिष्ट पुण्य-बल की नर में अभिलाषा,
तब तक है अक्षुण्ण मनुज में मानवता की आशा।

'द्वन्द्व गीत' के पाप से भयभीत, जीवन और जगत् की नश्वरता से सहमे हुए दिनकर को जीवन के इस सत्य पर विश्वास हो गया है कि—

मही नहीं जीवित है मिट्टी से डरने वालों से,
जीवित है वह उसे फूँक सोना करने वालों से।
ज्वलित देख पंचाग्नि, जगत से निकल भागता योगी,
धुनी बना कर उसे तापता अनासक्त रसभोगी।

भाग्यवाद पर कर्मवाद की विजय

बात-बात पर ईश्वर की कृपा की याचना करने वाले, हर समस्या को लेकर भाग्य का रोना रोने वाले उदयकालीन दिनकर में अब प्रचण्ड विश्वास की किरणें फूट पड़ी हैं। उनमें मध्याह्न के सूर्य की प्रखरता और शक्ति आ गई है, मनुष्य की शक्ति पर उनका विश्वास दृढ़ हो गया है। मनुष्य की कर्मशक्ति और प्रज्ञा अब उन्हें दुर्लभ से दुर्लभ अभीष्ट की प्राप्ति में समर्थ जान पड़ती है। भाग्यवाद पर कर्मवाद की विजय की स्थापना करते हुए वे कहते हैं—

भाग्यवाद आवरण पाप का
और शस्त्र शोषण का,
जिससे रखता दबा एक जन
भाग दूसरे जन का।

ब्रह्मा का अभिलेख पढ़ा—
करते निरुद्यमी प्राणी,
धोते वीर कु-अंक भाल का
बहा भ्रुवों से पानी।

निवृत्ति पर प्रवृत्ति की विजय

ग्लानि और पश्चाताप के आँसुओं से धुल कर युधिष्ठिर के अधीर हृदय को आशा की एक किरण प्राप्त हुई। वह आशा जो पुण्य और पाप दोनों वृन्तों पर खिलती है; जो

इसका रहस्य पा लेता है वही मानव-समाज का हितैषी, धर्म का प्रणेता और अग्रणी होता है। विरागी युधिष्ठिर को धर्मक्षेत्र में प्रत्यागत पाकर भीष्म निवृत्ति और विराग का खण्डन करते हुए जीवन की समस्याओं और यथार्थवादी समाधान में ही धर्म के सच्चे रूप की स्थापना करते हैं। संन्यास मन की कायरता है, जीवन से पलायन है, मनुष्य का सच्चा धर्म है जीवन की उलझी हुई गुत्थियों को सुलझाना—मानवों के लिए समर्पित हो जाने में ही मानव की सार्थकता है। निवृत्ति का मार्ग वैयक्तिक मोक्ष का मार्ग है, परन्तु वैयक्तिक मोक्ष धर्म नहीं है। समष्टि के लिए मोक्ष-दान की अनवरत चेष्टा ही धर्म का सच्चा स्वरूप है। यतीधर्म जीवन से पलायन का नाम है। मनुष्य जीवन के तिक्त और कटु अंश से बचता है, केवल मधुर का ग्रहण करना चाहता है, अपनी इच्छाओं और कामनाओं के विपरीत परिस्थितियाँ उसकी आँखों में आँसू भर देती हैं; लेकिन जीवन में सफलता और असफलता सदैव अपनी इच्छानुसार नहीं प्राप्त हो सकती—जीवन एक अरण्य है, जो चाहे अपने कर्मबल और शक्ति से अपने लिए राह बना सकता है, जीवन की समस्याओं से डरने और सहमने वाले उन पर विजय नहीं पा सकते, बल्कि जिस व्यक्ति में पैर टिकाकर संघर्षों का सामना करने की शक्ति होती है जीवन उसका होता है। जीवन-पयोधि की सतह का जल पीने वालों का मुँह खारा ही रहता है, परन्तु जिसकी भुजाओं में उसे मथने की शक्ति है, वह उसकी सुधा का पान कर सकता है। कर्म से भागने वाला, संघर्षों से मुख मोड़ने वाला व्यक्ति उस मूर्ख के समान है जो वृक्ष की शिखा पर चढ़े बिना सुधाफल प्राप्त करना चाहता है, बिना मन्दर उठाए अमृत रस पीना चाहता है। जीवन के संघर्षों का सामना करने में असमर्थ व्यक्ति ही उसे स्वाद और रसविहीन कह कर छोड़ देता है। उसकी जीवनशक्ति समाप्त हो जाती है और कल्पना-लोक में महल बना कर वह अलभ्य का सपना देखने लगता है—वह केवल मधुर और कोमल तत्वों की कामना करता है। केवल फूलों की इच्छा करता है। कर्म रज से भरे व्योम-खण्ड से दूर सतत् प्रफुल्ल वाटिका में अपना आवास बनाना चाहता है। परन्तु यह मार्ग, मनुष्य का मार्ग नहीं है। मनुष्य कोरी कल्पना और चिन्तन के देश में नहीं रह सकता, वह आकाशगामी होने का स्वप्न नहीं देख सकता। उसके लिए आकाश का मार्ग पृथ्वी पर से होकर जाता है। विरक्ति मनुष्य को अकर्मण्य और निष्क्रिय बनाती है, असत्य में सत्य की प्रतिष्ठा करती है। जीवन की गति को मृत्यु और कर्म की जागरूकता को माया के अन्धकार का नाम देती है। अनस्तित्व को सत्ता और हार को ही उपलब्धि के रूप में प्रतिष्ठित करती है। इसी निवृत्ति-भावना का निराकरण करते हुए भीष्म कहते हैं—

दीपक का निर्वाण बड़ा कुछ,
श्रेय नहीं जीवन का
है सद्धर्म दीप्त रख उसको
हरना तिमिर भुवन का।

अनासक्त रसभोगी मिट्टी पर खड़ा होकर हँसता है और दिवास्वप्नों के संसार में विचरण करते हुए निवृत्तिवादी के पास आँसू और निराशा के अतिरिक्त और कुछ नहीं होता। कर्मयोगी भूमि का पंक झेलता त्रिविध ताप को सहता, अन्धकार और आलोक का अनुभव करता अपना मार्ग बनाता है, मिट्टी की महिमा गाता हुआ, संसार को पहले से कुछ और सुन्दर बना कर जाता है। दूसरी ओर अकर्मण्य व्यक्ति निर्यान अम्बुधि में भटकता रहता है। वह दृश्य पर अविश्वास और अदृश्य पर विश्वास करता है, कर्मक्षेत्र उसके लिए माया और कर्महीन दिवास्वप्न सत्य है। जीवन के प्रति यह अनास्था उसके सत्य रूप का उद्घाटन नहीं कर सकती। ज्ञानमयी निवृत्ति से न द्विधा मिट सकती है और न जगत् को छोड़ देने से मन की तृष्णा बुझ सकती है। आत्मा के सन्तोष का मार्ग आत्म-हनन नहीं उन्नयन है—उन्नयन भी काल्पनिक भगवान के प्रति नहीं, समाज के प्रति, मानव के प्रति, विश्व के प्रति।

जीवन की मृत्यु पर विजय

कलियों के मुरझाने को ही जीवन की अन्तिम परिणति मानने वाले दिनकर की दृष्टि अब बिलकुल ही बदल गई है। पच्चीस वर्ष की अवस्था में अपनी मृत्यु की कल्पना करने वाले कवि की कुंठा ने अब जीवन में पूर्ण विश्वास और आस्था का रूप ले लिया है। जीवन की नित्यता उसे सत्य जान पड़ती है, सृष्टि के अनवरत और अथक क्रम में उसे अमरता के तत्व दिखाई पड़ते हैं—

पर निर्विघ्न सरणि जग की
तब भी चलती रहती है,
एक शिखा ले भार अपर का
जलती ही रहती है।
झड़ जाते हैं कुसुम जीर्ण दल
नये फूल खिलते हैं;
रुक जाते कुछ, दल में फिर
कुछ नये पथिक मिलते हैं।

यतीधर्म का खण्डन करते हुए भी मरण पर जीवन की विजय का प्रतिपादन किया गया है, अकर्मण्य ज्ञानी, रो-रो कर अमर नहीं हो जाता और कर्म का भार ढोने के कारण किसी व्यक्ति की आयु कम नहीं हो जाती। जिस व्यक्ति के मन पर हर समय नश्वरता का धुआँ छाया रहता है, मृत्यु के अतिरिक्त जिसे और कुछ नहीं दिखाई देता, वह जगत् के रण में सन्नद्ध होकर लड़ने में असमर्थ रहता है—जीवन की उपेक्षा और मरण के चिन्तन से व्यक्ति अकर्मण्य हो जाता है—

तिरस्कार कर वर्तमान
जीवन के उद्वेलन का,

करता रहता ध्यान अहर्निश
जो विद्रूप मरण का।
अकर्मण्य वह पुरुष काम,
किसके, कब आ सकता है?
मिट्टी पर कैसे वह कोई
कुसुम खिला सकता है।

तृष्णा को जीतने के प्रयत्न में निवृत्तिमार्गी यती बन जाता है, कर्मयोगी उसे अपने संयम और उन्नयन से जग में रह कर ही वश में करता है। असंख्य मनुष्यों को अपना बना कर उनके दुख और सुख में समभागी होकर, पंगु को अपनी बाँहों का सहारा देकर, दुर्बल-दरिद्र का बोझ उठा देने पर जिस आत्म-सुख की प्राप्ति होती है, तृष्णा के शमन और उन्नयन का सच्चा तथा सही मार्ग वही है। इस प्रकार *कुरुक्षेत्र* में *रेणुका* और *द्वन्द्व गीत* के दिनकर की अनेक रुग्ण और असंतुलित भावनाओं और विचारों का मूलोच्छेदन हो गया है। मृत्यु पर जीवन, भाग्य पर कर्म, पाप पर पुण्य के विजय की यह कहानी दिनकर के मानसिक संतुलन और स्वास्थ्य लाभ की कहानी है। नश्वरता और क्षणभंगुरता के कोमलतम उपमान भी अब उनके सामने जीवन की स्वस्थ और आकर्षक परिभाषा उपस्थित करते हैं—

फूलों पर आँसू के मोती
और अश्रु में आशा,
मिट्टी के जीवन की छोटी,
नपी तुली परिभाषा।

वैयक्तिक भोगवाद पर समष्टि-हित की विजय

सप्तम सर्ग में दिनकर की उक्तियों के आधार पर उन्हें मार्क्सवादी और प्रगतिवादी घोषित किया जाता रहा है, लेकिन यह एक याद रखने की बात है कि 'साम्य' शब्द का सम्बन्ध केवल मार्क्सवाद से नहीं है। मार्क्सवाद में प्रतिपादित साम्य को दिनकर ने सदैव अधूरा माना है। *कुरुक्षेत्र* में प्रतिपादित साम्य का आधार द्वन्द्वात्मक भौतिकवाद नहीं है। शोषक के प्रति घृणा, शोषित के प्रति सहानुभूति उस मानवतावादी पृष्ठभूमि में व्यक्त की गई है जिसमें आध्यात्मिक और भौतिक दोनों प्रकार के साम्य का संतुलन और सामंजस्य है। अगर करुणा, दया, क्षमा, सत्य, अहिंसा पर आधृत मानवतावाद को *कुरुक्षेत्र* का साध्य मान लें तो वह गाँधी के बहुत निकट और मार्क्स से बहुत दूर पड़ता है। *कुरुक्षेत्र* के प्रतिपाद्य की व्यापकता में अनेक ऐसे प्रश्न अन्तर्भूत हैं, जो जीवन के भौतिक पक्ष से सम्बन्ध रखते हैं जैसे साम्राज्यवाद का विरोध, वर्ग वैषम्य का खण्डन, राजनीतिक भ्रष्टाचार इत्यादि। लेकिन न तो इनका निरूपण मार्क्सवादी

सिद्धान्तों के अनुसार हुआ है और न दिनकर के समाधान भौतिकवादी हैं। वर्ग वैषम्य के प्रति उनका आक्रोश और उसके उच्छेदन के लिए हिंसात्मक मार्ग की स्वीकृति भारतीय राष्ट्रीय संघर्ष के वातावरण में पल्लवित हुई है। क्रान्ति का मार्ग उन्होंने पहली बार नहीं अपनाया है। वैयक्तिक भोगवाद की प्रेरणा से शक्ति का केन्द्रीयकरण होता है और शक्ति के केन्द्रीयकरण से समाज में वर्ग वैषम्य को संवर्द्धन मिलता है, दिनकर के पास इस वर्ग वैषम्य का एक ही उपचार है :

रण रोकना है तो उखाड़ विषदन्त फेंको
वृक-व्याघ्र-भीति से मही को मुक्त कर दो;
अथवा अजा के छागलों को भी बनाओ व्याघ्र,
दाँतों में कराल काल-कूट विष भर दो;
वट की विशालता के नीचे जो अनेक वृक्ष
ठिठुर रहे हैं उन्हें फैलने का वर दो
रस सोखता है जो मही का भीमकाय वृक्ष,
उसकी शिरायें तोड़ो, डालियाँ कतर दो?

हिंसात्मक क्रान्ति की यह प्रेरणा रूसी साम्यवादी व्यवस्था से नहीं बल्कि भारतीय राजनीति क्षेत्र के उन व्यक्तियों और संस्थाओं से ग्रहण की गई है जो गाँधी युग में भी हिंसा और आतंकवादी नीति का अनुसरण कर रहे थे। *कुरुक्षेत्र* की क्रान्ति *रेणुका* की क्रान्ति नहीं रह गई है उसमें उत्तेजना कम उत्साह अधिक है।

वैयक्तिक भोगवाद के खण्डन और समष्टि हित-दृष्टि की स्थापना *कुरुक्षेत्र* में कई बार की गई है—

उसे भूल नर फँसा परस्पर
की शंका में, भय में,
निरत हुआ केवल अपने ही
हेतु भोग-संचय में
इस वैयक्तिक भोगवाद से
फूटी विष की धारा,
तड़प रहा जिसमें पड़ कर,
मानव समाज यह सारा।

तज समष्टि को व्यष्टि चली थी
निज को सुखी बनाने,
गिरी गहन दासत्व गर्त के
बीच स्वयं अनजाने।

समष्टि-चिन्तन के साम्य के साथ-साथ बाह्य अथवा भौतिक साम्य को सम्यक् रूप से महत्त्व दिया गया है। भौतिक साम्य के इसी प्रतिपादन के आधार पर दिनकर को कभी-कभी प्रगतिवादी सिद्ध किया जाता रहा है। परन्तु भीष्म में हमारे पौराणिक विश्वास तथा आध्यात्मिकता के साथ भौतिक तत्वों के समन्वय के कारण उसमें अविश्वसनीयता का दोष नहीं आने पाता। यही नहीं भीष्म के मुख से प्रतिपादित किये जाने के कारण भौतिकवाद की एकांगिता अधूरेपन के स्थान पर उसमें सार्वभौमता और व्यापकता का समावेश हो गया है। प्रत्येक व्यक्ति को जीने का अधिकार है। भूमि किसी की क्रीतदासी नहीं है मिट्टी के रस, मुक्त प्रकाश, खुली हवा पर सबका समान अधिकार है। हर व्यक्ति को अपने विकास के लिए खुला आकाश चाहिये। परन्तु वास्तविकता यह है कि सामाजिक और आर्थिक वैषम्य मानवता के विकास में पर्वत के समान अड़े हुए हैं—इनके निराकरण में ही दिनकर मानवता की मुक्ति की कल्पना करते हैं—

न्यायोचित सुख सुलभ नहीं, जब तक मानव मानव को,
चैन कहाँ धरती पर तब तक, शान्ति कहाँ इस मन को?
जब तक मनुज मनुज का यह, सुख-भाग नहीं सम होगा,
शमित न होगा कोलाहल, संघर्ष नहीं कम होगा।

समष्टि-हित की स्थापना के साथ ही दिनकर ने श्रम की मर्यादा और महत्त्व की स्वीकृति पर भी विशेष बल दिया है। भाग्यवाद में मनुष्य के शोषण के तत्व निहित हैं। वह पाप का आवरण है, मनुष्य का भाग्य है, उसका श्रम ही उसकी शक्ति है—

नर समाज का भाग्य एक है,
वह श्रम वह भुज-बल है;
जिसके सम्मुख झुकी हुई—
पृथ्वी, विनीत नभ-तल है;
जिसने श्रम-जल दिया उसे
पीछे मत रह जाने दो,
विजित प्रकृति से सबसे पहले
उसको सुख पाने दो?

परन्तु व्यक्ति या समष्टि किसी भी स्तर पर दिनकर की दृष्टि भौतिकवाद की एकांगिता को लेकर नहीं चली है, इस प्रकार की उक्तियों के आधार पर उन्हें साम्यवादी नहीं घोषित किया जा सकता, यह दृष्टि तो उनके समग्र और व्यापक दर्शन की एक इकाई मात्र है। मानव की एकता की स्थापना का स्वप्न उन्होंने निष्काम कर्म की पृष्ठभूमि में समष्टि के प्रति कामनाओं के उन्नयन में देखा है। उनकी समष्टि साधना के दो रूप हैं—शक्ति का विकेन्द्रीकरण और उसका समान वितरण तथा वैयक्तिक भोगवाद

के स्थान पर समष्टिहित समन्वित कर्मवाद की स्थापना। इसके उदाहरण रूप में ये पंक्तियाँ ली जा सकती हैं—

और सिखाओ भोगवाद की यही रीति जन-जन को
करें विलीन देह को मन में, नहीं देह में मन को।

जीवन के विरोधी तत्वों में सामंजस्य की स्थापना

मानव-मन प्रवृत्तियों का जाल है। अनेक विरोधी प्रवृत्तियाँ एक साथ अथवा अलग-अलग उठ कर उसके मार्ग में उलझनें उत्पन्न करती हैं। एक ही समस्या के विभिन्न पहलुओं में फँस कर वह एक निर्णय लेने में असमर्थ रहता है। फिर जब समस्या एक साधारण व्यक्ति अथवा साधारण जीवन की न होकर विश्वजनीन और सार्वजनीन हो तब तो उसका रूप और भी जटिल और ग्रन्थिल हो जाता है। *कुरुक्षेत्र* में ऐसी ही विरोधी प्रवृत्तियों की अनेक बार टक्कर हुई है, और कवि ने अनेक बार एक की विजय और दूसरी के निराकरण में समाधान न देकर दोनों के सामंजस्य और समन्वय द्वारा स्थितियों को सुलझाया है। कहीं देहबल और मनोबल के प्रयोग का प्रश्न उठा है; कहीं शौर्य और करुणा में कौन ग्राह्य है, इस प्रश्न पर कवि की दृष्टि अटकी है। इसी प्रकार कल्पना और यथार्थ, विज्ञान और कला, मस्तिष्क और हृदय, साम्यवाद और शक्ति के केन्द्रीयकरण में तुलनात्मक श्रेष्ठता का प्रश्न उठने पर कवि ने दोनों विरोधी पक्षों के समन्वय में ही स्थिति के आदर्श रूप की कल्पना की है।

आध्यात्मिक और शारीरिक शक्ति का संतुलन

दिनकर का दर्शन पृथ्वी का सहारा नहीं छोड़ता। काल्पनिक आदर्श के मोह में वे पृथ्वी से पैर उठा कर आकाश में नहीं उड़ते, बल्कि आकाश की ऊँचाई पर पहुँच कर भी धरती का आधार लिये रहते हैं। इसलिए *कुरुक्षेत्र* के दर्शन का क्रियात्मक पक्ष बड़ा सबल है। पुरुष के पूर्ण व्यक्तित्व की कल्पना वह ओज और करुणा, आध्यात्मिक बल और शारीरिक बल के समन्वय में करते हैं। मनःशक्ति और पौरुष, क्षमा और शौर्य, दया और दर्प जैसे विरोधी गुण एक-दूसरे के पूरक हैं, एक के बिना दूसरा अधूरा है—

सच पूछो तो, शर में ही बसती है दीप्ति विनय की।
सन्धि वचन संपूज्य उसी का, जिसमें शक्ति विजय की।
सहनशीलता, क्षमा दया को तभी पूजता जग है,
बल का दर्प चमकता उसके पीछे जब जगमग है।

दिनकर की इन मान्यताओं के मूल में उनके युग की वे विरोधी शक्तियाँ हैं जो भारतीय राजनीति में एक-दूसरे से टक्कर ले रही थीं। गाँधी की राजनीति में आध्यात्मिकता की मात्रा इतनी अधिक थी कि कभी-कभी उस युग के युवकों और उग्रता में विश्वास करने वाले अन्य वर्ग के लोगों को उसके प्रति खीझ होती थी। *हुंकार* और *कुरुक्षेत्र* से पहले लिखे गए *सामधेनी* के गीतों में दिनकर उसके विरुद्ध आवाज़ उठाते आ रहे थे,

परन्तु *कुरुक्षेत्र* में आकर उन्होंने दोनों के बीच समन्वय का मार्ग स्वीकार कर लिया है और व्यक्ति तथा समष्टि दोनों ही स्तरों पर उदात्त की साधना के लिए शारीरिक शक्ति को साधन रूप में अनिवार्य माना है।

स्नेह और धर्म का समन्वय

राग और विवेक का द्वन्द्व मनुष्य के जीवन की सबसे बड़ी समस्या होती है। हृदय चाहता है वह करना जो इसे अच्छा लगता है और मस्तिष्क उसके सामने मर्यादा तथा कर्तव्य के बन्धन फैला कर उससे वह करवाना चाहता है जो करना चाहिए। कामनाओं के मूल में प्रवृत्तियाँ होती हैं, आदर्श के मूल में विवेक। अपने वैयक्तिक और सामाजिक दायित्वों के निर्णय में इन्हीं दोनों तथ्यों का मूल्यांकन मनुष्य को करना पड़ता है, जब कभी इसमें गलती होती है, व्यक्ति अपने अभीष्ट से, आदर्श से च्युत होकर पथ-भ्रष्ट हो जाता है।

राग और बुद्धि मिल कर मनुष्य के व्यक्तित्व का निर्माण करते हैं। कर्तव्य के प्रति उत्साह तभी हो सकता है जब उसमें राग की प्रेरणा हो—हृदय और बुद्धि, आदर्श और यथार्थ, स्नेह और धर्म की समन्विति ही सिद्धि में सहायक होती है। कर्म अथवा धर्म के बिना स्नेह अव्यावहारिक और अर्थहीन होगा, स्नेह की प्रेरणा के बिना कर्मरत मनुष्य एक यन्त्र मात्र रह जाएगा। भीष्म के व्यक्तित्व में इन्हीं सत्यों का आरोपण करते हुए दिनकर ने हृदय और भुजा, हृदय और मस्तिष्क में समन्वय की अनिवार्यता को स्वीकार किया है। जहाँ इन तीनों का अलग-अलग विभाजन किया जाता है, वहाँ गलती होती है, मनुष्य एक पूर्ण दृष्टि प्राप्त कर सकने में असमर्थ रह जाता है। यह मनोवैज्ञानिक सत्य है कि राग की अवरुद्ध धारा व्यक्ति को असंतुलित बना देती है और कभी-न-कभी किसी-न-किसी मार्ग से अपनी अभिव्यक्ति पा लेती है। ब्रह्मचर्य के व्रत के कारण भीष्म का राग उनके लिए पाप बन चुका था। वे हर समय अपने प्राणों पर बन्ध बाँधे कोमल भावनाओं की ओर से सचेत रहते थे। फलस्वरूप—

बही न कोमल वायु, कुंज मन का था कभी न डोला,
पत्रों की झुरमुट में छिप कर विहग न कोई बोला।
चढ़ा किसी दिन फूल किसी का मान न मैं कर पाया,
एक बार भी अपने को था दान न मैं कर पाया।

वही अतृप्ति हृदय के निभृत कोने में, भीष्म के अवचेतन के गह्वर में कहीं छिपी बैठी थी जो अर्जुन के प्रति प्रेम बन कर उमड़ पड़ी—और भीष्म को जीवन के उस सत्य का ज्ञान हुआ जिससे वे अभी तक वंचित थे।

मुझे शान्ति, यात्रा से पहले
मिले सभी फल मुझको
सुलभ हो गए धर्म स्नेह
दोनों के सम्बल मुझको।

धर्म और स्नेह के इस संयुक्त आनन्द की उपलब्धि के पहले भीष्म के ही द्वारा मस्तिष्क और हृदय के अप्रकृत विभाजन के अनौचित्य का विश्लेषण कराया गया है।

हृदय प्रेम को चढ़ा, कर्म को
भुजा समर्पित करके,
मैं आया था कुरुक्षेत्र में
तोष मनों में भर कर,
समझा था मिट गया द्वन्द्व
पाकर यह न्याय विभाजन;
ज्ञात न था, है कहीं कर्म से
कठिन स्नेह का बन्धन।

और अन्त में अपने व्यक्तित्व में कर्तव्य और भावना के अस्वाभाविक और असंपृक्त सम्बन्ध की आलोचना करते हुए मानो वे इस बात की घोषणा करते हैं कि हृदय और मस्तिष्क की द्विधा में पड़ा हुआ व्यक्ति अपने कर्तव्य के पालन में पूर्ण रूप से सफल नहीं हो सकता। *कुरुक्षेत्र* के युद्ध के लिए वे अपने इसी खण्डित व्यक्तित्व को उत्तरदायी मानते हैं—

प्रकटी होती मधुर प्रेम की मुझ पर कहीं अमरता,
स्यात् देश को कुरुक्षेत्र का दिन न देखना पड़ता।

शौर्य और करुणा का समन्वय

करुणा और शौर्य विरोधी भाव माने जाते हैं। पर दिनकर की अर्धनारीश्वर भावना में 'करुणा' की कोमलता और 'वीर' की पौरुषता साथ-साथ चलती है। पहले पहल करुणा और शौर्य का यह समन्वय *कलिंग-विजय* के अशोक में किया गया था—

गिर गया हतबुद्धि-सा थक कर पुरुष दुर्जेय,
प्राण से निकली अनामय नारि एक अजेय।
अर्धनारीश्वर अशोक महीप;
नर पराजित, नारि सजती है विजय का दीप।

कुरुक्षेत्र में इस समन्वय की कल्पना पहले की अपेक्षा अधिक ठोस धरातल पर की गई है। पंचम सर्ग के आरम्भ में भीष्म और युधिष्ठिर को नेपथ्य में भेज कर कवि सूत्रधार के रूप में स्वयं सामने आकर उस पृष्ठभूमि का विवेचन करता है जिसमें उसकी मान्यताएँ घोषित होती हैं। युद्ध से संतप्त विश्व के लिए छाया खोजने के प्रयास में विफल वह सर्वत्र हिंसा और नाश के ही दृश्य देखता है। उसे इतिहास के पृष्ठ रक्त-रंजित, ज्वालामय और मनुष्य के कच्चे मांस के जलने की दुर्गन्ध से भरे हुए दिखाई देते हैं। सभ्यता के विकास के साथ शक्ति के केन्द्रीयकरण में भी वह विजयी के स्वार्थ, मद,

हिंसा-प्रयोग और पराजित की कुंठा, क्रोध और घुटन देखता है और फिर तलवार के साथ कलम का सहयोग इसी संहार की प्रतिष्ठा कर उसे अमर बना देता है। कविता और कला का आलम्बन बन कर संहार का दानव, देवता बन जाता है, उसमें समस्त दानवी कृत्यों और राक्षसी वृत्तियों को शौर्य का नाम देकर उसे अमर बना दिया जाता है। सैन्य-शक्ति ही जहाँ श्रेष्ठता का मापदण्ड हो, वहाँ जीवन के उदात्त गुणों का क्या महत्त्व रह जायेगा? सहस्रों लाखों व्यक्तियों की हत्या का पाप जहाँ पुण्य बन कर हँसता हो, वहाँ करुणा, दया और क्षमा जैसे उदात्त गुणों का क्या मूल्य आँका जाएगा?

दिनकर ने विजयी के मन में करुणा का उदय दिखा कर एक ओर युधिष्ठिर के मानसिक क्षोभ का निराकरण किया है, दूसरी ओर केवल शौर्य और शक्ति-समन्वित क्षमा और करुणा की ही महत्ता स्वीकार की है। विजित और पराजित की क्षमा का कोई अर्थ नहीं है। असमर्थ और निर्बल की सहिष्णुता तो अनिवार्य है। उदात्त गुणों की स्थापना उनका अभिप्रेत है और शौर्य उसका साधन। कभी-कभी *कुरुक्षेत्र* के रस-विधान के सम्बन्ध में यह निष्कर्ष दिया जाता है कि उसका अंगी रस है 'करुण पोषित वीर'। सबसे पहली बात यह है कि *कुरुक्षेत्र* में रस-विवेचना हम परम्परागत मान्यताओं के आधार पर नहीं कर सकते। न वह घटनाप्रधान प्रबन्ध है और न चरित्र प्रधान। उसमें विचारों की प्रधानता है और उन्हीं को लेकर उसकी प्रबन्धात्मकता चलती है। उसमें एक ओर करुणा का निराकरण है और दूसरी ओर शौर्य के साथ उसका समन्वय किया गया है। हारी हुई जाति अथवा हारे हुए व्यक्ति की करुणा और सहिष्णुता पाप है, क्लीव जाति का कलंक है, लेकिन दूसरी ओर वही शौर्य का साध्य है वीरता का लक्ष्य है। निराकरण और समन्वय की इन स्थितियों को करुणा द्वारा वीर का पोषक नहीं माना जा सकता। हाँ, यह अवश्य कहा जा सकता है कि करुणा के साम्राज्य की स्थापना के लिए दिनकर शौर्य को अनिवार्य मानते हैं। वह करुणा ग्लानि नहीं उत्पन्न करती बल्कि सम्पूर्ण विश्व को हृदय के सूत्र में बाँधती है। विजयी की ग्लानि, शूर की करुणा ही संसार को युद्ध की विभीषिका से मुक्त कर सकती है—

सच्छान्ति जगेगी इसी स्वप्न के क्रम से,
होगा जग कभी विमुक्त इसी विध यम से।
परिताप दीप्त होगा विजयी के मन में,
उमड़ेंगे जब करुणा के मेघ नयन में।

ज्ञान और भावना का समन्वय

छठे सर्ग में *महाभारत* के पात्रों और घटनाओं में अपने मन की उड़ान को न बाँध सकने के कारण दिनकर, *महाभारत* के युग से बीसवीं सदी में लौटकर स्वयं हमारे सामने आए हैं और विश्वयुद्ध की पृष्ठभूमि में आज के वैज्ञानिक युग की सीमाओं और शक्तियों का

विवेचन किया है। आज की अनेक समस्याओं का मूल कारण है बुद्धि का अतिचार। कोई भी वस्तु अपने आप में अच्छी और बुरी नहीं होती। उसका सदुपयोग और दुरुपयोग ही उसकी प्रकृति का निर्णय करते हैं। विज्ञान आज के युग की सबसे बड़ी समस्या है। मनुष्य अनुदिन संहार और नाश के तत्वों के स्वीकार को अपनी शक्ति के परीक्षण की कसौटी बना रहा है। फलस्वरूप वही विज्ञान जो लोक कल्याण और मानवता के लिए वरदान सिद्ध हो सकता था, मनुष्य के जीवन का सबसे बड़ा अभिशाप बन रहा है। ज्ञान और भावना के समन्वय का अभाव आज की अनेक समस्याओं के मूल में है।

यह प्रगति निस्सीम! नर का यह अपूर्व विकास?
चरण-तल भूगोल! मुट्ठी में निखिल आकाश!
किन्तु, है बढ़ता गया मस्तिष्क कहीं निःशेष,
छूट कर पीछे गया है रह हृदय का देश;
नर मनाता नित्य नूतन बुद्धि का त्यौहार,
प्राण में करते दुखी हो देवता चीत्कार।

ज्ञान की भूख मनुष्य को अनिश्चित और उद्देश्यहीन मार्ग पर ले जा रही है। बुद्धि के पवमान में वह तिनके सा उड़ रहा है। आज का युग द्वापर की भाँति लाचार नहीं है, बुद्धि की पतवार सँभाले अज्ञान के नभ को चीरता हुआ मनुष्य ज्योति की नई भूमि में आ गया है, सागर, भूमि, विद्युत, भाप उसकी इच्छा पर कार्य करते हैं, पृथ्वी, आकाश और वरुणेश उसके हुक्म का पालन करते हैं परन्तु ज्ञान, कर्म और भाव में सामंजस्य के अभाव के कारण वह अपने हाथ की तलवार से अपने ही ऊपर प्रहार करने की मूर्खता कर रहा है। विज्ञान के फूल उसके हाथ में वज्र बनकर अपना शुभ धर्म भूल गये हैं—

यह मनुज ज्ञानी, शृगालों कुक्करों से हीन—
हो, किया करता अनेकों क्रूर कर्म मलीन।
देह ही लड़ती नहीं, हैं जूझते मन-प्राण,
साथ होते ध्वंस हैं इसके कला-विज्ञान।
इस मनुज के हाथ से विज्ञान के भी फूल,
वज्र होकर भूलते शुभ धर्म अपना भूल।

हृदय और मस्तिष्क, ज्ञान और भावना की इस असंपृक्त और खण्डित स्थिति को मिटा कर उनके समन्वय में ही कवि ने विश्व के कल्याण का स्वप्न देखा है, विज्ञान के शिवरूप को ही मनुष्य का श्रेय माना है—

श्रेय वह नर-बुद्धि का शिवरूप आविष्कार,
ढो सके जिससे प्रकृति सबके सुखों का भार।
मनुज के श्रम के अपव्यय की प्रथा रुक जाय,
सुख समृद्धि-विधान में नर के प्रकृति झुक जाय।

इस प्रकार *कुरुक्षेत्र* में दिनकर की दृष्टि निर्भ्रान्त और स्पष्ट हो गई है। समष्टिमूलक और वैयक्तिक दोनों ही दृष्टिकोणों में कहीं अस्वस्थ और अवनयन मूलक तत्वों के निराकरण और कहीं विरोधी तत्वों के सामंजस्य के द्वारा वे स्थायी निष्कर्षों पर पहुँच गये हैं। जीवन के ये मूल्य *कुरुक्षेत्र* की पूर्वकालीन भावनाओं को दर्शन और विचार से संपुष्ट करके निर्धारित किए गए हैं। *कुरुक्षेत्र* पर जिन दो विचारकों का प्रभाव दिनकर स्वीकार करते हैं वे हैं बर्ट्रेण्ड रसेल तथा लोकमान्य तिलक। वर्तमान जीवन की समस्याओं के निरूपण में रसेल के विभिन्न ग्रन्थों से प्रभाव ग्रहण किया गया है तथा निवृत्ति-प्रवृत्ति और कर्मयोग के विश्लेषण में वे तिलक की कृति *गीता-रहस्य* से प्रभावित रहे हैं।

कौन रोता है वहाँ इतिहास के अध्याय पर?

नंदकिशोर नवल*

दिनकर जी के तीन प्रबंध-काव्यों की सामग्री प्रत्यक्षत: 'महाभारत' से ली गई है। वे काव्य हैं *प्रणभंग, कुरुक्षेत्र* और *रश्मिरथी*। ओज के कवि के लिए यह सर्वथा स्वाभाविक था कि वह *रामायण* की अपेक्षा *महाभारत* की ओर आकृष्ट होता। उसके चौथे प्रबंध-काव्य *उर्वशी* का उपाख्यान भी *महाभारत* में आया है, लेकिन उक्त काव्य का आधार कालिदास का नाटक *विक्रमोर्वशीयम्* है। यह बात और है कि दिनकर जी ने अपनी रचनात्मक कल्पना से अपनी कृति को सर्वथा स्वतन्त्र व्यक्तित्व प्रदान कर दिया है। लेकिन इसे विडंबना ही कहेंगे कि *विक्रमोर्वशीयम्* जहाँ कालिदास का सबसे कमजोर नाटक है वहाँ *उर्वशी* दिनकर जी का सबसे शहज़ोर काव्य। प्रो. नलिनविलोचन शर्मा ने *कुरुक्षेत्र* पर लिखते हुए इसे टी.एस. इलियट के सिद्धांत 'ऑब्जेक्टिव को-रिलेटिव' के आधार पर खारिज किया है। वे अपनी भाषा में उसे 'संपृक्त आधार' कहते हैं, जबकि डॉ. नामवर सिंह ने अपनी भाषा में उसे 'वस्तुमूलक प्रतिरूपता' कहा है, जो जितना ही सरल है, उतना ही सुंदर और सटीक। यहाँ ज्ञातव्य है कि इतिहास हो या पुराण या आज का जीवन-यथार्थ, ये सभी रचनाकार के लिए कच्चा माल हैं। वह उसका उपयोग अपने ढंग से करता है, जिसके फलस्वरूप पुन:रचित रूप में बहुत कुछ एक नई कृति के रूप में सामने आता है। इस प्रसंग में रचनाकार को इतनी स्वतंत्रता प्राप्त है कि वह पुरानी सामग्री को अपने अर्थ से बिलकुल अलग कर उसे नितांत नवीन अर्थ प्रदान कर सकता है। शर्त यह है कि वह पाठकों के लिए विश्वसनीय बन सके । यह बात आनंदवर्धन को मालूम थी, इसीलिए उन्होंने कहा था कि कवि इस अपार संसार का एकमात्र प्रजापति होता है और यह संसार उसे जिस रूप में अच्छा लगता है, वह उसे उसी रूप में गढ़ता है। वैसे मैं पहले भी निवेदन कर चुका हूँ कि इलियट का वस्तुमूलक प्रतिरूपता का सिद्धांत खंडित हो चुका है।

---

* *दिनकर रचनावली* के सम्पादक और *दिनकर : अर्धनारीश्वर कवि* के लेखक नंदकिशोर नवल आधुनिक हिन्दी कविता की आलोचना के क्षेत्र में मार्गदर्शक माने जाते हैं।

प्रणभंग दिनकर जी का कवि-जीवन के आरंभ में रचित खंड-काव्य है, जिसकी चर्चा मैं यहाँ नहीं कर रहा। लेकिन इतना कहे बगैर मैं नहीं रह सकता कि इस काव्य में एक महाकवि के आगमन की पदचाप स्पष्ट रूप में सुनाई पड़ती है। यह छोटा-सा काव्य आश्चर्यजनक रूप में सुशिल्पित है और मैथिलीशरण के काव्य *जयद्रथ-वध* के अनुकरण पर आद्यंत हरिगीतिका छंद में रचा गया है, तथापि छंद और शैली की बात छोड़ दें, तो यह पूर्णतः मौलिक है। एक दिलचस्प बात यह है कि हरिगीतिका छंद की लय कवि के मन में इस कदर समा गई कि अनजाने ही उसने *कुरुक्षेत्र* का आरंभ हरिगीतिका छंद को तोड़कर उसी की लय से निर्मित छंद में किया है। देखिए—

वह कौन रोता है वहाँ/इतिहास के अध्याय पर,
जिसमें लिखा है नौजवानों के लहू का मोल है
प्रत्यय किसी बूढ़े, कुटिल नीतिज्ञ के व्याहार का;
जिसका हृदय उतना मलिन जितना कि शीर्ष वलक्ष है... ?

इसमें जो 'व्याहार' शब्द आया है, उसका अर्थ है 'वचन' और जो 'वलक्ष' शब्द आया है, उसका अर्थ है 'उज्जवल'।

कुरुक्षेत्र में दिनकर जी ने इस बात को छुपाया नहीं है कि उन्होंने *महाभारत* से ली गई सामग्री का अपने ढंग से उपयोग किया है। उसकी भूमिका के आरंभ में ही उन्होंने कहा है कि *कुरुक्षेत्र* की रचना भगवान् व्यास के अनुकरण पर नहीं हुई है और न *महाभारत* को दुहराना ही मेरा उद्देश्य था। आगे उन्होंने फिर कहा है : ''मैं ज़रा भी दावा नहीं करता कि *कुरुक्षेत्र* के भीष्म और युधिष्ठिर, ठीक-ठाक, *महाभारत* के ही युधिष्ठिर और भीष्म हैं।'' इस काव्य के पंचम सर्ग के आरंभ में भी वे कहते हैं—

संतप्त विश्व के लिए खोजते छाया,
आशा में था इतिहास-लोक तक आया।
पर हाय, यहाँ भी धधक रहा अंबर है,
उड़ रही पवन में दाहक, लोल लहर है...

'संतप्त विश्व' का अर्थ तब स्पष्ट होता है, जब हमारे ध्यान में यह बात आती है कि इस काव्य का रचना-काल 1946 है। यह वह काल है, जब मानवता पर अब तक का सबसे बड़ा कहर ढहाकर द्वितीय विश्वयुद्ध समाप्त हो चुका था और युद्ध एवं शान्ति की समस्या संसार के समस्त मानववादी विचारकों के एजेंडे पर पहला विचारणीय विषय था। दिनकर जी ने भूमिका में यह भी लिखा है कि ' ''कलिंग-विजय'' नामक कविता लिखते-लिखते मुझे ऐसा लगा, मानो युद्ध की समस्या मनुष्य की सारी समस्याओं की जड़ हो।' *कुरुक्षेत्र* में इसी समस्या को उपयुक्त समय पर कवि ने उठाया है। लेकिन यह समझना भूल होगी कि उक्त काव्य में इतना ही कुछ है। नहीं,

उसमें युद्ध की समस्या के अलावा उससे जुड़ी और बातें भी हैं, जिन्हें हम यथावसर देखेंगे। उसकी आधुनिकता का एक प्रमाण यह भी है कि उसका पूरा षष्ठम् सर्ग आधुनिक युग में पैर रोपकर लिखा गया है और *महाभारत* की कथा से उसका कोई प्रत्यक्ष संबंध नहीं है। एक बात यह कि उपर्युक्त उद्धरण की अंतिम दो पंक्तियाँ इस बात का पता देती हैं कि दिनकर जी की कलम में कितनी ताकत थी और वे कितना ज़ोरदार अर्थात् कवित्वपूर्ण वर्णन कर सकते थे।

कुरुक्षेत्र के संबंध में पहली जानने योग्य बात यह है कि यह सरल काव्य नहीं है। कुछ लोग समझते हैं कि इसमें भीष्म, मार्क्स के विचारों का प्रतिनिधित्व करते हैं और युधिष्ठिर गाँधी के विचारों का। ऐसा बिलकुल नहीं है। भीष्म चंद अपवादों को छोड़कर *महाभारत* के ही भीष्म हैं और वे युधिष्ठिर की भावना से गहरी सहानुभूति रखते हुए उन्हें संन्यास की जगह कर्मयोग की शिक्षा देते हैं। गाँधी स्वयं कर्मयोगी थे। स्मरणीय है कि 'महात्मा' के पहले उनके नाम के साथ 'कर्मवीर' विशेषण का प्रयोग किया जाता था। इस कारण उनसे युधिष्ठिर का कोई मेल नहीं बैठता। वे कर्मप्रधान विश्व को छोड़कर वन में पलायन कर जाना चाहते थे, जबकि गाँधी इस कर्म-जगत् के अडिग योद्धा थे। युधिष्ठिर न सत्य की बात करते हैं, न अपने अधिकार की, न सत्याग्रह की और न हृदय-परिवर्तन में अपनी अटूट आस्था की। उनकी अहिंसा भी कायरों की अहिंसा थी, जबकि गाँधी ने कहा था कि "हिन्दुस्तान अपनी बेइज़्ज़ती को असहाय होकर देखता रहे या कायर बनकर सहता रहे, इससे अच्छा यह है कि अपने गौरव की रक्षा के लिए वह तलवार उठाए, शस्त्रबल का प्रयोग करे।" अकारण नहीं कि वे सैन्यरहित विश्व की कल्पना भले करते रहे हों, पर आज़ादी के बाद उन्होंने प्रधानमंत्री नेहरू को कभी यह सलाह नहीं दी कि वे भारतीय सेना को विघटित कर दें।

निश्चय ही *कुरुक्षेत्र* की रचना का आधार कमोबेश *महाभारत* का 'शान्तिपर्व' है, जिसमें शुरू से अंत तक मूलत: युद्ध और उससे संबंधित विषयों पर युधिष्ठिर और भीष्म का संवाद है। हम भीष्म के कुछ कथन देखें—

1. "युद्ध में विपक्षी के शरीर को मार गिराना भी क्षत्रियों के लिए धर्म ही है। ताऊ, चाचा, बाबा, भाई, गुरु, संबंधी तथा बंधु-बांधव—कोई भी क्यों न हो, यदि वह असत्य के मार्ग पर चल रहा है, तो युद्ध में उसे मार डालना धर्म ही है। गुरु भी यदि लोभ में फँसकर पाप का साथ देता हो और अपने नियत आचार का त्याग कर चुका हो, तो उसे जो युद्ध में मार डालता है, वह क्षत्रिय धर्मज्ञ ही है। जो लोभवश धर्म की सनातन मर्यादा पर दृष्टि नहीं रखता, उसको युद्ध में मारनेवाले क्षत्रिय को धर्मज्ञ ही समझना चाहिए। युद्ध में खून की नदी बहा देनेवाला क्षत्रिय धर्मज्ञ ही माना जाता है। संग्राम में शत्रु के ललकारने पर क्षत्रिय के लिए लड़ना अनिवार्य हो जाता है।"
2. "तुम विजय के लिए सदा पुरुषार्थ करते रहना; पुरुषार्थ के बिना केवल दैव से

राजाओं का काम नहीं सिद्ध होता। यद्यपि कार्य की सिद्धि में दैव और पुरुषार्थ दोनों साधारण कारण हैं, तथापि मैं इनमें से पुरुषार्थ को ही श्रेष्ठ मानता हूँ।''

3. ''यदि ब्राह्मण भी तीनों लोकों को हानि पहुँचाने लगें, तो उनको भी बाहुबल से परास्त करके दंड देने में कोई हर्ज नहीं है। इस विषय में शुक्राचार्य ने दो श्लोक बताए हैं, उनका अभिप्राय ध्यान देकर सुनो : 'ब्राह्मण वेदांत का विद्वान ही क्यों न हो, यदि वह शस्त्र उठाकर युद्ध में सामना करने के लिए आ रहा हो, तो धर्मपालन करनेवाले राजा को उसे स्वधर्मानुसार अवश्य कैद करना चाहिए। उसके द्वारा नष्ट होते हुए धर्म की जो रक्षा करता है, वही धर्मज्ञ है; आततायी को मारने से वह धर्म का नाश नहीं माना जाता।' ''
4. ''जो संधि करने के योग्य हों, उनसे संधि करो; जो विरोध के पात्र हों, उनसे विरोध करो।''
5. ''यदि वह (कोई क्षत्रिय राजा) कपट से युद्ध करे तो आप भी कपटयुद्ध करें और धर्मयुद्ध करे तो स्वयं भी धर्मानुसार ही उसका सामना करें।''

इसके साथ दिनकर जी की भूमिका में ही कही गई यह बात भी देख लेनी चाहिए कि '' 'यन्न भारते तन्न भारते' की कहावत अब भी बिलकुल खोखली नहीं हुई है। जबसे मैंने *महाभारत* में भीष्म द्वारा कथित राजतंत्रहीन समाज एवं ध्वंसीकरण की नीति (स्कार्च्ड अर्थ पॉलिसी) का वर्णन पढ़ा है, तबसे मेरी यह आस्था और भी बलवती हो गई है।''

लंगट सिंह कॉलेज, मुज़फ़्फ़रपुर में हिन्दी के एक प्राध्यापक थे, जो दिनकर-विरोधी थे। वे अक्सरहा अपने छात्रों को बतलाया करते थे कि *कुरुक्षेत्र* 'डिबेटिंग सोसायटी' है। उनका तात्पर्य यह था कि उसमें सिर्फ़ युधिष्ठिर और भीष्म का अपने-अपने पक्ष से वाद-विवाद होता है। यह बात सही नहीं है, क्योंकि उसमें युधिष्ठिर भीष्म के सामने सिर्फ़ अपनी पीड़ा रखते हैं और उनसे कोई विवाद नहीं करते। भीष्म उक्त काव्य के एक जटिल चरित्र हैं। वे युधिष्ठिर की पीड़ा को समझते हैं, उनके साथ गहरी सहानुभूति रखते हैं और साथ-साथ उन्हें राजधर्म और क्षत्रिय-धर्म की शिक्षा भी देते हैं। वे बीच-बीच में प्रत्यक्ष-अप्रत्यक्ष रूप में आत्मालोचन भी करते हैं और एक स्थान पर अपने आंतरिक द्वन्द्व की चर्चा करते हुए उसे अत्यंत मार्मिक व्यक्तिगत स्पर्श भी प्रदान करते हैं। *कुरुक्षेत्र* को वाद-विवाद के रूप में वही देखते हैं, जो उसकी संरचना को नहीं समझते। दिनकर जी बहुत बड़े प्रबंध-शिल्पी थे, इसलिए वे जानते थे कि विचार-काव्य को शुष्क, नीरस और उबाऊ होने से कैसे बचाना चाहिए। इसके लिए उन्होंने एक तो विचारों को अनुभूति में रूपांतरित करके उसे अत्यंत हृदयग्राही और वेगवान् बनाकर प्रस्तुत किया और दूसरे, *महाभारत* की घटनाओं का स्वाभाविक

रूप से उल्लेख कर विचार-काव्य में कथा-काव्य का रस उत्पन्न कर दिया। अपने काव्य को एकरस होने से उन्होंने इस तरह बचाया कि उसमें एक तरफ़ अत्यंत प्रभावशाली वर्णन का समावेश किया और दूसरी तरफ़ आवश्यक होने पर उसमें सीधे-सीधे अपने विचार भी रखे। पहली बात का सबसे अच्छा उदाहरण *कुरुक्षेत्र* का प्रथम सर्ग है और दूसरी बात का सबसे अच्छा उदाहरण उसका षष्ठम् सर्ग। इस काव्य की रोचकता का एक बड़ा कारण इसमें बीच-बीच में होने वाला छंद-परिवर्तन भी है। इन तमाम बातों को हम तब देखेंगे, जब सर्ग-क्रम से इस पर विचार करेंगे।

जैसा कि ऊपर संकेत किया गया, *कुरुक्षेत्र* का प्रथम सर्ग अत्यंत प्रभावशाली है। देखिए—

कौरवों का श्राद्ध करने के लिए या कि रोने को चिता के सामने,
शेष जब था रह गया कोई नहीं एक वृद्धा, एक अंधे के सिवा,
और जब,
तीव्र हर्ष-निनाद उठकर पांडवों के शिविर से
घूमता फिरता गहन कुरुक्षेत्र की मृतभूमि में,
लड़खड़ाता-सा हवा पर एक स्वर निस्सार-सा,
लौट आता था भटककर पांडवों के पास ही,
जीवितों के कान पर मरता हुआ,
और उन पर व्यंग्य-सा करता हुआ—
''देख लो, बाहर महा सुनसान है
सालता जिनका हृदय मैं, लोग वे सब जा चुके।''

उसके बाद युधिष्ठिर सोचने लगते हैं—

सत्य ही तो, जा चुके सब लोग हैं दूर ईर्ष्या-द्वेष, हाहाकार से।
मर गए जो, वे नहीं सुनते इसे, हर्ष का स्वर जीवितों का व्यंग्य है।
स्वप्न-सा देखा, सुयोधन कह रहा—''ओ युधिष्ठिर, सिंधु के हम पार हैं,
तुम चिढ़ाने के लिए जो कुछ कहो, किंतु, कोई बात हम सुनते नहीं।
हम वहाँ पर हैं, 'महाभारत' जहाँ, दीखता है स्वप्न अंतःशून्य-सा,
जो घटित-सा तो कभी लगता, मगर, अर्थ जिसका अब न कोई याद है।
आ गए हम पार, तुम उस पार हो; यह पराजय या कि जय किसकी हुई?
व्यंग्य, पश्चाताप, अंतर्दाह का अब विजय-उपहार भोगो चैन से।''

उधर—

हर्ष का स्वर घूमता निस्सार-सा, लड़खड़ाता मर रहा कुरुक्षेत्र में,
औ' युधिष्ठिर सुन रहे अव्यक्त-सा, एक रव मन का कि व्यापक शून्य का,
''रक्त से सिंचकर समर की मेदिनी, हो गई है लाल नीचे कोस-भर,

और ऊपर रक्त की खर धार में, तैरते हैं अंग रथ, गज, वाजि के ।
किंतु, इस विध्वंस के उपरांत भी, शेष क्या है ? व्यंग्य ही तो भाग्य का ?
चाहता था प्राप्त मैं करना जिसे, तत्त्व वह करगत हुआ या उड़ गया ?''

परिणामतः वे भयानक मानसिक अवस्था में पहुँच जाते हैं :

रक्त से छाने हुए इस राज्य को वज्र हो कैसे सकूँगा भोग मैं ?
आदमी के खून में यह है सना और है इसमें लहू अभिमन्यु का।

दिनकर जी उनके बारे में कहते हैं—

भर गया ऐसा हृदय दुख-दर्द से, .फ़ेन या बुद्‌बुद नहीं उसमें उठा।
खींचकर उच्छ्‌वास बोले सि.र्फ़ वे—''पार्थ, मैं जाता पितामह पास हूँ।''
और हर्ष-निनाद अंत:शून्य-सा, लड़खड़ाता मर रहा था वायु में।

यहाँ आकर *कुरुक्षेत्र* का पहला सर्ग समाप्त होता है, जो जितना ही विचारोत्तेजक है, उतना ही भावोत्तेजक भी।

द्वितीय सर्ग का आरंभ भी वर्णन से ही हुआ है। यह वर्णन भव्यता से भी युक्त है, और पवित्रता से भी। आज भी काव्य-भाषा की कसौटी विषय के अनुरूप भाषा का प्रयोग ही है। ज़रूरी नहीं कि यह भाषा एक ही प्रकार की हो। हिन्दी में बहुत दिनों तक यह धारणा प्रचलित रही है कि प्राचीन इतिहास पर आधारित नाटक या उपन्यास की भाषा तत्समप्रधान होनी चाहिए। लेकिन समर्थ लेखकों ने यह सिद्ध कर दिया है कि सरल यानी तद्‌भवप्रधान भाषा में भी कैसा भी वातावरण चित्रित किया जा सकता है। यहाँ वर्णन शरशय्याशायी भीष्म पितामह का है, इसलिए वह स्वाभाविक रूप से विषयानुरूप ही नहीं, असाधारण हो गया है। भीष्म महान् संकल्प वाले ही नहीं थे, महान् योद्धा और कृष्ण के बाद महान् तत्वज्ञ भी थे। इसीलिए शांति की खोज में युधिष्ठिर उनके पास पहुँचे थे। एक खास बात यह कि यह वर्णन जिस छंद में किया गया है, वह हिन्दी का पुराना कवित्त छंद है। दिनकर जी ने *रेणुका* की *'निर्झरिणी'* शीर्षक कविता में सवैया छंद का सफलतापूर्वक प्रयोग किया था। वह सफलता ऐसी थी कि उन्होंने उसमें *'निर्झरिणी'* का पूरा वेग भर दिया था। मुझे पता नहीं है कि उनके बाद के कवियों में से किसी ने कवित्त का उन-जैसा सधा हुआ प्रयोग किया हो। नागार्जुन भी छंद-सौंदर्य के पारखी थे। पं. नेहरू को विषय बनाकर कवित्त छंद में रची हुई उनकी एक कविता मुझे मिली है, जिसे उन्होंने दिनकर जी को सुनाया था और जिसे सुनकर प्रसन्न होते हुए तथा हँसते हुए उन्होंने उनसे कहा था—''इसे पंडितजी को भेज दो।''

अब आप भीष्म का यह वर्णन देखें—

आई हुई मृत्यु से कहा अजेय भीष्म ने कि
'योग नहीं जाने का अभी है, इसे जानकर
रुकी रहो पास कहीं'; और स्वयं लेट गए

बाणों का शयन, बाण का ही उपधान कर।
व्यास कहते हैं, रहे यों ही वे पड़े विमुक्त,
काल के करों से छीन मुष्टि-गत प्राण कर।
और पंथ जोहती विनीत कहीं आस-पास
हाथ जोड़ मृत्यु रही खड़ी शास्ति मान कर।

आगे—

शृंग चढ़ जीवन के आर-पार हेरते-से
योगलीन लेटे थे पितामह गंभीर-से।
देखा धर्मराज ने, विभा प्रसन्न फैल रही
श्वेत शिरोरुह, शर-ग्रथित शरीर से।
करते प्रणाम, छूते सिर से पवित्र पद,
उँगली को धोते हुए लोचनों के नीर से,
"हाय पितामह, 'महाभारत' विफल हुआ"
चीख उठे धर्मराज व्याकुल-अधीर-से।

"वीर-गति पाकर सुयोधन चला गया है,
छोड़ मेरे सामने अशेष ध्वंस का प्रसार;
छोड़ मेरे हाथ में शरीर निज प्राणहीन,
व्योम में बजाता जय-दुंदुभि-सा बार-बार;
और यह मृतक शरीर जो बचा है शेष,
चुप-चुप, मानो, पूछता है, मुझसे पुकार—
विजय का एक उपहार मैं बचा हूँ, बोलो,
जीत किसकी है और किसकी हुई है हार?"

अंत में युधिष्ठिर कहते हैं—

जानता कहीं जो परिणाम 'महाभारत' का,
तन-बल छोड़ मैं मनोबल से लड़ता;
तप से, सहिष्णुता से, त्याग से सुयोधन को
जीत, नई नींव इतिहास की मैं धरता।
और कहीं वज्र गलता न मेरी आह से जो,
मेरे तप से नहीं सुयोधन सुधरता;
तो भी हाय, यह रक्तपात नहीं करता मैं,
भाइयों के संग कहीं भीख माँग मरता।

करूँ आत्मघात तो कलंक और घोर होगा,

नगर को छोड़ अतएव, वन जाऊँगा;
पशु-खग भी न देख पाएँ जहाँ, छिप किसी
कंदरा में बैठ अश्रु खुलके बहाऊँगा;
जानता हूँ, पाप न धुलेगा वनवास से भी,
छिपा तो रहूँगा, दुख कुछ तो भुलाऊँगा;
व्यंग्य से बिंधेगा वहाँ जर्जर हृदय तो नहीं,
वन में कहीं तो धर्मराज न कहाऊँगा।

अब छंद बदलता है और साथ-साथ विषय भी—

भीष्म ने देखा गगन की ओर
मापते, मानो, युधिष्ठिर के हृदय का छोर;
और बोले, ''हाय नर के भाग!
क्या कभी तू भी तिमिर के पार
उस महत् आदर्श के जग में सके गा जाग,
एक नर के प्राण में जो हो उठा साकार है
आज दुख से, खेद से, निर्वेद के आघात से ?''

इससे स्पष्ट है कि *कुरुक्षेत्र* में युधिष्ठिर और भीष्म परस्पर प्रतिपक्षी नहीं हैं। यदि युधिष्ठिर उनकी शिक्षा से संन्यास लेने का विचार त्याग देते हैं, तो वे भी उनसे गहरी सहानुभूति रखते हैं। भीष्म भी शान्ति-कामी थे, बशर्ते कि संसार में अन्याय करने वाले समाप्त हो जाएँ और शस्त्र उठाने की ज़रूरत न पड़े। कहने की आवश्यकता नहीं कि यह शर्त बहुत बड़ी है, जो भीष्म की शान्ति-कामना से लेकर महात्मा गाँधी की अहिंसा तक को एक जटिल सिद्धांत बना देती है। जब अन्यायी और अत्याचारी नहीं रहेंगे और उनके मन में भी शान्ति महत् आदर्श के रूप में जागृत हो उठेगी, तो युद्ध और हिंसा की आवश्यकता कतई नहीं रह जाएगी और संसार स्वर्ग बन जाएगा। परिस्थितियाँ कितनी पेचीदा हैं, यह हम *कुरुक्षेत्र* के षष्ठम् सर्ग में देखेंगे, जिसे कवि ने आधुनिक विश्व की चिंता से प्रेरित होकर स्वतंत्र रूप से रचा है।

इस सर्ग में छंद पुनः बदलता है और भीष्म युधिष्ठिर को संबोधित कर कहते हैं :

है मृषा तेरे हृदय की जल्पना, युद्ध करना पुण्य या दुष्पाप है;
क्योंकि कोई कर्म है ऐसा नहीं, जो स्वयं ही पुण्य हो या पाप हो।
सत्य ही भगवान ने उस दिन कहा, ''मुख्य है कर्ता-हृदय की भावना,
मुख्य है यह भाव, जीवन-युद्ध में भिन्न हम कितना रहे निज कर्म से।''
औ' समर तो और भी अपवाद है, चाहता कोई नहीं इसको, मगर,
जूझना पड़ता सभी को, शत्रु जब आ गया हो द्वार पर ललकारता।
है बहुत देखा-सुना मैंने मगर, भेद खुल पाया न धर्माधर्म का,

आज तक ऐसा कि रेखा खींचकर बाँट दूँ मैं पुण्य को औ' पाप को।

छीनता हो स्वत्व कोई, और तू त्याग-तप से काम ले यह पाप है।
पुण्य है विच्छिन्न कर देना उसे, बढ़ रहा तेरी तरफ़ जो हाथ हो।

व्यक्ति का है धर्म तप, करुणा, क्षमा, व्यक्ति की शोभा विनय भी, त्याग भी,
किंतु, उठता प्रश्न जब समुदाय का, भूलना पड़ता हमें तप-त्याग को।

दिनकर जी ने भीष्म के कथन से ही यह सूत्र प्राप्त किया था कि 'आत्मा का संग्राम आत्मा से और देह का संग्राम देह से जीता जाता है।' यह बात उन्होंने भीष्म का उल्लेख करते हुए पुस्तक की भूमिका में भी कही है। यही कारण है कि पश्चिमी आधुनिक काव्य के सकारात्मक प्रभाव में गर्जन-तर्जन छोड़कर 'महीन' कविताएँ लिखने लगने के बावजूद जब चीन ने भारत पर आक्रमण किया, तो उन्होंने 'परशुराम की प्रतीक्षा' में संकलित नई कविताएँ लिखीं, जो शत्रु के विरुद्ध हिंसा और युद्ध को प्रोत्साहन देनेवाली हैं। ये कविताएँ आद्यंत उद्‌बोधनपरक हैं और दिनकर जी की आरंभिक कविताओं की तरह ही ओजस्वी हैं। पं. नेहरू भी महात्मा गाँधी की अहिंसा को कार्यनीति-मात्र मानते थे और यह विचार रखते थे कि अहिंसा व्यक्ति का धर्म हो सकती है, लेकिन संकटग्रस्त समुदाय का नहीं।

युधिष्ठिर को भीष्म का संबोधन जारी रहता है, किन्तु फिर एक बार बदले हुए छंद में,—

जो अखिल कल्याणमय है व्यक्ति तेरे प्राण में,
कौरवों के नाश पर है रो रहा केवल वही।
किन्तु, उसके पास ही समुदायगत जो भाव हैं,
पूछ उनसे, क्या 'महाभारत' नहीं अनिवार्य था?
त्याग, तप, भिक्षा? बहुत हूँ जानता मैं भी, मगर,
त्याग, तप, भिक्षा, विरागी योगियों के धर्म हैं;
याकि उसकी नीति, जिसके हाथ में शायक नहीं;
या मृषा पाषंड यह उस कापुरुष बलहीन का,
जो सदा भयभीत रहता युद्ध से यह सोचकर
ग्लानिमय जीवन बहुत अच्छा, मरण अच्छा नहीं।

जब मैं एम.ए. के अन्तिम वर्ष में था, तो नलिनजी हम लोगों को *गोदान* पढ़ाने के क्रम में एक बार अलग से प्रेमचंद की भाषा का विश्लेषण करते थे। उस संबंध में ढेर सारी दुर्लभ बातें बतलाने के बाद अंत में किंचित् झल्लाकर वे कहते थे, ''आखिर इसके

सिवा और कहा ही क्या जा सकता है कि प्रेमचंद की भाषा अत्यंत सरल है ?'' लेकिन दिनकर जी की काव्य-भाषा के बारे में कई बातें कही जा सकती हैं, जैसे यह कि वह प्रसंगानुसार अत्यंत ओजस्वी, ललित, गंभीर, मस्ती से लबरेज़ और संप्रेषणीय है।

कुरुक्षेत्र का तृतीय सर्ग पूर्णत: भीष्म के संवाद को समर्पित है। इसमें उन्होंने शान्ति और युद्ध के संबंध में अपने क्रांतिकारी विचार तो प्रकट किए ही हैं, यथास्थान *महाभारत* की अनेक घटनाओं का संदर्भ भी दिया है, जिससे ही इस विचार-प्रधान सर्ग में कथा का रस उत्पन्न हुआ है। ऐसे ही स्थलों के चलते *कुरुक्षेत्र* संपूर्ण *महाभारत* की कथा हो गया है, जिससे उसमें व्यक्त किए गए विचार अखरते नहीं। युधिष्ठिर युद्ध की अपेक्षा शान्ति की बात करते थे, लेकिन भीष्म उनसे पूछते हैं कि युद्ध निंदनीय है, लेकिन यह बतलाओ कि अन्याय पर आधारित शान्ति क्या शान्ति है ? शान्ति से संबंधित उनका वक्तव्य उन्हीं के मुँह से सुनिए—

सुख-समृद्धि का विपुल कोष संचित कर कल, बल, छल से,
किसी क्षुधित का ग्रास छीन, धन लूट किसी निर्बल से।
सब समेट, प्रहरी बिठला कर कहती कुछ मत बोलो,
शान्ति-सुधा बह रही, न इसमें गरल क्रांति का घोलो।
हिलो-डुलो मत, हृदय-रक्त अपना मुझको पीने दो,
अचल रहे साम्राज्य शान्ति का, जियो और जीने दो।

आगे वे अत्यंत स्पष्ट रूप में अपने विचार रखते हैं—

शान्ति खोलकर खड्ग क्रांति का जब वर्जन करती है,
तभी जान लो, किसी समर का वह सर्जन करती है।
शान्ति नहीं तब तक, जब तक सुख-भाग न नर का सम हो,
नहीं किसी को बहुत अधिक हो, नहीं किसी को कम हो।

फिर वे *महाभारत* की घटनाओं का हवाला देते हुए काफ़ी कड़े शब्दों में युधिष्ठिर से कहते हैं—

मन:शक्ति प्यारी थी तुमको यदि पौरुष ज्वलन से,
लोभ किया क्यों भरत-राज्य का? फिर आए क्यों वन से?
पिया भीष्म ने विष, लाक्षागृह जला, हुए वनवासी,
केशकर्षिता प्रिया सभा-सम्मुख कहलाई दासी।
क्षमा, दया, तप, त्याग, मनोबल, सबका लिया सहारा;
पर नर-व्याघ्र सुयोधन तुमसे, कहो कहाँ कब हारा?
क्षमाशील हो रिपु-समक्ष तुम हुए विनत जितना ही,
दुष्ट कौरवों ने तुमको कायर समझा उतना ही।
अत्याचार सहन करने का कुफल यही होता है,

पौरुष का आतंक मनुज कोमल होकर खोता है।

यहीं पर ये पंक्तियाँ आई हैं, जो हिन्दी क्षेत्र में लोकोक्ति बन गई हैं—

क्षमा शोभती उस भुजंग को जिसके पास गरल हो।
उसको क्या, जो दंतहीन, विषरहित, विनीत, सरल हो?

इस सर्ग में भी अनेक सशक्त कवित्त आए हैं, लेकिन उनमें से कोई छंद उद्धृत करने का लोभ मैं संवरण कर रहा हूँ। कुछ पाठकों के लिए भी छोड़ना ज़रूरी है। धीरे-धीरे भीष्म का स्वर नरम पड़ता है और युधिष्ठिर की बात समझते हुए तथा उनके मन में जो आदर्श उत्पन्न हुआ है, उसे दुर्लभ बतलाते हुए वे उन्हें समझाने के लहज़े में कहते हैं—

मैं भी हूँ सोचता, जगत से कैसे उठे जिघांसा,
किस प्रकार फैले पृथ्वी पर करुणा, प्रेम, अहिंसा।
जियें मनुज किस भाँति परस्पर होकर भाई-भाई,
कैसे रुके प्रदाह क्रोध का, कैसे रुके लड़ाई।

किन्तु, हाय, आधे पथ तक ही पहुँच सका यह जग है,
अभी शान्ति का स्वप्न दूर नभ में करता जगमग है।
भूले-भटके ही पृथ्वी पर वह आदर्श उतरता,
किसी युधिष्ठिर के प्राणों में ही स्वरूप है धरता।

अंत में भीष्म की यह वज्र-वाणी—

पापी कौन? मनुज से उसका न्याय चुराने वाला?
याकि न्याय खोजते विघ्न का सीस उड़ाने वाला?

इस काव्य का चतुर्थ सर्ग कई दृष्टियों से महत्त्वपूर्ण है। इसमें भी एकाधिक छन्दों का प्रयोग हुआ है, लेकिन इसका ज़्यादा अंश दिनकर जी के प्रिय अट्ठाईस मात्राओं वाले सार छंद में रचित है। इसके आरंभ में कवि पुनः भीष्म पितामह का वर्णन करता है और उसके बाद जब युधिष्ठिर को उनका संबोधन शुरू होता है, तो वे उन्हें *महाभारत* को कोई आकस्मिक घटना नहीं बतलाते। वे कहते हैं कि उसके लिए परिस्थितियाँ पहले से तैयार हो रही थीं। इसके अलावा इसमें भीष्म का अत्यंत मार्मिक आत्मविश्लेषण एवं आत्मस्वीकार भी है, साथ-साथ अर्जुन के प्रति उनके स्नेहोद्रेक का कारण भी कथित है। अंत में वे *महाभारत* के लिए अपनी कमज़ोरी को ही दोषी करार देते हैं। इन तमाम बातों को हम एक-एक कर देखेंगे। पहले भीष्म का यह वर्णन :

शरों की नोक पर लेटे हुए गजराज—जैसे,
थके, टूटे गरुड़-से, स्रस्त पन्नगराज—जैसे,
मरण पर वीर-जीवन का अगम बल-भार डाले
दबाए काल को, सायास संज्ञा को सँभाले,

पितामह कह रहे कौन्तेय से रण की कथा हैं।,
विचारों की लड़ी में गूँथते जाते व्यथा हैं।
हृदय-सागर मथित होकर कभी जब डोलता है,
छिपी निज वेदना गंभीर नर भी बोलता है।

दूसरे बंद की दूसरी पंक्ति में जो '*व्यथा*' शब्द आया है, वह ध्यातव्य है और आगे वह भीष्म के कथनों से प्रमाणित होता है। अभी तो वे युधिष्ठिर को वे बातें बतलाते हैं, जो घटनाओं को युद्ध की ओर लिए जा रही थीं, उनका थोड़ा-सा विवरण देखिए—

निभाना पार्थ-वध का चाहता राधेय था प्रण।
द्रुपद था चाहता गुरु द्रोण से निज वैर-शोधन।
शकुनि को चाह थी, कैसे चुकाये ऋण पिता का,
मिला दे धूल में किस भाँति कुरु-कुल की पताका।

सुयोधन पर न उसका प्रेम था, वह घोर छल था।
हितु बनकर उसे रखना ज्वलित केवल अनल था।
जहाँ भी आग थी जैसी, सुलगती जा रही थी,
समर में फूट पड़ने के लिए अकुला रही थी।

सुधारों से स्वयं भगवान के जो-जो चिढ़े थे,
नृपति वे क्रुद्ध होकर एक दल में जा मिले थे।
नहीं शिशुपाल के वध से मिटा था मान उनका।
दुबक कर था रहा धुँधुआ द्विगुण अभिमान उनका।

परस्पर की कलह से, वैर से, होकर विभाजित,
कभी से दो दलों में हो रहे थे लोग सज्जित।
खड़े थे वे हृदय में प्रज्जवलित अंगार लेकर,
धनुर्ज्या को चढ़ाकर म्यान में तलवार लेकर।

उपर्युक्त बंदों के बाद निम्नलिखित दो पंक्तियाँ आती हैं, जो भिन्न छंद में होने से हमें वही आनन्द देती हैं, जो *रामचरित्मानस* में चौपाइयों के बाद आनेवाला दोहा देता है। जैसे कथा-प्रवाह छोटी-छोटी तरंगें उठाता हुआ आगे बढ़ रहा हो। लेकिन अभी जो छंद उद्धृत किया जा रहा है, वह पूर्णतः दोहे के समान नहीं है, क्योंकि आगे चतुर्थ सर्ग का संपूर्ण शेष अंश इसी छंद में रचा गया है। फिर भी ये पंक्तियाँ हमें एक आनन्द देती हैं—

था रह गया हलाहल का यदि कोई रूप अधूरा,
किया युधिष्ठिर, उसे तुम्हारे राजसूय ने पूरा।

महाभारत को संभव बनानेवाली अन्य घटनाओं का पुनः उल्लेख—

बिंधा चित्र-खग रंग-भूमि में जिस दिन अर्जुन-शर से,
उसी दिवस जनमी दुरग्नि दुर्योधन के अंतर से।
बनी हलाहल वही वंश का, लपटें लाख-भवन की,
द्यूत-कपट शकुनी का, वन-यातना पांडु-नंदन की।
भरी सभा में लाज द्रौपदी की न गई थी लूटी,
वह तो यही कराल आग थी निर्भय होकर फूटी।
ज्यों-ज्यों साड़ी विवश द्रौपदी की खिंचती जाती थी,
त्यों-त्यों वह आवृत, दुरग्नि यह नग्न हुई जाती थी।
उसके कर्षित केश-जाल में केश खुले थे इसके,
पुंजीभूत वसन उसका था, वेश खुले थे इसके।

तत्पश्चात् भीष्म का निर्मम आत्मालोचन और अपने प्रति धिक्कार की भावना, जो इस काव्य में उनके चरित्र को लेकर उठाए जानेवाले प्रश्नों के ज़ोर को कम कर देता है,—

किंतु न जाने, क्यों उस दिन तुम हारे, मैं भी हारा,
जाने, क्यों फूटी न भुजा को फोड़ रक्त की धारा।
नर की कीर्ति-ध्वजा उस दिन कट गई देश में जड़ से,
नारी ने सुर को टेरा जिस दिन निराश हो नर से।
महासमर आरंभ देश में होना था उस दिन ही,
उठा खड्ग यह पंक रुधिर से धोना था उस दिन ही।

उस दिन की स्मृति से छाती अब भी जलने लगती है,
भीतर कहीं छुरी कोई हृत् पर चलने लगती है।
धिक्‌धिक् मुझे; हुई उत्पीड़ित सम्मुख राज-वधूटी,
आँखों के आगे अबला की लाज खलों ने लूटी।
और रहा जीवित मैं, धरणी फटी न दिग्गज डोला,
गिरा न कोई वज्र, न अंबर गरज क्रोध में बोला।
सो, कलंक वह लगा, नहीं धुल सकता जो धोने से,
भीतर ही भीतर जलने या कंठ फाड़ रोने से।

छायावाद में प्रसाद तक ने *कामायनी* की इड़ा के माध्यम से बुद्धि का विरोध किया है, जिसे हिन्दी में गलत समझा गया कि यह बुद्धिवाद का विरोध है, जबकि प्रसाद स्वयं बड़े बौद्धिक थे और मुक्तिबोध ने *कामायनी* पर लिखते हुए इस तरह की बात कही है कि उनके प्रत्येक संवेदन में चिंतन के कण थे। ज़ाहिर है, प्रसाद से लेकर दिनकर तक ने बुद्धि के रूप में दुर्बुद्धि का विरोध किया है, जो आदमी को दुनियादार बनाती है

और उसे निर्भीकतापूर्वक सत्य के पक्ष में खड़ा होने नहीं देती। राम का रावण पर जो क्रोध था, वह बुद्धिहीन नहीं, बल्कि सद्बुद्धि से प्रेरित था। किसी छायावादी कवि ने, वह कितना भी भावुक क्यों न हो, बुद्धि-मात्र का विरोध नहीं किया। निश्चय ही हमें शब्दों को नहीं, उनके पीछे स्थित आशय को समझना चाहिए। यहाँ भी भीष्म कहते हैं 'बुझा बुद्धि का दीप वीरवर आँख मूँद चलते हैं,/उछल वेदिका पर चढ़ जाते और स्वयं बलते हैं।' यह बुद्धिहीनता नहीं है, बल्कि वह बुद्धि है, जो व्यक्ति को कायर और अपना हानि-लाभ सोचकर सत्य से पाँव पीछे खींच लेनेवाला नहीं बनाती है। भीष्म पर आरोप था कि वे कौरवों के सेनापति हैं, लेकिन स्नेह अर्जुन पर रखते हैं। इस संबंध में भीष्म का दो-टूक कथन है—

धर्म, स्नेह, दोनों प्यारे थे, बड़ा कठिन निर्णय था,
अतः, एक को देह, दूसरे को दे दिया हृदय था।
किंतु, फटी जब घटा, ज्योति जीवन की पड़ी दिखाई,
सहसा सैकत-बीच स्नेह की धार उमड़कर छाई।
धर्म पराजित हुआ, स्नेह का डंका बजा विजय का,
मिली देह भी उसे, दान था जिसको मिला हृदय का।
भीष्म न गिरा पार्थ के शर से, गिरा भीष्म का वय था,
वय का तिमिर भेद वह मेरा यौवन हुआ उदय था।

कर्तव्य और प्रेम का द्वन्द्व स्वयं दिनकर जी के भीतर भी था। *उर्वशी* में आकर तो ऐसा लगा कि उस द्वन्द्व में उनका प्रेम विजयी हो गया, लेकिन *परशुराम की प्रतीक्षा* ने इस धारणा पर प्रश्नचिह्न लगा दिया। 'कवि की मृत्यु' शीर्षक कविता में उनकी मृत्यु से आहत स्त्रियाँ भी कहती हैं कि हम तो रो लेती हैं, 'पर इसे नहीं रोने का भी अवकाश मिला,/सारा जीवन कट गया आग सुलगाने में।' भीष्म अपनी कर्तव्य-भावना की पराजय को मुक्त भाव से स्वीकार करते हैं। ऊपर संकेत किया जा चुका है कि उनके भीतर अर्जुन के प्रति जो प्रेम ज़ोरों से फूटा, वह उस संयम का परिणाम था, जिससे उन्होंने अपनी युवावस्था में अपनी कोमल भावनाओं का दमन किया था। ये पंक्तियाँ जितनी हार्दिक हैं, उतनी ही कवित्वपूर्ण भी—

फटा बुद्धि-भ्रम, हटा कर्म का मिथ्या जाल नयन से,
प्रेम अधीर पुकार उठा मेरे शरीर से, मन से—
लो, अपना सर्वस्व पार्थ! यह मुझको मार गिराओ,
अब है विरह असह्य, मुझे तुम स्नेह-धाम पहुँचाओ।
ब्रह्मचर्य के प्रण के दिन जो रुद्ध हुई थी धारा,
कुरुक्षेत्र में फूट उसी ने बनकर प्रेम पुकारा।
बही न कोमल वायु, कुंज मन का था कभी न डोला,

पत्तों की झुरमुट में छिपकर विहग न कोई बोला।

चतुर्थ सर्ग का अंत भीष्म के इस मुक्त आत्मस्वीकार से होता है—

प्रकटी होती मधुर प्रेम की मुझ पर कहीं अमरता,
स्यात् देश को कुरुक्षेत्र का दिन न देखना पड़ता।

राज-द्रोह की ध्वजा उठाकर कहीं प्रचारा होता,
न्याय-पक्ष लेकर दुर्योधन को ललकारा होता;
स्यात् सुयोधन भीत उठाता पग कुछ अधिक सँभलके,
भरतभूमि पड़ती न स्यात्, संगर में आगे चलके।

पंचम् सर्ग का आरंभ भी कवि के कथन से ही हुआ है, जो कुछ दूर तक चलता है। उसका पहला कथन यह है :

शारदे! विकल संक्रांति-काल का नर मैं,
कलिकाल-भाल पर चढ़ा हुआ द्वापर मैं।

तात्पर्य यह कि *कुरुक्षेत्र* में कथा द्वापर की है, लेकिन उसकी अंतर्वस्तु आधुनिक काल की। द्वापर और कलियुग का यह संबंध स्वाभाविक है, क्योंकि कलियुग ठीक द्वापर की पीठ पर आया है। अब वह महाभारत-युद्ध का वर्णन करता है और अंत में युद्धोपरांत युधिष्ठिर की मनोदशा के बारे में कहता है—

इस काल-गर्भ में किंतु, एक नर ज्ञानी
है खड़ा कहीं पर भरे दृगों में पानी,
रक्ताक्त दर्प को पैरों-तले दबाए,
मन में करुणा का स्निग्ध प्रदीप जलाए।
सामने प्रतीक्षा-निरत जयश्री बाला
सहमी-सकुची है खड़ी लिए वरमाला।
पर, धर्मराज कुछ जान नहीं पाते हैं।
इस रूपसि को पहचान नहीं पाते हैं।

ये पंक्तियाँ इस बात की साक्षी हैं कि दिनकर जी युधिष्ठिर की भावना को समझते थे और उसके साथ थे। तत्पश्चात् उन्होंने उनके मुँह से महाभारत-युद्ध के बाद के दृश्य का जो वर्णन किया है, वह जितना ही युगुत्सोत्पादक है, उतना ही उनकी उच्च मानववादी दृष्टि के कारण पाठकों के मन को युद्ध-विरोध की भावना से भर देने वाला। अब तक हिन्दी में बीभत्स रस के जो उदाहरण दिए जाते रहे हैं, उनमें सिर्फ़ घृण्य दृश्यों को अंकित कर दिया जाता था। वह वर्णन रसात्मक, जो आनंददायक ही हो सकता है, कदापि नहीं होता था। जुगुप्सा और आनंद, ये परस्पर विरोधी बातें हैं, इसलिए इनका एक साथ होना एक कठिन बात है, जैसे तलवार की धार पर चलना।

दिनकर जी इसमें पूर्णतः सफल हुए हैं, क्योंकि उनका वर्णन जितना बीभत्स है, उतना ही कवित्वपूर्ण। पिछले सर्ग के अंत में भीष्म ने यह भी कहा था कि 'पर, सब कुछ हो चुका, नहीं कुछ शेष, कथा जाने दो,/भूलो बीती बात, नए युग को जग में आने दो।' उसी का हवाला देते हुए और अश्रुपात करते हुए युधिष्ठिर भीष्म को संबोधित कर कहना शुरू करते हैं, पहले उनके बारे में कहते हुए—

चलती रही पितामह-मुख से कथा अजस्र, अमेय,
सुनते ही सुनते, आँसू में फूट पड़े कौन्तेय।
हाँ, सब कुछ हो चुका पितामह, रहा नहीं कुछ शेष,
शेष एक आँखों के आगे है यह मृत्यु-प्रदेश—
जहाँ भयंकर, भीमकाय शव-सा निस्पंद, प्रशांत,
शिथिल-श्रांत हो लेट गया है स्वयं काल विक्रांत।
रुधिर-सिक्त-अंचल में नर के खंडित लिए शरीर,
मृतवत्सला विषण्ण पड़ी है धरा मौन, गंभीर।
सड़ती हुई विषाक्त गंध से दम घुटता-सा जान,
दबा नासिका निकल भागता है द्रुतगति पवमान।
शीत-सूर्य अवसन्न डालता सहम-सहम कर ताप,
जाता है मुँह छिपा घनों में चाँद चला चुपचाप।
वायस, गृद्ध, शृगाल, श्वान, दल के दल वन-मार्जार,
यम के अतिथि विचरते सुख से देख विपुल आहार।
मनु का पुत्र बने पशु-भोजन! मानव का यह अंत!
भरत-भूमि के नर-वीरों की यह दुर्गति, हा हंत!

इस सर्ग का आगे का संपूर्ण अंश सवैया छंद में लिखा गया है। सनेही-स्कूल के अनेक कवियों ने इस छंद में काव्य-रचना की थी, जिनमें जगदम्बाप्रसाद मिश्र 'हितैषी' का बड़ा नाम था, लेकिन उनके खड़ीबोली के सवैयों का संग्रह मैंने देखा है, जिसमें कोई भी सवैया ऐसा नहीं है, जिसमें अपेक्षित कसाव हो और चौथी पंक्ति को चमत्कारपूर्ण बनाने की कोशिश न की गई हो। दिनकर जी के सवैए अत्यंत सार्थक हैं और उनमें भावना की तीव्र एवं संक्रामक अभिव्यक्ति के अलावा कोई चमत्कार नहीं है। युद्ध का वर्णन करने के बाद युधिष्ठिर भीष्म से कहते हैं कि मुझे साफ़ दिखलाई पड़ रहा है कि श्मशान से 'समृद्धि के प्रेत' जयमाला लिए हुए उनकी तरफ़ बढ़ रहे हैं और उनसे प्रश्न पूछते हैं कि जब तूने युद्ध में जीत के लिए सब कुछ किया, तो फिर अब राजसिंहासन पर बैठने से क्यों भाग रहा है ? यह वस्तुतः युधिष्ठिर का निष्ठुर आत्म-निरीक्षण है, जो उनके चरित्र को असाधारणता प्रदान करता है। एतत्संबंधी दो सवैए नीचे उद्धृत किए जा रहे हैं—

जब युद्ध में फूट पड़ी यह आग, तो
कौन-सा पाप नहीं किया तूने?
गुरु के वध के हित झूठ कहा,
सिर काट समाधि में ही लिया तूने;
छल से कुरुराज की जाँघ को तोड़
नया रण-धर्म चला दिया तूने;
अरे पापी, मुमूर्षु मनुष्य के वक्ष को
चीर सहास लहू पिया तूने।

अपकर्म किए जिसके हित, अंक में
आज उसे भरता नहीं क्यों है?
ठुकराता है जीत को क्यों पद से?
अब द्रौपदी से डरता नहीं क्यों है?
कुरुराज की भोगी हुई इस सिद्धि को
हर्षित हो वरता नहीं क्यों है?
कुरुक्षेत्र-विजेता, बता, निज पाँव
सिंहासन पै धरता नहीं क्यों है?

आत्मभर्त्सना का ऐसा तीखा स्वर दिनकर के बाद फिर मुक्तिबोध में ही सुनाई पड़ता है। बहरहाल। आचार्य हज़ारीप्रसाद द्विवेदी का यह कथन प्रसिद्ध है कि नया छंद नए मनोभाव की सूचना देता है। यह कथन गलत नहीं है, लेकिन समर्थ कवि पुराने छंद में भी नए मनोभाव को प्रकट कर सकते हैं, जैसे असमर्थ कवि नए छंद में भी पुराना मनोभाव प्रकट करते रहते हैं। दिनकर जी की विशेषता यह है कि यहाँ विषय भी पुराना है और छंद भी, लेकिन छंद के भीतर से प्रकट होने वाला आशय और उसकी विधि एकदम नई है। यहाँ नागार्जुन का भी उदाहरण लिया जा सकता है, जिन्होंने दोहा-जैसे पुराने छंद में वह कविता लिखी थी, जिसकी अंतिम पंक्तियाँ हैं : 'जली ठूँठ पर बैठकर गई कोकिला कूक,/बाल न बाँका कर सकी शासन की बंदूक।' ऊपर दूसरे छंद में समाधि में सिर काटने की बात आई है। सात्यकि ने समाधिस्थ भूरिश्रवा का मस्तक काट लिया था। कवि ने उसी ओर इशारा किया है।

ऐसा लगता है कि भीष्म की बातों से अभी तक युधिष्ठिर की शंका अंतिम रूप से निर्मूल नहीं हुई, इसलिए वे उनसे कहते हैं कि मुझ पर दया करके मुझे साफ़-साफ़ बतलाइए कि युद्ध के लिए उत्तरदायी कौरव थे या पांडव—

कुछ के अपमान के साथ पितामह,
विश्व-विनाशक युद्ध को तोलिए;

इनमें विघातक पातक कौन
बड़ा है ? रहस्य विचार के खोलिए;
मुझ दीन, विपन्न को देख, दयाद्र हो
देव! नहीं निज सत्य से डोलिए;
नर-नाश का दायी था कौन ? सुयोधन
या कि युधिष्ठिर का दल ? बोलिए।

नीचे के छंद से ऐसा लग सकता है कि युधिष्ठिर भीष्म से विवाद कर रहे हैं, पर उसकी पंक्तियों के भीतर झाँकने से उनकी पीड़ा स्पष्ट हो जाती है, बावजूद इसके कि उन्होंने अपना उल्लेख 'अन्य पुरुष' में किया है, जो अंतिम दो पंक्तियों से स्पष्ट है—

कहिए मत दीप्ति इसे बल की,
यह दारद है, रण का ज्वर है,
यह दानवता की शिखा है मनुष्य में,
राग की आग भयंकर है;
वह बुद्धि-प्रमाद है, भ्रांति में सत्य को
देख नहीं सकता नर है;
कुरुवंश में आग लगी, तो उसे
दिखता जलता अपना घर है।

इनमें आनेवाला 'दारद' शब्द 'एक प्रकार का विष' है। युधिष्ठिर भीष्म की तरह ही आशावादी थे और उनमें प्रचंड आत्मविश्वास भी था, इसलिए वे अब एक-दूसरे रण की बात करते हैं, जो किसी और के नहीं, बल्कि अपने विरुद्ध होगा, जिसमें वे निश्चित रूप से विजयी होकर निकलेंगे। प्रमाणस्वरूप सर्ग का यह अंतिम छंद—

यह होगा महारण राग के साथ;
युधिष्ठिर हो विजयी निकलेगा;
नर-संस्कृति की रणछिन्न लता पर
शान्ति-सुधा-फल दिव्य फलेगा,
कुरुक्षेत्र की धूल नहीं इति पंथ की,
मानव ऊपर और चलेगा;
मनु का यह पुत्र निराश नहीं,
नव धर्म-प्रदीप अवश्य जलेगा।

कुरुक्षेत्र के षष्ठम् सर्ग के साथ मेरा एक संस्मरण जुड़ा हुआ है। 1955 के अंत में वारसा (पोलैंड) में विभिन्न देशों के राष्ट्रकवियों का एक सम्मेलन आयोजित था। उसमें भारत का प्रतिनिधित्व करने के लिए तत्कालीन प्रधानमंत्री पं. नेहरू ने दिनकर जी का चयन किया, लेकिन तत्कालीन शिक्षा मंत्री मौलाना आज़ाद ने उर्दू की तरफ़

से उनके साथ उर्दू के शायर सागर निजामी को भी लगा दिया। दिनकर जी ने वहाँ से लौटकर हम लोगों को बतलाया था कि उक्त अंतर्राष्ट्रीय कवि-सम्मेलन में पढ़ने के लिए वे अपने साथ *कुरुक्षेत्र* के षष्ठम् सर्ग का संक्षिप्त रूप ले गए थे, साथ में वितरित करने के लिए उसके अंग्रेज़ी अनुवाद की प्रतियाँ भी। कवि-सम्मेलन में उनका काव्य-पाठ सर्वाधिक प्रभावशाली सिद्ध हुआ। तभी उन्होंने वहीं से स्व. ब्रजकिशोर नारायण को पत्र में लिखा था कि 'कवि-सम्मेलन भारत के हाथ रहा।' सागर निजामी ने अपना कलाम तरन्नुम के साथ पेश किया था, जो पश्चिम के देशों के लिए एक अजूबा बात थी, क्योंकि वहाँ कविता और गायन का संबंध प्रायः विच्छिन्न हो चुका है। दिनकर जी ने बतलाया कि अगले दिन फिनलैंड का राष्ट्रकवि उनके पास आया और सागर निजामी की तरफ़ इशारा करके उनसे कहा कि "अगली बार जब मैं कवि सम्मेलन में जाऊँगा, तो ज़रूर अपनी वायलिन साथ लेता आऊँगा।"

दिनकर जी की बातों से मुझे कुछ आश्चर्य हुआ था। एक तो इसलिए कि बाद में इतनी श्रेष्ठ कविताएँ लिखने के उपरांत भी उन्होंने पाठ के लिए *कुरुक्षेत्र* के षष्ठम् सर्ग को ही क्यों चुना और दूसरे इसलिए कि जब वे कवि सम्मेलनों में खुद अपनी कविताएँ गाकर सुनाते थे, तो फिनलैंड के कवि की बात कहते हुए उन्होंने भी सागर निजामी का उपहास क्यों किया? मुझे उनकी वह उपहासपूर्ण, किंतु मोहक और निश्च्छल हँसी आज तक नहीं भूली है। 1953 में शरद्-पूर्णिमा को किरण-मंडल (हाजीपुर) द्वारा गंडकी-तट पर आयोजित कवि-सम्मेलन के अध्यक्ष-पद से मैंने उनकी दो कविताएँ स्वयं सुनी थीं, जिनमें से पहली कविता थी 'किसको नमन करूँ मैं?' और दूसरी कविता थी *रश्मिरथी* के तीसरे सर्ग का पूर्वांश। उन्होंने इन दोनों कविताओं को बहुत उदात्त और प्रभावशाली ढंग से गाकर प्रस्तुत किया था। आज मुझे अपने दोनों प्रश्नों का उत्तर मिल चुका है। *कुरुक्षेत्र* के षष्ठम् सर्ग का महत्त्व इसलिए है कि उसमें आज की वैश्विक समस्या को बहुत बड़े फलक पर उठाया गया है और दिनकर जी बाद में कविता के गायन से अधिक महत्त्व उसके पाठ को इसलिए देने लगे थे कि उनकी कविताओं में सांवादिकता बढ़ती गई है, जिससे उनका सौंदर्य पाठ से ही प्रकट होता है, उनके गायन से नहीं। उदाहरण के लिए उनकी परवर्ती दो कविताओं की ये आरंभिक पंक्तियाँ देखी जा सकती हैं : 'तबीयत चाहती है बात कुछ तुमको सुनाऊँ,/मगर, तुम कौन हो जो पंक्ति मेरी पढ़ रहे हो?' और 'हो गया एक नेता मैं भी? तो बंधु,/सुनो, मैं भारत के रेशमी नगर में रहता हूँ।'

पीछे संकेत किया जा चुका है कि *कुरुक्षेत्र* के षष्ठम् सर्ग में आधुनिक समस्या को उसके अनेक पहलुओं के साथ, जो परस्पर उलझे हुए हैं, उठाया गया है, यथा आधुनिक मनुष्य का सब कुछ को भुलाकर अपने स्वार्थ की डगर पर बढ़ते जाना, विज्ञान की चमत्कारी उपलब्धियाँ, लेकिन उससे उत्पन्न उपभोक्तावादी संस्कृति के

द्वारा मानवीयता की उपेक्षा, जिसे शेक्सपियर ने 'ह्यूमैन मिल्क' कहा है; इतना ही नहीं, विज्ञान का ध्वंसात्मक प्रयोग, मनुष्य की अपने श्रेय से अनभिज्ञता और वर्तमान स्थिति से मन में जन्म लेनेवाली निराशा। दिनकर जी ने लिखा है कि यह सर्ग *कुरुक्षेत्र* के घटना-चक्र से स्वतंत्र है। भूमिका में उनका कथन है, 'पूरा का पूरा छठा सर्ग... क्षेपक है, जो इस काव्य से टूटकर अलग भी जी सकता है।' लेकिन ज्ञातव्य है कि इसका आरंभ पंचम सर्ग के अंत में कथित युधिष्ठिर की बात का सूत्र पकड़कर ही हुआ है। पाठक ऊपर उद्धृत कथन से मिलाकर इन पंक्तियों को देख सकते हैं—

धर्म का दीपक, दया का दीप,
कब जलेगा, कब जलेगा, विश्व में भगवान?
कब सुकोमल ज्योति से अभिसिक्त
हो, सरस होंगे जली-सूखी रसा के प्राण?

लेकिन यह कोई अहम बात नहीं है। अहम बात यह है कि षष्ठम् सर्ग में उठाई गई मूल समस्या आधुनिक युग की है। कवि की चिंता यह है—

भीष्म हों अथवा युधिष्ठिर या कि हों भगवान,
बुद्ध हों कि अशोक, गाँधी हों कि ईसु महान;
सिर झुका सबको, सभी को श्रेष्ठ निज से मान,
मात्र वाचिक ही उन्हें देता हुआ सम्मान,
दग्ध कर पर को, स्वयं ही भोगता दुख-दाह,
जा रहा मानव चला अब भी पुरानी राह।

त्रासदी यह है कि अब हम द्वापर-युग में न होकर आधुनिक युग में हैं, जिसमें विज्ञान ने हमें एक नए ज्योतिर्लोक में पहुँचा दिया है—

पूर्व युग-सा आज का जीवन नहीं लाचार,
आ चुका है दूर द्वापर से बहुत संसार;
यह समय विज्ञान का, सब भाँति पूर्ण, समर्थ;
खुल गए हैं गूढ़ संसृति के अमित गुरु अर्थ।
चीरता तम को, सँभाले बुद्धि की पतवार,
आ गया है ज्योति की नव भूमि में संसार।

इस प्रकार दिनकर जी विज्ञान को नकारात्मक दृष्टि से नहीं देखते थे, लेकिन उसके द्वारा संभव की गई औद्योगिक सभ्यता मनुष्य को जो यंत्र बनाती जा रही थी, उसके वे बड़े विरोधी थे। वह मनुष्य को इतना मस्तिष्क-प्रधान बनाती जा रही थी कि हृदय के मानवीय और कोमल गुण पीछे छूटते जा रहे थे—

किंतु है बढ़ता गया मस्तिष्क ही निःशेष,
छूट कर पीछे गया है रह हृदय का देश,

नर मनाता नित्य नूतन बुद्धि का त्यौहार,
प्राण में करते दुखी हो देवता चीत्कार।
चाहिए उसको न केवल ज्ञान,
देवता हैं माँगते कुछ स्नेह, कुछ बलिदान,
मोम-सी कोई मुलायम चीज़,
ताप पाकर जो उठे मन में पसीज-पसीज;
प्राण के झुलसे विपिन में फूल कुछ सुकुमार;
ज्ञान के मरु में सुकोमल भावना की धार;
चाँदनी की रागिनी, कुछ भोर की मुस्कान;
नींद में भूली हुई बहती नदी का गान;
रंग में घुलता हुआ खिलती कली का राज़;
पत्तियों पर गूँजती कुछ ओस की आवाज़;
आँसुओं में दर्द की गलती हुई तस्वीर;
फूल की, रस में बसी-भीगी हुई ज़ंजीर।

वैज्ञानिकों का कहना है कि मनुष्य के कोमल गुण भी उसके मस्तिष्क की ही देन हैं, लेकिन हृदय के साथ उनका संबंध कुछ इस तरह रूढ़ हो गया है कि हमें सब कुछ समझते हुए भी उसे मानकर चलना पड़ता है। दूसरे, पाठक फिर से नोट करेंगे कि दिनकर जी में सिर्फ़ 'चाँदी के उज्ज्वल शंख' का उद्घोष और 'आलोकधन्वा' की टंकार ही नहीं है, 'पत्तियों पर गूँजती कुछ ओस की आवाज़' भी है, जो उन्हें पूर्ण कवि बनाती है। उनकी इस सभ्यता के प्रति सबसे बड़ी शिकायत यह है कि इसमें—

इस मनुज के हाथ से विज्ञान के भी फूल
वज्र होकर छूटते शुभ धर्म अपना भूल।

ऐसी स्थिति में उसे चेतावनी देने के अलावा उनके पास कोई उपाय नहीं है, सो वे कहते हैं—

सावधान, मनुष्य! यदि विज्ञान है तलवार,
तो इसे दे फेंक, तजकर मोह, स्मृति के पार।
हो चुका है सिद्ध, है तू शिशु अभी नादान;
फूल-काँटों की तुझे कुछ भी नहीं पहचान।
खेल सकता तू नहीं ले हाथ में तलवार;
काट लेगा अंग, तीखी है बड़ी यह धार।

तत्पश्चात् वे मनुष्य के श्रेय के बारे में बतलाते हैं—

श्रेय होगा मनुज का समता-विधायक ज्ञान,

स्नेह-सिंचित न्याय पर नव विश्व का निर्माण।
एक नर में अन्य का निःशंक, दृढ़ विश्वास,
धर्मदीप्त मनुष्य का उज्ज्वल नया इतिहास—
समर, शोषण, ह्रास की विरुदावली से हीन,
पृष्ठ जिसका एक भी होगा न दग्ध, मलीन।
मनुज का इतिहास, जो होगा सुधामय कोष,
छलकता होगा सभी नर का जहाँ संतोष।

आदर्श मानवीय संसार की कल्पना करने और मनुष्यता के पक्ष में खड़ा होने के अलावा कवि और कर ही क्या सकता है? राजनीतिज्ञों से तुलना करें, तो देखेंगे कि संसार के सारे लेखक मनुष्यता के पक्ष में खड़े हैं। उचित ही नलिनजी कहा करते थे कि मनुष्यता के दो-चार पर्यायों में से एक कविता भी है। नए कवि धूमिल ने भी सारी चीज़ों को व्यवस्था के पक्ष में चले जाते देखकर कहा था कि "विपक्ष में केवल कविता है।" स्मरणीय है कि स्पेन के अधिनायक फ्रैंको की सेना से लड़ते हुए यूरोप के कई महान् लेखकों ने अपनी जान गँवा दी थी। दिनकर जी ने ऊपर की पंक्तियों में मानवीय समाज का जो आदर्श प्रस्तुत किया है, उसे ध्यान में रखकर षष्ठम् सर्ग के अंत में वे स्वयं कहते हैं—

साम्य की वह रश्मि स्निग्ध, उदार,
कब खिलेगी, कब खिलेगी विश्व में भगवान?
कब सुकोमल ज्योति से अभिसक्ति
हो, सरस होंगे जली-सूखी रसा के प्राण?

यहाँ स्पष्ट कर देना ज़रूरी है कि उनका 'साम्य' सोवियत संघ का साम्यवाद न होकर उनका अभिलषित वह 'साम्य' है, जो ऊपर की पंक्तियों में वर्णित हुआ है।

कुरुक्षेत्र के सप्तम सर्ग में मुख्य रूप से भीष्म का संवाद है, लेकिन उसके आरंभ में कवि, युधिष्ठिर के संबंध में स्तुतिपरक शब्दों में कहता है—

रागानल के बीच पुरुष कंचन-सा जलनेवाला,
तिमिर-सिंधु में डूब रश्मि की ओर निकलनेवाला,
ऊपर उठने को कर्दम से लड़ता हुआ कमल-सा,
ऊब-डूब करता, उतराता घन में विधु-मंडल-सा।
जय हो, अघ के गहन गर्त में गिरे हुए मानव की,
मनु के सरल, अबोध पुत्र की, पुरुष ज्योति-संभव की।
हार मान हो गई न जिसकी किरण तिमिर की दासी,
न्योछावर उस एक पुरुष पर कोटि-कोटि संन्यासी।

कहने की आवश्यकता नहीं कि पहला बंद कवित्व से लबरेज़ है। ऐसा लगता है कि अपनी कल्पना को अभिव्यक्ति देने के लिए कवि को ज़रा भी अटकना नहीं पड़ता

और उसकी लेखनी स्वाभाविक रूप से चलती रहती है। निश्चय ही यह बड़े कवि का लक्षण है। दूसरे बंद में 'जय हो' शब्द आए हैं, जो दिनकर जी की अन्य कविताओं में भी देखने को मिलते हैं। इस कारण कुछ लोगों ने उन्हें जयकारवादी कवि कहना शुरू किया था, लेकिन हमें यह जान लेना चाहिए कि उनका युग वीर-पूजा का युग था, क्योंकि उसमें तिलक, महात्मा गाँधी, खान अब्दुल गफ़्फ़ार खाँ, राजगोपालाचारी, पं. मदनमोहन मालवीय, डॉ. राजेंद्र प्रसाद, पं. नेहरू, सुभाषचंद्र बोस, सरदार वल्लभ भाई पटेल और राजर्षि पुरुषोत्तमदास टंडन—जैसे महान् नेता और महापुरुष पैदा हुए थे, इसलिए 'जय हो' वाली शैली दिनकर जी की स्वाभाविक शैली बन गई थी। लेकिन उनमें इतना ही देखना उन्हें देखना ही नहीं है। 'जय हो' वाले बंद में भी 'पुरुष ज्योति-संभव की' यह शब्दावली यह प्रमाणित करने को काफ़ी है कि कवि जयकारवादी और साधारण कवि नहीं है। लेकिन युधिष्ठिर के संबंध में उपर्युक्त बातें कहने के बाद वे यह कहते हैं—

मही नहीं जीवित है मिट्टी से डरनेवालों से,
जीवित है वह उसे फूँक सोना करनेवालों से।
ज्वलित देख पंचाग्नि जगत् से निकल भागता योगी।
धूनी बनाकर उसे तापता अनासक्त रसभोगी।

तत्पश्चात् एक दोहे का धत्ता देकर भीष्म युधिष्ठिर को पुनः कवित्त में संबोधित करना शुरू करते हैं। उनके संबोधन में आवृत्ति भी है और नयापन भी, लेकिन सर्वत्र वेग पूर्ववत् है। एक दोहे के बाद वे कवित्त छंद में उनसे कहते हैं—

मृत्ति के अधूरे, स्थूल भाग ही मिटे हैं यहाँ,
नर का जला है नहीं भाग्य इस रण में।
शोणित में डूबा है मनुष्य, मनुजत्व नहीं,
छिपता फिरा है, देह छोड़ वह मन में।
आशा है मनुष्य की मनुष्य में, न ढूँढ़ो उसे
धर्मराज, मानव का लोक छोड़ वन में।
आशा मनुजत्व की न विजेता के विलाप में है,
आशा है मनुज की तुम्हारे अश्रुकण में।

फिर वे उनसे मानव-जीवन के कल्याणमय रूप की खोज के बारे में कहते हैं। उनके कथन में आनेवाला दूसरा छंद बहुत ही क्रांतिकारी है, जो *कुरुक्षेत्र* को एक आधुनिक काव्य बना देता है, बावजूद इसके कि वह *महाभारत* के चरित्रों को लेकर रचा गया है। देखिए—

खोजना इसे हो, तो जलाओ शुभ्र ज्ञान-दीप,
आगे बढ़ो वीर, कुरुक्षेत्र के श्मशान से।

राग में विरागी, राज-दंड-धर योगी बनो,
नर को दिखाओ पंथ त्याग-बलिदान से।
दलित मनुष्य में मनुष्यता के भाव भरो,
दर्प की दुरग्नि करो दूर बलवान से।
हिम-शीत भावना में आग अनुभूति की दो,
छीन लो हलाहल उदग्र अभिमान से।

रण रोकना है, तो उखाड़ विषदंत फेंको,
वृक-व्याघ्र-भीति से मही को मुक्त कर दो।
अथवा अजा के छागलों को भी बनाओ व्याघ्र,
दाँतों में कराल कालकूट-विष भर दो।
वट की विशालता के नीचे जो अनेक वृक्ष
ठिठुर रहे हैं, उन्हें फैलने का वर दो।
रस सोखता है जो मही का भीमकाय वृक्ष,
उसकी शिराएँ तोड़ो, डालियाँ कतर दो।

इसके आगे दिनकर जी पुन: अपने प्रिय सार छंद पर उतर आते हैं, जिसमें आगे भीष्म पिछली बात को बढ़ाते हुए कहते हैं—

धर्मराज, यह भूमि किसी की नहीं क्रीत है दासी,
हैं जन्मना समान परस्पर इसके सभी निवासी।

काव्य की भूमिका में दिनकर जी ने पहले ही कह दिया है कि ''मैं ज़रा भी दावा नहीं करता कि *कुरुक्षेत्र* के भीष्म और युधिष्ठिर, ठीक-ठीक, *महाभारत* के ही युधिष्ठिर और भीष्म हैं। यद्यपि मैंने सर्वत्र ही इस बात का ध्यान रखा है कि भीष्म अथवा युधिष्ठिर के मुख से कोई ऐसी बात न निकल जाए, जो द्वापर के लिए सर्वथा अस्वाभाविक हो। हाँ, इतनी स्वतंत्रता ज़रूर ली गई है कि जहाँ भीष्म किसी ऐसी बात का वर्णन कर रहे हों, जो हमारे युग के अनुकूल पड़ती हो, उसका वर्णन नए और विशद रूप से कर दिया जाए। कहीं-कहीं इस अनुमान पर भी काम लिया गया है कि उसी प्रश्न से मिलते-जुलते किसी अन्य प्रश्न पर भीष्म पितामह का उत्तर क्या हो सकता था।'' यह कवि की पेशबंदी नहीं है, बल्कि इस खुलेपन के द्वारा उसने पाठकों को अपने विश्वास में ले लिया है।

भीष्म भोगवाद, भाग्यवाद, राजतंत्र और व्यक्तिवाद के बारे में अपने ऐसे विचार व्यक्त करते हैं, जो आज के संदर्भ के बिलकुल अनुकूल लगते हैं। हम एक-एक करके उनके इन विचारों को देखेंगे।

भोगवाद :

इस वैयक्तिक भोगवाद से फूटी विष की धारा,
तड़प रहा जिसमें पड़कर मानव-समाज यह सारा।

भाग्यवाद :

ब्रह्मा से कुछ लिखा भाग्य में मनुज नहीं लाया है,
अपना सुख उसने अपने भुजबल से ही पाया है।
प्रकृति नहीं डरकर झुकती है कभी भाग्य के बल से,
सदा हारती वह मनुष्य के उद्यम से; श्रमजल से।

राजतंत्र :

राजतंत्र द्योतक है नर की मलिन, निहीन प्रकृति का,
मानवता की ग्लानि और कुत्सित कलंक संस्कृति का।
आया था यह प्रगति रोकने को केवल दुर्गुण की,
नहीं बाँधने को सीमा उन्मुक्त पुरुष के गुण की।
सो देखो, अब दिशा विचारों की भी निर्धारित है,
राज-नियम से परे कर्म क्या, चिंतन भी वारित है।

व्यक्तिवाद :

दुर्लभ नहीं मनुज के हित, निज वैयक्तिक सुख पाना,
किंतु, कठिन है कोटि-कोटि मनुजों को सुखी बनाना।
एक पंथ है, छोड़ जगत् को अपने में रम जाओ,
खोजो अपनी मुक्ति और निज को ही सुखी बनाओ।
अपर पंथ है, औरों को भी निज विवेक-बल देकर,
पहुँचो स्वर्ग-लोक में जग से साथ बहुत को लेकर।

अंत में वे युधिष्ठिर से धीरतापूर्वक किंचित् आदेश के स्वर में कहते हैं—

क्षत-विक्षत है भरत-भूमि का अंग-अंग बाणों से,
त्राहि-त्राहि का नाद निकलता है असंख्य प्राणों से।
कोलाहल है, महा त्रास है, विपद आज है भारी,
मृत्यु-विवर से निकल चतुर्दिक् तड़प रहे नर-नारी।
इन्हें छोड़ वन में जाकर तुम कौन शान्ति पाओगे?
चेतन की सेवा तज जड़ को कैसे अपनाओगे?
पोंछो अश्रु, उठो, द्रुत जाओ वन में नहीं, भुवन में।
होओ खड़े असंख्य नरों की आशा बन जीवन में।

लेकिन युधिष्ठिर के मन में युद्ध-विरोध और शान्ति की जो आकांक्षा उत्पन्न हुई है, वे उसके मूल्य को अच्छी तरह समझते हैं, इसलिए *कुरुक्षेत्र* का समापन कवि ने उनके इस कथन से किया है, जो पुनः कवित्त में है—

आशा के प्रदीप को जलाए चलो धर्मराज,
एक दिन होगी मुक्त भूमि रण-भीति से।
भावना मनुष्य की न राग में रहेगी लिप्त,
सेवित रहेगा नहीं जीवन अनीति से।
हार से मनुष्य की न महिमा घटेगी और
तेज न बढ़ेगा किसी मानव का जीत से।
स्नेह-बलिदान होंगे माप नरता के एक
धरती मनुष्य की बनेगी स्वर्ग प्रीति से।

ऊपर के विस्तृत ब्यौरे से यह स्पष्ट है कि न *कुरुक्षेत्र* में उठाया गया प्रश्न सरल है और न उसके चरित्र एकपक्षीय। भीष्म के जो विचार हैं, वही कवि के भी विचार हैं, लेकिन भीष्म की तरह ही उसके मन में युधिष्ठिर के लिए गहरा सम्मान और उनके प्रति गहरी सहानुभूति है। इस काव्य को विचार-काव्य कहा गया है, लेकिन इसमें विचार भी अनुभूति बनकर आए हैं। वड्र्सवर्थ ने कहा था कि अनुभूति जब बहुत गहरी होती है, तब विचार बन जाती है। इसका उलटा भी उतना ही सही है। लूकाच का भी कहना था कि समकालीनता गहरी अपनी गहराई में पहुँचकर सार्वकालिक हो जाती है। इस तरह साहित्य या कविता का मामला कोई सरल मामला नहीं है, जिससे जल्दी में उस पर कोई वक्तव्य दिया जा सके। प्रत्येक श्रेष्ठ कवि अपने साथ कविता की नई भाषा और नया ढाँचा लेकर आता है, जो उसके अपने युग से भी बहुत कुछ अलग होता है। दिनकर जी ने अपने नए लहज़े और कविता की अपनी नई संरचना से हमें यह मानने को बाध्य किया है कि वे अत्यंत श्रेष्ठ कवि थे और उनमें प्रचंड कवित्व था। ऐसा प्रचंड कवित्व किसी आधुनिक हिन्दी कवि में देखने को नहीं मिलता।

निःसंदेह *कुरुक्षेत्र* हिन्दी की एक कालजयी रचना है।

विचार-प्रधान युद्धोत्तर काव्य

कुमार विमल*

दिनकर जी अपने काव्य-प्रबंध के लिए युगोपयुक्त कथा-वस्तु के कलन में निपुण थे। उनकी यह निपुणता हमें *कुरुक्षेत्र* और *रश्मिरथी* के प्रकरण में मिलती है। इन दोनों महत्त्वपूर्ण कृतियों की कथावस्तु या विषयवस्तु 'युद्ध' के इर्द-गिर्द घूमती है। यह पहलू ध्यान देने योग्य है, क्योंकि वह युग दो भयंकर विश्व-युद्धों को झेल चुका था। उस समय के बुद्धिजीवियों, कवियों और लेखकों का कर्तव्य था कि वे ऐसे युद्धों के न्यायपूर्ण अथवा अन्यायपूर्ण होने के बारे में अपने विचारों से लोगों को अवगत कराएँ। नॉम चॉम्स्की ने 'द रिस्पॉन्सिबिलिटि ऑफ़ इन्टेलेक्चुअल्स' शीर्षक अपने प्रसिद्ध निबंध[1] में बलपूर्वक कहा कि युद्ध के प्रसंग में 'सही' और 'ग़लत' को बताना बुद्धिजीवियों का बहुत बड़ा दायित्व है। दिनकर ने *कुरुक्षेत्र* और *रश्मिरथी* की रचना के द्वारा निश्चय ही इस गुरुतर दायित्व को पूरा किया है। जीविका और गृहस्थी की रुक्ष वास्तविकताओं से जूझते हुए कवि दिनकर पर नियति का यह क्रूर व्यंग्य था कि *कुरुक्षेत्र* और *रश्मिरथी* जैसे श्रेष्ठ युद्ध-काव्य के कद्दावर कवि को फ़िरंगी सरकार के 'नेशनल वार फ्रंट' में 'सॉन्ग पब्लिसिटी' के 'ऑर्गेनाइज़र' के पद पर काम करना पड़ा था।

आधुनिक हिन्दी कविता के युद्ध-काव्यों—यथा, *आर्यावर्त्त* (मोहनलाल महतो वियोगी), *उन्मुक्त* (सियारामशरण गुप्त), *अंधा युग* (धर्मवीर भारती), *प्रभास कृष्ण* (केदारनाथ मिश्र 'प्रभात'), *उत्तरशती* (सुमित्रानंदन पंत), *अशोक* (रामदयाल पांडेय) इत्यादि के बीच *कुरुक्षेत्र* (दिनकर) का विशिष्ट स्थान है। *कुरुक्षेत्र* एक विचार-प्रधान युद्धोत्तर काव्य है। युद्धोत्तर काव्य की तासीर आसन्न युद्ध-पूर्व काव्य और युद्धकालीन काव्य से अलग होती है।

साधारणतः युद्धोत्तर काव्य मानवतावादी धारणाओं पर आधारित निर्वेद और

---

*जाने माने आलोचक कुमार विमल सौंदर्यशास्त्र के विद्वान अध्येता के रूप में विख्यात हैं।

1. *American Power and the New Mandarins*, Penguin Books India, New Delhi, 2003, Pages 323-366.

शान्ति का काव्य होता है, जिसमें युद्ध की विभीषिका, सांस्कृतिक विच्छेद और हृदय-विदारक विध्वंस का मार्मिक अंकन रहता है। ऐसे काव्य में व्यक्त शोक और करुणा का भाव दबीर और अनीस के मर्सिये की याद दिला देता है। अंग्रेज़ी में टी.एस. इलियट, विल्फ्रेड ओवेन, 'ट्रेंच पोयेट्स' और कई अन्य कवियों[2] ने युद्ध की भयंकरता और उससे उत्पन्न विध्वंस एवं करुणा पर हृदय-द्रावक युद्ध-काव्य लिखा है। दिनकर ने एक विश्लेषणात्मक निबंध 'युद्ध और कविता' में युद्ध-काव्य से संबंधित अपने विचार उपस्थापित किए हैं, जो सन् 1968 ईस्वी में प्रकाशित दिनकर की पुस्तक *साहित्यमुखी* में संकलित हैं। दिनकर के युद्ध-संबंधी विचारों पर बर्ट्रेण्ड रसेल के एतद् विषयक विचारों का यत्किंचित् प्रभाव दीख पड़ता है। मेरी दृष्टि से मूल बात यह है कि युद्ध का विकल्प हमेशा मौजूद रहता है। इसलिए युद्ध कभी भी अनिवार्य नहीं होता। 'स्टॉकहोम इंटरनेशनल पीस रिसर्च इंस्टीट्यूट' (SIPRI) के वार्षिक आँकड़ों के अनुसार विश्व में प्रतिवर्ष युद्धास्त्रों पर बढ़ते व्यय की सीमा का आठ सौ बिलियन डॉलर से भी अधिक हो जाना मानव-जाति के लिए ही नहीं, संपूर्ण सृष्टि के लिए अनिष्टकारक है।

श्रेष्ठ युद्ध-काव्य का लक्षण यह है कि वह युद्ध-काव्य होकर भी युद्ध का अतिक्रमण करता है और एक देश में रचित होकर भी वह अनेक देशों की शुभ्र भावनाओं को आंदोलित करता है। इसमें संदेह नहीं कि प्राय: 'व्यक्ति' का चिन्तन युद्ध का विरोधी होता है। किन्तु, जब 'समूह' युद्ध का आह्वान करता है अथवा युद्ध में सनद्ध हो जाता है, तब 'समूह' का ही चिन्तन प्रधान हो जाता है और 'व्यक्ति' का चिन्तन गौण पड़ जाता है।

प्राचीन और मध्यकालीन युद्ध-काव्य तथा परवर्त्ती युद्ध-काव्य अथवा आधुनिक युग में लिखित युद्ध-काव्य में मुख्य अंतर यह है कि पूर्ववर्त्ती युद्ध-काव्य युद्ध के आह्वान और समर्थन में लिखा जाता था, जबकि परवर्त्ती युद्ध-काव्य या आधुनिक युद्ध-काव्य युद्ध के विरुद्ध लिखा जाता है, ताकि मानव-मन में युद्ध के प्रति वितृष्णा, घृणा और जुगुप्सा का भाव उत्पन्न हो सके। परिणामस्वरूप पूर्ववर्त्ती युद्ध-काव्य में ओजपूर्ण उत्साहाधिक्य रहा करता था और आधुनिक युद्ध-काव्य में करुणापूर्ण ज्ञानाधिक्य अथवा मनोमंथन रहा करता है।

---

2. द्रष्टव्य: (i) *Poems of the Second World War* (Anthology), published by Every Man's Library, J.M. Dent & Sons Ltd., London, 1989.
(ii) *More poems of the Second World War : the OASIS Selection* (Anthology), Editor-In-Chief: Victor Selwyn, Every Man's Library, London, 1987.

परशुराम की प्रतीक्षा के पूर्व के दिनकर को हम युद्ध-काव्य का महात्मा गाँधी-युगीन कवि कह सकते हैं। महात्मा गाँधी का मंतव्य था कि हिंसा से मिली विजय पराजय के समतुल्य होती है। महात्मा गाँधी के इस विचार-सूत्र की बारंबार आवृत्ति दिनकर के युद्ध-काव्य में अनेकत्र मिलती है। युद्ध-काव्य के संदर्भ में दिनकर के प्रिय कथ्य-बिन्दु इस प्रकार हैं—युद्ध की करणीयता-अकरणीयता, हिंसा की व्यर्थता, धर्म की हानि, युद्ध की विभीषिका और विनाश-लीला, मनुष्य के हृदयस्थ देवता (शुभांश) का उदय इत्यादि। इन कथ्य-बिन्दुओं को दिनकर 'प्रण-भंग', 'कलिंग-विजय' और *कुरुक्षेत्र* में ही नहीं, *मगध-महिमा* नाम्नी पद्य-नाटिका में भी दुहराते रहे हैं, जो *रश्मिरथी* (1952 ईस्वी) से लगभग चार वर्ष पूर्व सन् 1948 ईस्वी में रचित नाटिका है। *मगध-महिमा* के सातवें दृश्य में युद्ध के उपरांत विजयी, किन्तु, परिताप-दग्ध अशोक के विह्वल गीत की ऐसी अनेक पंक्तियाँ दिनकर के युद्ध-संबंधी उक्त मंतव्य को व्यक्त करती हैं—

जय की वासने उद्दाम!
देख ले भर आँख निज दुष्कृत्य के परिणाम!

रण का एक फल संहार।
मातृ-मुख की वेदना, वैधव्य की चीत्कार।

जीतते संग्राम हम पहले स्वयं को मार।

पापी खड्ग घोर कठोर!
जोड़ना सम्बन्ध क्या जय से, दया को छोड़?
खोजना क्या कीर्ति अपने को लहू में बोर?

ज्ञातव्य है कि जिस समय *कुरुक्षेत्र* की रचना की गई थी, उस समय तक इस सर्वंसहा धरती पर दो भयंकर विश्व-युद्ध घटित हो चुके थे। इन त्रासद विश्व-युद्धों पर तत्कालीन पृष्ठभूमि में, गंभीर रूप से विचार करनेवाले चिन्तकों में बर्ट्रेण्ड रसेल तथा ओस्वाल्द स्पेंग्लर प्रमुख थे। दिनकर ने *कुरुक्षेत्र* के रचना-काल में बर्ट्रेण्ड रसेल का अध्ययन विशेष रूप से किया था। किन्तु, वे ओस्वाल्द स्पेंग्लर की प्रसिद्ध पुस्तक *Decline of the West* (Untergang des Abendlandes) (1918) का अध्ययन कई वर्षों बाद कर सके थे। *कुरुक्षेत्र* के षष्ठम् सर्ग[3] पर बर्ट्रेण्ड रसेल का खासकर उनकी पुस्तक

3. बाद में कवि ने इसे 'अभिनव मनुष्य' का शीर्षक देकर *संचयिता* में संकलित किया था।

अथॉरिटी एंड इंडिविजुअल तथा *हैज़ मैन अ फ़्यूचर* शीर्षक निबंध[4] में व्यक्त विचार का स्पष्ट प्रभाव लक्षित होता है। बर्ट्रेण्ड रसेल की एक और पुस्तक *न्यू होप्स फ़ॉर अ चेन्जिंग वर्ल्ड* का भी प्रभाव *कुरुक्षेत्र* में कई स्थानों पर मिलता है। बर्ट्रेण्ड रसेल की तीन खण्डों में प्रकाशित ऑटो-बायोग्राफ़ी में उनके युद्ध-संबंधी कई महत्त्वपूर्ण विचार हमें मिलते हैं।[5] इसी तरह रसेल की अन्य अनेक कृतियों में भी उनके युद्ध-संबंधी विचार मिलते हैं, जिनका प्रभाव दिनकर के युद्ध-काव्य में लक्षित होता है।

दिनकर-विरचित *कुरुक्षेत्र* के प्रभाव-स्रोतों या विचार-स्रोतों के संदर्भ में *महाभारत* के 'शान्ति पर्व', 'अनुशासन पर्व' और बाल गंगाधर तिलक द्वारा लिखित *गीता-रहस्य* का भी उल्लेख्य स्थान है।

गीता का युद्ध-दर्शन अपने ढंग का है। उसके अनुसार संशय से आत्मा का विनाश ही नहीं होता, संशय से 'कलि' उत्पन्न होता है। द्वापर का एक अर्थ 'संशय' भी है। यही संशय द्वापर युग को कलियुग की ओर ढकेलता है और *महाभारत* के पात्रों में ऋजुतम अर्जुन को दूसरों की अपेक्षा अधिक ग्रस्त करता है। तब अर्जुन के संशय के निरसन के लिए कृष्ण *गीता* का उपदेश देते हैं। जैन काल-दर्शन में वर्णित सुषमा-दुषमा की धारणा अपनी जगह पर तर्क-युक्त है तथा सतयुग, त्रेता, द्वापर और कलियुग की धारणा भी सही है, जिनका विभाजन 'शुभोदय' और 'शुभांशों' की प्रधानता तथा उनके छीजन पर आधारित है। जिस तरह अर्जुन के संशय को दूर करने के लिए—अर्जुन के संशयान अर्थात् संशायु-चित को स्थिर करने के लिए कृष्ण ने *गीता* में प्रयत्न किए, उसी तरह भीष्म पितामह ने दिनकर के *कुरुक्षेत्र* में धर्मराज युधिष्ठिर के निर्वेद और विकलता को शमित करने के लिए अनेकविध प्रयत्न किए हैं। *कुरुक्षेत्र* में युधिष्ठिर अर्जुन की भूमिका में हैं और भीष्म पितामह कृष्ण की भूमिका में।

जैसा कि प्राय: कहा जाता है, बीसवीं शताब्दी के पचास वर्ष भी नहीं बीत सके कि मानवता को दो विश्व-युद्धों के खूनी पंजों का शिकार बनना पड़ा और वह तीसरे युद्ध की संभावना से त्रस्त होती रही। एक नए युद्धोन्माद का ड्रैगन उसके माथे पर अपना प्रसृत फन पटकता रहा। फल यह हुआ कि समकालीन समस्याओं के प्रति प्रबुद्ध रहने वाले सभी विचारक, कवि, लेखक, नेता और वैज्ञानिक युद्ध की समस्या के समाधान पर विकलतापूर्वक सोचने लग गए। आइंस्टाइन, फ्रायड, सी.ई.एम.ज़ोड, अर्नेस्ट एडवर्ड ग्लोवर, जे.डी. अन्विन, ॲल्डुअस हक्सले, डी.एच. लॉरेन्स, एच.जी.

---

4. *Hase Man a Future*, Bertrand Russell, Penguin Books, 1962. विशेषकर द्रष्टव्य : 'एटम बम' और 'नि:शस्त्रीकरण' विषयक निबंध।

5. (a) *The Auto-biography of Bertrand Russell* (The Middle Years; 1914-1944), Bantam Books, New York, 1969, Pages 114-119, 179-180.

(b) *The Auto-biography of Bertrand Russell* (The Final Years: 1944-1969). Bantam Books, New York, 1970, Pages 228-229.

वेल्स इत्यादि जैसे विचारकों ने युद्ध की समस्या पर उल्लेखनीय चिन्तन किया। ये विचारक दो खेमों में बँटे हुए हैं। एक ओर जीवविज्ञान और मनोविज्ञान की दृष्टि से सोचने वाले वे विचारक हैं, जो युद्ध को अनिवार्य मानते हैं।[6] कारण, युद्ध मनुष्य की एक जैव आवश्यकता है। दूसरी ओर लोकमंगल को सर्वोपरि महत्त्व देने वाले मार्क्स और गाँधी जैसे विचारक हैं, जिन्होंने युद्ध को पापकर्म माना है तथा उसे मानव-मंगलाशा के लिए हानिकारक बताया है। इस प्रकार युद्ध-संबंधी ऐसे विचार-द्वन्द्व ने इस शताब्दी के सजग साहित्यकारों को झकझोर दिया। फलस्वरूप, वर्तमान युग में युद्ध-संबंधी कविताएँ इतनी अधिक मात्रा में लिखी गईं कि आज हम उन्हें 'युद्ध-काव्य'[7] (War Poetry) की एक अलग श्रेणी में ही रखते हैं।

यों युद्ध से संबंधित काव्य की एक दीर्घ परंपरा हमें विश्व-साहित्य में प्राप्त होती है, जिसके अंतर्गत हम मैथ्यू आर्नल्ड के *सोहराब-रुस्तम,* होमर की *इलियड* और ऑडेसी के *ट्रोजन वार* से संबंधित स्थल, शेली के *रिवोल्ट ऑफ़ इस्लाम,* विल्फ्रेड ओवेन की कविताओं इत्यादि की गणना कर सकते हैं। इसी तरह उर्दू-साहित्य में जंगी भी शायरी की सशक्त परंपरा मिलती है। सच पूछा जाए तो उर्दू का मर्सिया युद्ध-काव्य ही है, जिसमें युद्ध की करुणा और दैन्य की हृदय-द्रावक अभिव्यक्ति रहती है। इस दृष्टि से दबीर, अनीस, जोश और शाद के मर्सिये बहुत अच्छे हैं। उर्दू की जदीद शायरी में तो रज़्मिया अनासिर की और भी भरमार है।

युद्ध-काव्य प्रधानत: तीन प्रकार का होता है—आसन्न युद्ध-पूर्व काव्य, युद्धकालीन काव्य और युद्धोत्तर काव्य। इन तीन प्रकारों में सबसे अधिक महत्त्व युद्धोत्तर काव्य का है, जो मूलत: मानवतावादी धारणाओं पर निर्भर शान्ति-काव्य हुआ करता है। कारण, युद्धोत्तर काव्य में ही सांस्कृतिक विच्छेद और युद्ध के बाद पैदा हुए करुण विध्वंस का मार्मिक अंकन हो पाता है। अंग्रेज़ी में टी.एस. इलियट और विल्फ्रेड ओवेन ने इसी तरह की कविताएँ लिखी हैं। दिनकर का *कुरुक्षेत्र* भी इसी युद्धोत्तर काव्य के अंतर्गत आता है, क्योंकि इसमें युद्ध की करुणा और भयंकरता को उभारने की चेष्टा की गई है तथा युद्धोत्तर करुण ध्वंस पर गहन चिन्तन किया गया है। साधारणत: युद्धोत्तर काव्य दो तरह का होता है—निष्कर्षात्मक और निष्कर्षहीन। निष्कर्षात्मक युद्धोत्तर काव्य हम उसे कहते हैं, जिसमें युद्ध की समस्या का कोई निश्चित समाधान दिया जाता है और निष्कर्षहीन युद्धोत्तर काव्य हम उसे कहते हैं,

---

6. नीत्शे जैसे दार्शनिक ने भी इसी पक्ष का समर्थन किया है। नीत्शे ने कहा है कि युद्ध समाज की अनिवार्यता है, भले ही वह व्यक्ति की अनिवार्यता न हो। किन्तु, प्रश्न यह उठता है कि समाज की अनिवार्यता से व्यक्ति कैसे बच सकता है ? इसलिए युद्ध की चपेट में व्यक्ति को आना ही पड़ता है। दिनकर के भीष्म पितामह की युद्ध-संबंधी बातों में हम इसी जर्मन दार्शनिक नीत्शे के तर्कों की झलक पाते हैं।

7. युद्ध-काव्य के संबंध में दिनकर की धारणाओं के लिए द्रष्टव्य: *साहित्यमुखी*। (उदयाचल, पटना, 1998) में संकलित 'युद्ध और कविता' शीर्षक निबंध, पृष्ठ संख्या 154-161

जिसमें युद्ध की समस्या पर विस्तृत विचार तो किया जाता है, किन्तु, कोई निश्चित निष्कर्ष पाठकों के सामने उपस्थित नहीं किया जाता। दिनकर का *कुरुक्षेत्र* एक निष्कर्षहीन युद्धोत्तर विचार-काव्य है, क्योंकि इसमें बिना कोई निश्चित निष्कर्ष दिए ही युद्ध की समस्या पर विस्तृत विचार किया गया है और अंततः कवि युद्ध की समस्या के गाँधीवादी तथा साम्यवादी समाधानों के बीच टँगा हुआ रह गया है। युद्ध-संबंधी आधुनिक विचार-पक्ष को कविता में बाँधने की चेष्टा हिन्दी के अन्य कवियों ने भी की है। जैसे, सुमित्रानंदन पंत ने *उत्तरशती* में, रामदयाल पांडेय ने *अशोक* में और धर्मवीर भारती ने *अन्धा युग* में युद्ध की समस्या पर संतुलित विचार किया है। किन्तु, इन रचनाओं में वह ओज और सौन्दर्य नहीं है, जो दिनकर के *कुरुक्षेत्र* में है।

जयशंकर प्रसाद ने भी *कुरुक्षेत्र* शीर्षक से एक लंबी कविता लिखी है, जो *कानन-कुसुम*[8] में संगृहीत है।[9] किन्तु, प्रसाद के *कुरुक्षेत्र* में कुरुक्षेत्र के भीषण संहार की भयंकरता नहीं उतर सकी है। प्रसाद की भाषा के कोमल आच्छद के कारण उक्त कविता में *कुरुक्षेत्र* के युद्ध के अनुरूप वातावरण निर्मित नहीं हो सका है। जैसे—

देख मोहन को न मोहे, कौन था इस भूमि में।
रास की राका रुकी थी देख मुख ब्रजभूमि में।

दूसरी बात यह है कि प्रसाद के *कुरुक्षेत्र* में केवल युद्ध-पूर्व कथा, उसमें भी कृष्ण के द्वारा अर्जुन के क्लैव्य-निरसन तक की कथा है। अतः युद्धांत अथवा युद्धोत्तर कथा को प्रसंग-पीठ बना लेने से दिनकर को युद्ध और अहिंसा पर विचार-विमर्श करने की जो प्रशस्त भूमि मिल गई है, वह कथा-कुंचन और कथांतर्गत स्थितियों के अकुशल चुनाव के कारण प्रसाद को नहीं मिल सकी है।

बांग्ला में नवीनचंद्र सेन ने *कुरुक्षेत्र* नामक एक विस्तृत प्रबंध-काव्य सत्रह सर्गों में लिखा है। इन सर्गों के नाम क्रमशः इस प्रकार हैं—धर्मक्षेत्र, जीवन-संगीत, नारी-धर्म, माता-पुत्र, भ्राता-भगिनी, *कुरुक्षेत्रेर* पूतुल खेला, दावाग्नि, सूर्यमुखी, कृष्ण-नाम, व्याध, मृगशिशु, सुख-तत्व, सम्मिलन, विदाय, वीरेर शोक, शोके शान्ति और महाभारत। इस विस्तृत सर्ग-योजना से भी जब नवीनचंद्र सेन को संतोष नहीं हुआ,

---

8. *कानन-कुसुम*, प्रसाद, हिन्दी पुस्तक भण्डार, लहेरियासराय, संवत् 1989, पृष्ठ 82

9. *कुरुक्षेत्र* नामक महाकाव्य की रचना का प्रारंभ गुलाबरत्न वाजपेयी '*गुलाब*' ने भी किया था, जो अब छायावाद के गौण कवियों के बीच गिने जाते हैं। इन्होंने बहुत ही प्रांजल भाषा में *कुरुक्षेत्र* की रचना प्रारंभ की थी और इन्होंने इस महाकाव्य के प्रथम सर्ग का शीर्षक रखा था 'द्यूत। गुलाबजी के *कुरुक्षेत्र* का प्रारंभिक अंश सन् 1928 ईस्वी की *माधुरी* के कुछ अंकों में प्रकाशित हुआ था और उसने तत्कालीन युवा कवियों तथा सहृदयों को प्रभावित किया था। किन्तु, गुलाबजी का संपूर्ण *कुरुक्षेत्र* पाठकों के समक्ष नहीं आ सका।

तब उन्होंने *कुरुक्षेत्र* के उपाख्यान-भाग से *रैवतक* नामक प्रबंध-काव्य की रचना की, जिसमें बीस सर्ग हैं।[10] सेन-प्रणीत *कुरुक्षेत्र* के प्रमुख पात्र व्यास, उत्तरा, अभिमन्यु, सुलोचना, सुभद्रा, दुर्वासा, जरत्कारु, अर्जुन, कृष्ण, भीष्म और कर्ण हैं।

कथा-विस्तार और प्रसृत पात्र-परिवेश के कारण नवीनचंद्र सेन के *कुरुक्षेत्र* में करुण, शांत और वीर रस के अलावा उन्मथित शृंगार रस भी मिलता है। जैसे, दूसरे सर्ग में अभिमन्यु और उत्तरा का प्रेमालाप। दिनकर के *कुरुक्षेत्र* में पाठक उत्तरा का केवल विलाप ही सुनता है, किन्तु, सेन के *कुरुक्षेत्र* में उसका रति-परिहास भी।

इसी तरह गुजराती में मनुभाई पांचोली दर्शक द्वारा रचित *कुरुक्षेत्र* एक महत्त्वपूर्ण रचना (उपन्यास) है। बांग्ला में भी डॉ. दीपक चंद्र ने *कुरुक्षेत्र द्वैपायन* नामक पौराणिक उपन्यास की रचना की है, जिसमें उन्होंने एक सुनिश्चित दृष्टिकोण के साथ, कुरुक्षेत्र-युद्ध में द्वैपायन की भूमिका का चित्रण किया है। दिनकर के *कुरुक्षेत्र* का अंग्रेज़ी अनुवाद भी किया गया है। यद्यपि दिनकर ग़ालिब की तरह योद्धा-परिवार के नहीं थे, तथापि ये युद्ध-काव्य के सफल और ख्यात रचनाकार थे।

यह कहना समीचीन होगा कि दिनकर का *कुरुक्षेत्र* एक विचार-काव्य है, जिसमें ओजस्वी वाग्मिता है और जिसकी 'प्रबंधात्मकता विचारों के प्रकर्षबंध' में है। यह विचारों का पाटवपूर्ण विश्लेषणात्मक संश्लेष उपस्थित करता है, यद्यपि वह संश्लेष अपनी समग्रता में इकाई और अन्विति को नहीं प्राप्त कर सका है।

यह धारणा पुराचीन है कि जो कुछ हुआ है वह अवश्यंभावी था। भावी को टालने में कोई समर्थ नहीं है। शायद, अर्जुन का यह 'भावी' में विश्वास ही *कुरुक्षेत्र* के कुछ स्थलों में भीष्म के सिर पर चढ़कर बोला है, जहाँ वे 'नियति'[11] को ही नियंता मान बैठे हैं—

---

10. सेन-प्रणीत *रैवतक* के सर्ग क्रमशः इस प्रकार हैं—प्रभास, व्यासाश्रम, अदृष्टवाद, महासंधि, अनुराग, पुरोद्याने, पूर्वस्मृति, दलित फणिनी, आत्म-विसर्जन, कुमारीव्रत, मानिनीर पन, सोऽहम्, दुर्वासार दौत्य, ऊर्णनाभ, गंगा-यमुना, राखी-बंधन, महाभारत, तपस्विनी, अदृष्ट फल और अंकुर। इन सर्गों में दो सर्ग—'अदृष्टवाद' और महाभारत विशेष विचारपूर्ण हैं। 'अदृष्टवाद' में कृष्ण और व्यास के वार्तालाप के माध्यम से सेन ने नियतिवाद संबंधी विचारों को प्रस्तुत किया है तथा महाभारत शीर्षक सर्ग में कवि ने कृष्ण और धनंजय के माध्यम से धर्म-कर्म, निष्काम कर्म, कर्म-फलवाद आदि पर अच्छा विचार किया है। *रैवतक* में पात्रों की बहुलता है। प्रमुख पात्र हैं—कृष्ण, पार्थ, दुर्वासा, व्यास, वासुकि, सत्यभामा, सुलोचना, सुभद्रा, जरत्कारु, बलराम और रुक्मिणी।

11. दिनकर के कुरुक्षेत्र में निरूपित नियतिवाद के साथ नवीनचंद्र सेन के नियति-संबंधी उन विचारों का प्रभूत साम्य है, जिनको नवीनचंद्र सेन ने *रैवतक* नामक काव्य के 'अदृष्टवाद' शीर्षक सर्ग में कृष्ण और व्यास के वार्तालाप के क्रम में उपस्थित किया है। दिनकर के भीष्म ने नियति के संबंध में जितनी बातें कही हैं, वे सभी बातें नवीनचंद्र सेन ने 'अदृष्टवाद' शीर्षक सर्ग में व्यास के मुख से प्रस्तुत की हैं।
जिस तरह दिनकर और नवीनचंद्र सेन ने युद्धाग्नि के प्रज्जवलित होने और फैलने में 'नियति' को एक प्रमुख कारक माना है, उसी तरह नीत्शे और हिटलर ने भी युद्ध में 'नियति' (Geschick) की भूमिका को स्वीकार किया है। नीत्शे ने 'नियति' (Destiny) के बारे में लिखा है—"Our destiny exercises its influence over us even when, as yet, we have not learned its nature, it is our future that lays down the law of our today."

मन से कराहता मनुष्य, पर, ध्वंस बीच
तन से नियुक्त उसे करती नियति है।

युद्धोत्तर विभीषिका पर रचित युद्धकाव्य के प्रथम विश्वयुद्ध-कालीन कवियों में Wilfred Owen का महत्त्वपूर्ण स्थान है, जिन्होंने 'Pity of War' और युद्ध की व्यर्थता को अपने काव्य का मुख्य विषय बनाया है। दिनकर ने भी *कुरुक्षेत्र* में युद्ध की व्यर्थता, विभीषिका और भयंकरता पर बहुत प्रभावपूर्ण ढंग से लिखा है, जो हमें अपक्षय और विनाश की उस नियति-निर्धारित सांध्य वेला की याद दिला देता है, जिसे William L. Shirer ने अपनी पुस्तक *The Rise and Fall of the Third Reich* के अंतिम अध्याय में 'Goetterdammerung' की संज्ञा दी है। जिस समय दिनकर *कुरुक्षेत्र* की रचना के लिए चिन्तन-मनन कर रहे थे और *कुरुक्षेत्र* के षष्ठम् और सप्तम् सर्ग को अनंतिम रूप दे रहे थे, उस समय सन् 1945 ईस्वी के आस-पास 'Gotterdammerung' की यह नाजी सैद्धांतिकी जर्मन साहित्यकारों और विचारकों को झकझोर रही थी।[12]

जैसा कि पूर्व में कहा जा चुका है, विश्व-युद्धोत्तर युद्ध-काव्य में मुख्यतः युद्ध की विभीषिका और व्यर्थता का चित्रण रहता है। किन्तु, बीसवीं शताब्दी में भी नीत्शे, हिटलर और अनेक नाजी तथा फ़ासिस्ट विचारक यह मानते थे कि शुद्ध रक्तवाली नस्लों के यानी आर्यों[13] के राज्य का विस्तार युद्ध के द्वारा किया जाना चाहिए तथा आर्यों के राज्य को ही 'विश्व-शक्ति' (Waltmacht) की अक्षुण्ण संप्रभुता मिलनी चाहिए।

---

12. द्रष्टव्य : *The Modern World* (Volume III), edited by David Daiches and Anthony Thorlby, Aldus Books, London, 1976, Page 316.

13. हिटलर आर्य जाति को श्रेष्ठ मानता था और वह शामी (Semite) धर्मावलंबियों का कट्टर विरोधी था। इसलिए वह शामी धर्मावलंबियों—यथा-यहूदी अरब, असीरियन, बेबिलोनियन और फोयेनिसियन के विरुद्ध युद्ध चाहता था। इसमें संदेह नहीं कि हिटलर (Fuhrer) के बिना 'जर्मन राइख' (Das Deutsche), 'न्यू जर्मन राइख' (Neue Das Deutsche), 'थर्ड राइख' (Das Dritte Reich) और 'पुत्श' (Putsch) को सही ऐतिहासिक अनुक्रम में समझ पाना कठिन है। हिटलर के जितने भी रूप और संबोधन हैं—Herr Hitler, Der Chef, Der Fuhrer, Heil Hitler इत्यादि—उन सबसे ऊपर वह एक अद्वितीय प्रखर वक्ता था, जो आम जन-सभाओं को ही नहीं, जर्मन संसद (Reichstag) को भी मंत्र-मुग्ध कर लेता था। हिटलर एक ओर नॉर्दिक प्रजातियों (Nordic Races) का एकीकरण चाहता था और दूसरी ओर वह जर्मनी के क्षेत्र-विस्तार (lebensraum) को अत्यावश्यक मानता था। कारण, हिटलर की सोच के अनुसार जर्मनी के क़ब्ज़े में उतनी कृषि-योग्य भूमि नहीं थी, जितनी कृषि-योग्य भूमि जर्मनी की सबलता और स्वावलंबन के लिए अपेक्षित है, इसलिए हिटलर दुबारा एकीकरण (Anschluss) का नारा देकर चेकोस्लोवाकिया के उत्तरी-सुडेटेन (Sudeten) क्षेत्र और पोलैण्ड के 'कॉरिडोर' (Polish Corridor) और Danzig जैसे भू-खंडों पर जर्मन आधिपत्य स्थापित करना चाहता था। यह बात उस सामान्य धारणा से भिन्न एक वास्तविकता है, जिसके अनुसार विश्व-युद्ध के कारकों में 'बाज़ार जीतने की इच्छा' को एकमात्र कारक (Factor) माना जाता है। विस्तार के लिए द्रष्टव्य : *Churuchill's Deception*, Louis G. Kilzer, Simon & Schuster, New York, 1994, Pages 106-154.

Ruskin, Moltke, Bernhardi, Oswald Spengler, Arthur Keith इत्यादि युद्ध के वैचारिक समर्थक थे। 'Volkischer Staat' की अवधारणा के प्रवर्तक हिटलर द्वारा लिखित *माइन काम्फ* (Mein Kampf) के सभी तर्कों का निष्कर्ष यही है कि युद्ध से जाति को—राष्ट्र को पुनरुज्जीवन (resurrection : auferstehung) मिलता है। हिटलर के अनुसार विजय की राह हमेशा हिंसा, आक्रमण और युद्ध की गैल ('रुधिर और धरा' का सिद्धांत) से गुज़रती है।[14] इसी सूत्र के अंतर्गत समाविष्ट बिन्दुओं को विन्स्टन एस. चर्चिल ने हिटलर की नाजी नीति के कणाश्म स्तंभों (granite pillars) के रूप में स्वीकार किया है।[15]

इसमें संदेह नहीं कि दिनकर ने *कुरुक्षेत्र* में युद्ध की समस्या पर व्यापक दृष्टि से विचार किया है और उनका यह युद्ध-चिन्तन तत्कालीन अंतर्राष्ट्रीय मानस को समेटे हुए है, जिसमें आज की समस्याएँ भी पूर्वाशित हैं। आज के अंतर्राष्ट्रीय परिदृश्य में यह बात उभरकर सामने आई है कि आर्थिक, सामरिक और सांस्कृतिक शक्तियों के उदय और अस्त के साथ सांप्रतिक विश्व अधिकाधिक प्रतिस्पर्द्धापूर्ण, प्रतिद्वंद्वितापूर्ण तथा प्रतियोगितापूर्ण बनता जा रहा है। रक्षा और रक्षा-तंत्र पर पहले की अपेक्षा कई गुना अधिक खर्च करने के बावजूद अधिकांश देश अपने को पूर्वापेक्षया कम सुरक्षित महसूस करते हैं। कारण, उनके बरक्स दूसरी शक्तियाँ द्रुततर गति से शक्ति-संवलित होती हुई उन्हें प्रतीत होती हैं। इस प्रकार बाज़ार, सांस्कृतिक विस्तार, अंतरिक्ष तथा जल-थल पर कब्ज़ा और सार्वभौम आधिपत्य की होड़ में यह विश्व विभिन्न देशों या राष्ट्रों के पारस्परिक अविश्वास से ग्रस्त-त्रस्त होता जा रहा है।[16] यदि वह विश्व एक-ध्रुवीय और द्विध्रुवीय न रहकर बहुध्रुवीय अर्थात् अनेक महाशक्तियों[17] से युक्त भी बन जाए, तब भी महाविनाशक युद्ध की आशंकाएँ मँडराती ही रहेंगी। इसलिए इस विश्व को महात्मा गाँधी की अहिंसा[18] की ओर झुकना ही पड़ेगा। शीत युद्ध[19] और

---

14. *Lebensraum : the cult of 'blood and soil* Vide : *A History of Modern Times from 1789*, C.D.M. Ketelbey, Oxford University Press, Calcutta, 1929, Page 473.

15. *The Gathering Storm*, Winston S. Churchill, Bantam Books, New York, 1948, Page 51.

16. द्रष्टव्य : *The Rise and Fall of the Great Powers*, Paul Kennedy, Harper Collins, 1989, Page XXVI.

17. प्रशन (Prussian) इतिहासकार लियोपॉल्ड फॉन रांके (Leopold von Ranke) के शब्दों में 'die grossen Macht.'

18. द्रष्टव्य : डॉ. राधाकृष्णन लिखित *वार एण्ड नन-वायलेन्स* शीर्षक निबंध।—*Religion and Society*, Radhakrishnan, George Allen & Unwin Ltd, London, 1947, Pages 199-238. महात्मा गाँधी के अनुसार अहिंसा शौर्य का सर्वोच्च शिखर है।

19. Cold War (द्रष्टव्य : क. *Armageddon* (novel) by Leon Uris, Corgi Books, London, 1964. शीत युद्ध का प्रारंभ सामान्यत: सन् 1945 ईस्वी से माना जाता है। ख. विस्तार के लिए द्रष्टव्य: *Age of Extremes* (1914-1991), Eric Hobsbawm, Viking, Penguin Books, London, 1995, Pages 226-227. ग. *International Relations in a Changing World*, Joseph Frankel, Oxford University Press, Delhi, 1996, Page 107)

प्रच्छन्न तनाव में ढील की कूटनीति[20] से शक्ति और संपन्नता की ओर बढ़ रहे इस हिंस्त्र विश्व का काम नहीं चल सकेगा। विचार-धाराओं और विमतियों[21] के द्वन्द्व में फँसे हुए, इस युयुत्सु विश्व को युद्ध की माया-मरीचिका और अध्यास से ऊपर उठकर यह महसूस करना होगा कि हम 'युद्ध' को जीत सकते हैं, लेकिन हम 'शान्ति' को नहीं जीत सकते—इसलिए कि 'शान्ति' हिंसापूर्ण तरीक़ों से हासिल नहीं की जा सकती। शायद, मानव-स्वभाव में निहित हिंसा-वृत्ति भी इसमें बाधक है। जिस देश (चीन) के महान दार्शनिक लाओत्से ने सामरिक विजय के विरुद्ध इतनी कठोर बात कही—'A victory should be celebrated with the funeral rite,' उसी देश में युद्ध की प्रशस्तिमूलक कला पर सुन् त्सु द्वारा *द आर्ट ऑफ़ वार*[22] जैसी पुस्तक भी लिखी गई। यह तो विदित है कि विश्व में अनेक युद्ध-प्राचीन युगीन युद्ध, मध्यकालीन युद्ध, पुनर्जागरणकालीन युद्ध, अमरीकी स्वातंत्र्य-युद्ध, फ्रांस की राज्य-क्रांति से जुड़े हुए युद्ध, नेपोलियन द्वारा लड़े गए युद्ध, मेक्सिकन युद्ध, क्रीमियन युद्ध, फ्रैंको-प्रशन युद्ध, एंग्लो-बोअर युद्ध, रूस-जापान युद्ध, प्रथम विश्व-युद्ध, चीन-जापान युद्ध, द्वितीय विश्व-युद्ध, कोरियाई युद्ध, अरब-इज़राइल युद्ध, हिन्दुस्तान-पाकिस्तान युद्ध, इरान-इराक युद्ध, अमेरिका-इराक़ युद्ध इत्यादि होते रहे हैं तथा युद्ध के नये आणविक-रासायनिक आयामों के कारण युद्ध की अमानुषिक विनाश-क्षमता क्रमशः बहुत बढ़ गई है।[23] अतः सभी देशों और राष्ट्रों को अब साम्राज्यवाद के विभिन्न रूपों[24]-सैनिक साम्राज्यवाद, आर्थिक साम्राज्यवाद और सांस्कृतिक साम्राज्यवाद का परित्याग कर शान्ति की स्थापना के लिए 'विश्व-युद्ध' अथवा 'सीमित युद्ध'[25] के विरुद्ध प्रण-बद्ध होना होगा, हमें समस्याओं के निदान और समाधान की क्षमता को बढ़ाना होगा, विभिन्न राष्ट्रों और गुटों के बीच पारस्परिक विश्वसनीयता का वातावरण पैदा करना होगा, धार्मिक ध्रुवीकरण को रोकना होगा, अपेक्षित मात्रा में निःशस्त्रीकरण की नीति को अपनाना होगा तथा मानव-हृदय में बसे हुए 'शुभांशों' के देवता के संकेतों पर चलना होगा। तभी युद्ध की संभावनाएँ समाप्त होंगी और रण-भीति समाप्त होगी। दिनकर ने *कुरुक्षेत्र* के षष्ठम् सर्ग के अंत में उचित ही लिखा है—

---

20. Detente

21. विमतियों (Dissensus) पर विस्तार के लिए द्रष्टव्य : *The Atlantic Community* by Robert Pfaltzgraff, JR., University of Pennsylvania, Van Nostrand Reinhold Company, New York, 1969, Chapter II, 'The Strategic Dissensus', Pages 32-70.

22. *The Art of War* by Sun Tzu, Oxford University Press, New York, 1963.

23. द्रष्टव्य : *Makers of Modern Strategy from Machiavelli to the Nuclear Age*, edited by Peter Paret, Princeton University Press, Princeton, New Jersey, 1986.

24. *Politics Among Nations*: The Struggle for Power and Peace, Prof. Hans. J. Morgenthan, published by Alfred A. Knopf, New York, 1961, Pages 58-59.

25. द्रष्टव्य : *Limited War Revisited*, Robert E. Osgood, Westview Press, Boulder, Colorado, 1979.

"श्रेय होगा मनुज का समता-विधायक ज्ञान,
स्नेह-सिंचित न्याय पर नव विश्व का निर्माण
एक नर में अन्य का नि:शंक दृढ़ विश्वास

युद्ध की ज्वर-भीति से हो मुक्त,
जबकि होगी सत्य की वसुधा सुधा से युक्त।
श्रेय होगा सुष्ठु विकसित मनुज का वह काल,
जब नहीं होगी धरा नर के रुधिर से लाल।

इसमें संदेह नहीं कि दिनकर द्वारा रचित युद्ध-काव्यों में *कुरुक्षेत्र* उनकी एतद्संबंधित अन्य कृतियों की अपेक्षा अधिक चिरंजीवी सिद्ध होगा।

युद्ध पर तो अंग्रेज़ी साहित्य में पहले भी लिखा गया है। किन्तु, सन् 1900 से सन् 1950 ईस्वी के बीच अंग्रेज़ी में लिखा गया युद्ध-साहित्य, विशेषकार, युद्ध-काव्य दिनकर के *कुरुक्षेत्र* में निहित युद्ध संबंधी विचारों के विश्लेषण के लिए अधिक प्रासंगिक है। सन् 1918 ईस्वी से 1939 ईस्वी तक का काल इस प्रसंग का शीर्ष-काल है, क्योंकि इसी काल-खंड में प्रथम विश्व-युद्ध हुआ और युद्धोत्तर विभीषिका के दंश को लोगों ने झेला तथा इसी अवधि के उत्तरार्द्ध में आम लोगों ने द्वितीय विश्व-युद्ध की संभावनाओं के निदारुण भय के साथ ही द्वितीय विश्व-युद्ध को वस्तुतः घटित होते देखा। वर्सेलीज (Verseilles) की संधि के बावजूद विनाश, क्रंदन और करुणा के उल्लंग लास्य ने पूरी दुनिया के मानस को आक्रांत कर दिया। लोकार्नो की संधि (सन् 1925 ईस्वी) में स्खलन, युद्धोत्तर मंदी, बेरोज़गारी, औद्योगिक संकट और जर्मनी में नाजी शक्ति के उत्थान के कारण यूरोप की आंतरिक विपदा बढ़ती गई और दूसरे युद्ध की संभावना निकट से निकटतर होती गई। अंततोगत्वा सन् 1939-40 ईस्वी में जर्मनी ने पोलैण्ड पर आक्रमण कर द्वितीय विश्व-युद्ध की दुंदुभी बजा दी तथा ठनके की कड़कवाली युद्ध-शैली (Blitzkrieg) और दुर्भेद्य लौह टैंकों (Panzers) के द्वारा अपने दुश्मनों के होश उड़ा दिए। पूरा विश्व युद्धाग्नि के प्रज्जवलन से खौलता हुआ अंड-कटाह बन गया।

इन दो विश्व-युद्धों की पूर्ववर्ती, मध्यवर्ती और परवर्ती यानी युद्धोत्तर परिस्थितियों, प्रसंगों और मन:स्थितियों ने अंग्रेज़ी साहित्य में युद्ध-काव्य के सृजन को गति दी। युद्ध की व्यर्थता, युद्धोत्तर विभीषिका और करुणा को चित्रित करने वाले कवियों में Wilfred Owen, Charles Hammilton Sorley, Julian Grenfell इत्यादि प्रमुख हैं। अंग्रेज़ी में रचित विश्वयुद्ध-युगीन युद्ध-काव्य की विशेषता यह है कि इस प्रकार की अनेक कविताएँ वस्तुतः युद्ध-भूमि की परिखा और खंदकों

(Trenches) में युद्ध-रत कवियों द्वारा लिखी गई हैं, जो अंग्रेज़ी-साहित्य के इतिहास में 'Trench Poets' के विरुद से विख्यात हैं। प्रसंगाधीन अवधि में अंग्रेज़ी युद्ध-काव्य के रचयिता कई कवि सचमुच योद्धा कवि थे और युद्ध-क्षेत्र में लड़ते हुए मारे गए थे, जिनमें Philip Edward Thomas, Isaac Rosenberg, Julian Grenfell, T.E. Hulme, सी.एच. सोर्ले और Aruthur Graeme West उल्लेखनीय हैं। निश्चय ही, आधुनिक हिन्दी युद्ध-काव्य के रचयिताओं में ऐसे योद्धा कवि नहीं हैं। किन्तु, युद्ध-काव्य के अंग्रेज़ी कवियों के बीच जो महत्त्व Owen, Rosenberg और Thomas की त्रयी की कविताओं को मिला है, वैसा महत्त्व दिनकर और धर्मवीर भारती की युद्ध और युद्धोत्तर विभीषिका से संबंधित कृतियों (*कुरुक्षेत्र* और *अंधा युग*) को दिया जा सकता है।

दिनकर की युद्ध-केन्द्रित कविताओं में अर्थात् दिनकर-रचित युद्ध-काव्य में *प्रणभंग* दिनकर की पहली रचना है, जिसका रचना-काल सन् 1929 ईस्वी है। रचना-काल की दृष्टि से दिनकर के युद्ध-काव्य[26] का क्रम इस प्रकार है—

1. *प्रणभंग*, सन् 1929 ईस्वी
2. *कलिंग-विजय*, सन् 1940 ईस्वी[27]
3. *कुरुक्षेत्र*, जून, सन् 1946 ईस्वी[28]
4. *रश्मिरथी*, सन् 1952 ईस्वी
5. *परशुराम की प्रतीक्षा*, सन् 1963 ईस्वी[29]

हिन्दी के कई आलोचक *कुरुक्षेत्र* को हिन्दी में ही नहीं, सभी आधुनिक भारतीय भाषाओं में रचित सर्वश्रेष्ठ 'युद्ध-काव्य' मानते हैं। *कुरुक्षेत्र* का मूल प्रश्न निम्नलिखित है—

पापी कौन? मनुज से उसका
न्याय चुरानेवाला?
या कि न्याय खोजते विघ्न का
सीस उड़ाने वाला?

---

26. दिनकर ने एक जगह लिखा है कि 'युद्ध की कविता डरे हुए आदमी का हाहाकार है। अँधेरे में मुसाफ़िर को जब भय लगता है, तब वह ज़ोर से गाने लगता है। यही हाल युद्ध से डरे हुए कवि का भी है...।'— *दिनकर की डायरी*, पृष्ठ 261, 'युद्ध की असली कविता सिपाही बंदूक से लिखता है और कवि आँसू से।'—वही, पृष्ठ 262

27. दिनकर ने *सामधेनी* के 'दो शब्द' में लिखा है कि 'कलिंग-विजय' नाम्नी कविता कुरुक्षेत्र की पृष्ठभूमि के रूप में लिखी गई थी।

28. युद्ध पर दिनकर की एक कविता उनकी डायरी के पृष्ठ 270-272 पर है, जिसे इस संचयन में यथा-स्थान संकलित किया गया है।

29. यह रणोच्चार, रोर और हुंकार की लंबी कविता है, जो पाँच खंडों में और लगभग 546 पंक्तियों में रचित 'लघु प्रबंध-कविता' है। इसमें युद्ध और शौर्य को देश की रक्षा के लिए आवश्यक कहा गया है।

कुरुक्षेत्र पर मैथिलीशरण गुप्त ने भी लिखा है, जो *जय भारत* का अंश है। *जय भारत*[30] में गुप्त जी ने *महाभारत* के भिन्न-भिन्न प्रसंगों पर अनेक रचनाएँ की हैं। उन्हीं में एक अंश *कुरुक्षेत्र* का है, जो कुल पाँच पृष्ठों का है। इस रचना का फलक दिनकर के *कुरुक्षेत्र* जैसा विशाल नहीं है। किन्तु, इस छोटी-सी रचना में भी गुप्त जी का ध्यान युद्धोत्तर विभीषिका की ओर गया है। उन्होंने *कुरुक्षेत्र* के युद्धांत की हृदय-द्रावक विभीषिका को धृतराष्ट्र की एकमात्र पुत्री उस दु:शला के करुण वैधव्य के माध्यम से व्यक्त किया है, जो जयद्रथ को ब्याही गई थी। युद्ध के अंत में धृतराष्ट्र की अर्द्धांगिनी शोकार्त्त गांधारी श्रीकृष्ण से कहती है—

यह सौ सुतों के मध्य मेरी एकमात्र मनोहरी,
प्यारी सुता थी दु:शला, जीती हुई अब है मरी।
गृध्रादिकों से सिर-रहित पति-देह-रक्षा कर रही,
क्षण भर व्यथा को भूल कर रक्षार्थ मन में डर रही।[31]

इस रचना में गुप्त जी ने भी दिनकर की तरह इस मूल प्रश्न को उठाया है—'क्या अन्याय का अन्याय ही प्रतिशोध था?' इस प्रतिशोध का फल तो यही निकला—'नर-रक्त पीकर राक्षसी-सी सो रही है मेदिनी!'[32] मानो, युद्ध को सूत्र-रूप में परिभाषित करते हुए गुप्त जी ने 'युद्ध' शीर्षक प्रसंग में लिखा है—'युद्ध परिसीमा है परत्व के विकास की।'[33] द्यूत में याज्ञसेनी को हार जाने के बाद और दु:शासन-दुर्योधन द्वारा उसके साथ किये गये दुर्व्यवहार के बाद भीम द्वारा की गई इस प्रतिज्ञा :

''दु:शासन का हृदय चीर कर उसका रक्त न पी जाऊँ,
तो साक्षी दिक्काल, रहो तुम, मैं न वीर की गति पाऊँ।
दुर्योधन की जाँघ न तोड़ूँ, तो मैं अपना सिर फोड़ूँ,
यदि मैं कभी प्रतिज्ञा छोड़ूँ, तो पितरों से मुँह मोड़ूँ।[34]

की पृष्ठभूमि में 'परत्व के विकास की' ही पराकाष्ठा है। यही 'परत्व' प्रतिशोध की भावना को प्रज्जवलित कर युद्ध को, गुप्तजी के शब्दों में, 'हननोद्योग' बना देता है। शायद, युद्ध की विवशता नियति की विवशता-सी होती है।

यह लक्ष्य करने योग्य है कि 'जय भारत' के 'युद्ध' शीर्षक प्रसंग में गुप्त जी ने युद्ध की करणीयता-अकरणीयता के तर्क-वितर्क में 'लांगलधारी' बलराम से वैसी ही गुरु-गंभीर बातें कहलवाई हैं, जैसी गहन बातें दिनकर के *कुरुक्षेत्र* में भीष्म पितामह ने युधिष्ठिर से कही हैं।

---

30. साहित्य सदन, चिरगाँव, झाँसी, 1952
31. *जय भारत,* पृष्ठ 426, युद्ध की विभीषिका और युद्धोत्तर संत्रास को व्यक्त करते हुए गुप्त जी ने अन्यत्र भी लिखा है—'कर्त्तित थीं कन्धराएँ, कर्त्तित कबन्ध थे!'—(*जय भारत,* पृष्ठ 374)
32. *जय भारत,* पृष्ठ 428
33. *जय भारत,* पृष्ठ 410
34. *जय भारत,* द्यूत, पृष्ठ 147-148

कृष्ण की मनोभावना के विपरीत बलराम का निश्चय मंतव्य है कि यह युद्ध अनिवार्य नहीं था और इस युद्ध में उन्हें 'दोनों पक्ष हत्यारे दीख पड़ते हैं।'[35] ऐसा निश्चित मंतव्य दिनकर के *कुरुक्षेत्र* में नहीं मिलता, क्योंकि वह द्वैधीभाव अर्थात् द्वैध-द्विधा का काव्य है।

संक्षेप में कहा जा सकता है कि *जय भारत* में अन्य प्रसंगों की तरह गुप्त जी का 'युद्ध'-प्रसंग भी मुख्यत: विवरणात्मक और कथात्मक है, जबकि दिनकर का *कुरुक्षेत्र* विचार-प्रधान है और इसमें कथा-तत्व तथा कार्य-व्यापार का समावेश नाम-मात्र है। इसका 'भीष्म-युधिष्ठिर-संवाद' युद्ध की करणीयता-अकरणीयता और युद्ध की अनिवार्यता-निवार्यता पर विचार करने वाले किन्हीं दो विचारकों का संवाद हो सकता है। दिनकर ने जहाँ *कुरुक्षेत्र* और *रश्मिरथी* में *महाभारत* के बहुत कम पात्रों—युधिष्ठिर, भीष्म, कर्ण, कृष्ण, कुन्ती, परशुराम इत्यादि के माध्यम से अपने कथ्य को व्यक्त कर दिया है, वहाँ गुप्त जी ने *जय भारत* के 'कुरुक्षेत्र'—सहित 'युद्ध-प्रसंग' में अनेक पात्रों को प्रस्तुत कर दिया है। जैसे-कुरुद्वह, वृहद्बल, उत्तमौजा, दु:शला, विकर्ण, योजनगन्धा, विचित्रवीर्य, कल्मषपाद, युधामन्यु, घातघट्ट, उलूपी, सुदेष्णा, रुक्मी, पुरोचन, चित्ररथ, इन्द्रवर्मा, कृतवर्मा इत्यादि। पात्रों के इस कांतार में कथा तो आगे बढ़ती है, लेकिन विचार बिखर जाते हैं। इसलिए इन बिखरे विचारों को समेट कर निष्कर्ष तक पहुँचने में *जय भारत* के साधारण पाठकों को कठिनाई होती है। इसमें संदेह नहीं कि गुप्त जी ने 'युद्ध की अशोभनता' को अच्छी तरह रेखांकित किया है। किन्तु, दिनकर ने युद्ध की अशोभनता और विभीषिका पर जिस तरह व्यापक तथा आधुनिक दृष्टिकोण से भावाविष्ट भाषा में विचार किया है, उस तरह का मंडान हमें *जय भारत* के 'युद्ध' शीर्षक और *कुरुक्षेत्र* शीर्षक प्रसंग में नहीं मिलता है।[36]

सच पूछा जाए, तो कुरुक्षेत्र का युद्ध दो या दो से अधिक विचारधाराओं का युद्ध, धर्मों के द्वन्द्व से उत्पन्न युद्ध, बाज़ार-क्षेत्र को जीतने हेतु युद्ध अथवा किसी मतवाद के प्रवर्त्तन-प्रतिपादन हेतु उद्भूत युद्ध नहीं था। वह तो वैर का परिणाम था। अत: उसे हम 'वैरंकर' युद्ध की कोटि में रख सकते हैं। भाई-भाई में वैर था, भट-प्रतिभट में वैर था। 'संदिग्धजातता' से कलंकित कर्ण अर्जुन का प्रतिभट ही नहीं, धनुर्विद्या के क्षेत्र में अर्जुन का परम वैरी और विरोद्धा भी था। इसलिए *कुरुक्षेत्र* का युद्ध इस मानी में धर्मयुद्ध'[37] से अधिक 'वैरंकर युद्ध' था कि इसमें दो युद्धक परिवारों या बंधु-समूहों के वैर-शोधन और 'जोरू-ज़मीन पर हक़' से प्रेरित युयुत्सा प्रबल

35. *जय भारत*, पृष्ठ 409

36. यह दूसरी बात है कि दिनकर ने सन् 1940 ईस्वी में रचित 'ओ द्विधाग्रस्त शार्दूल! बोल' शीर्षक कविता में युद्ध को 'अनघ', 'शाश्वत' और 'पवित्र' कहा था, "...युद्ध चिर अनघ और शाश्वत पवित्र।"

37. Justum Bellum

थी। वस्तुनिष्ठ दृष्टि से देखने पर यही प्रतीत होता है कि *कुरुक्षेत्र*-युद्ध में कृष्ण-समेत कौरव और पांडव के पक्षों का धर्माचरण नहीं, उनका 'युद्धशाली' रूप प्रकट हुआ है। गांधारी और 'हली' बलराम का यह कहना 'अलीक' नहीं है कि कृष्ण यदि हृदय से चाहते, तो कुरुक्षेत्र का युद्ध नहीं होता और कौरव-पांडव के वंश का रक्त-कर्दम में सना हुआ विनाश इस प्रकार नहीं होता। कितना अमानुषिक था द्वापर में—अर्थात् संशय के युग में यह अंध युयुत्सा और हिंसा का याविहोत्र!!

दिनकर द्वारा रचित *रश्मिरथी* में भी युद्ध-काव्य के कई अंगीभूत घटक विद्यमान हैं। *कुरुक्षेत्र* की पृष्ठभूमि में *रश्मिरथी* की युद्ध-भावना नए सिरे से विचारणीय है, क्योंकि *रश्मिरथी* का कवि युद्ध से ऊब चुका है, उसकी युद्ध-विमुखता शान्ति-संस्थापना की संकल्पना की ओर उन्मुख हो गई है और अब उसे *कुरुक्षेत्र* के भीष्म का यह तर्क आकृष्ट नहीं करता कि युद्ध की संक्रामक भावना मनुष्य के 'प्राकृतिक विकारों का विस्फोट' है।

एक साधारण मनुष्य का शंकाकुल हृदय

विजेन्द्र नारायण सिंह*

दर्शन जीवन की व्याख्या का मौलिक प्रयास होता है। दार्शनिक संसार को अपनी दृष्टि से समझने का प्रयास करता है और संसार को जैसा वह समझता है, वैसा ही वह विश्लेषण भी उपस्थित करता है। उसके निष्कर्ष गलत हो सकते हैं, पर उसकी ईमानदारी पर हमें संदेह नहीं करना चाहिए। *कुरुक्षेत्र* एक विचार-काव्य है। कवि का लक्ष्य विचार को काव्य के धरातल पर ऊर्ध्वपतित करना ही होता है। कविता में यह विचारणीय नहीं है कि विचार एकदम मौलिक हैं या कहीं से आयातित हैं। असलियत तो यह है कि विचारों के क्षेत्र में मौलिकता अभिव्यंजना की मौलिकता होती है। *कुरुक्षेत्र* के कवि ने बड़े ही महत्त्वपूर्ण विचारों को उपस्थित किया है, पर वे विचार काल के गर्भ से ग्रहण किये गये हैं। दूसरे शब्दों में, वे बाह्य प्रभाव की प्रसूति है।

रसेल का प्रभाव

पहला प्रभाव जो कि सबसे अधिक महत्त्वपूर्ण है, वह रसेल का है। रसेल नास्तिक और बुद्धिवादी चिंतक हैं तथा इस शताब्दी पर उनके चिन्तन का व्यापक प्रभाव है। इस युग की सभी प्रमुख समस्याओं पर उनके सुचिंतित मत हैं तथा नवयुवकों को उन विचारों ने झकझोरा है। रसेल के युग की सबसे प्रमुख समस्या विज्ञान से उत्पन्न समस्या है। विज्ञान के प्रभुत्व ने पुराने मूल्यों को उखाड़ फेंका है और नये मूल्य अब तक जड़ नहीं जमा सके हैं। मनुष्य के हाथ में बेशुमार शक्ति कें द्रित हो गयी है, पर उसी के अनुपात में उसका चित्त विस्तृत नहीं हुआ है। संकीर्ण चित्त के पास एकत्र बेशुमार शक्ति भयंकर होती है। विज्ञान से उत्पन्न यही समस्या आज प्रमुख बन गयी है। रसेल का कहना है कि विज्ञान स्वयं न तो अच्छा है न बुरा; उसके प्रयोग पर उसकी अच्छाई या बुराई निर्भर है। विज्ञान स्वयं निरपेक्ष है। यह आदमी है जो चित्त की संकीर्णता के कारण विज्ञान का दुरुपयोग कर रहा है। *कुरुक्षेत्र* का कवि भी कुछ इसी प्रकार की बात कहता है—

---

*विजेन्द्र नारायण सिंह दिनकर-काव्य के गंभीर अध्येताओं में माने जाते हैं। *भारतीय साहित्य के निर्माता : रामधारी सिंह दिनकर, दिनकर : एक पुनर्मूल्यांकन, उर्वशी : उपलब्धि और सीमा* इनकी प्रमुख पुस्तकें हैं।

इस मनुज के हाथ से विज्ञान के भी फूल,
वज्र हो कर छूटते शुभधर्म अपना भूल,

रसेल का कहना है कि हम बेकार के कामों में अपने समय तथा अपनी शक्ति का दुरुपयोग करते हैं और जीवन को उदात्त बनाने वाले भावों की अवहेलना करते हैं। हमारा ज्ञान बढ़ता जा रहा है और उसी के अनुपात में हमारे हृदय की स्रोतस्विनी सूखती चली जा रही है। दिनकर ने षष्ठम् सर्ग में मानव के श्रेय का प्रश्न उठा कर इस सत्य का अत्यन्त मार्मिक वर्णन किया है। मनुष्य का श्रेय इस आपाधापी में आगे निकल जाना नहीं, प्रत्युत-प्रेम, सेवा आदि उदात्त भावनाओं द्वारा मानव मात्र से रागात्मक सम्बन्ध स्थापित करना है। यथा—

(क) *रसवती भू के मनुज का श्रेय,*
यह नहीं विज्ञान, विद्या-बुद्धि यह आग्नेय;

(ख) *श्रेय उसका, बुद्धि पर चैतन्य उर की जीत;*
श्रेय मानव का असीमित मानवों से प्रीत;
एक नर से दूसरे के बीच का व्यवधान
तोड़ दे जो, बस वही ज्ञानी, वही विद्वान
और मानव भी वही।

रसेल का प्रभाव कवि के केवल विज्ञान सम्बन्धी विचारों पर ही नहीं है, बल्कि व्यक्ति और सत्ता से सम्बन्धित विचारों पर भी है। रसेल मानता है कि समाज में कभी ऐसी परिस्थितियाँ भी आती हैं जिनमें कानून तोड़ना अपराध नहीं कहा जा सकता। *कुरुक्षेत्र* का कवि रसेल से सहमत है। सच तो यह है कि *कुरुक्षेत्र* का कवि अपने देश में ऐसे समाज की कुक्षि से ही जनमा था जिस समाज के लिए राजद्रोह धर्म बन गया था। उस समय डॉ. राजेन्द्र प्रसाद ने कहा था—"राजद्रोह हमारा परम धर्म है।" *कुरुक्षेत्र* का कवि यह मानता है कि जहाँ अन्याय होता है, वहाँ यदि मानव अन्यायों के विरुद्ध विद्रोह करते हैं तो इसका दायित्व उन पर नहीं होता। यथा—

दबे हुए आवेग वहाँ यदि उबल किसी दिन फूटें,
संयम छोड़ काल बन मानव अन्यायी पर टूटें;
कहो कौन दायी होगा उस दारुण जगद्दहन का?
अहंकार या घृणा कौन दोषी होगा उस रण का?

यही बात पुनः युधिष्ठिर से भीष्म भी कहते हैं—

चुराता न्याय जो रण को बुलाता भी वही है।
युधिष्ठिर! सत्य की अन्वेषणा पातक नहीं है।
मरण उनके लिए जो पाप को स्वीकारते हैं।
न उनके हेतु जो रण में उसे ललकारते हैं।

इसी प्रकार दिनकर के मनोविज्ञान सम्बन्धी तथा युद्ध सम्बन्धी विचारों पर भी रसेल का प्रभाव ढूँढ़ा जा सकता है।

तिलक का प्रभाव

कुरुक्षेत्र के चिन्तन पर दूसरा प्रभाव तिलक का है। तिलक के *गीता-रहस्य* ने दिनकर के मनोदेश को गहराई तक झकझोरा है। *गीता* और *कुरुक्षेत्र* में विलक्षण समता भी है। तिलक का *गीता-रहस्य* एक साधारण टीका नहीं है। वह तो हिन्दुत्व की सामर्थ्य का पुनराख्यान है। तिलक भारतीय जीवन में आँधी की तरह आये थे और अपने युग के करोड़ों नौजवानों की तरह, उनके विचार, दिनकर के मन में भी खौलते रहे। तिलक ने *गीता-रहस्य* में यह प्रतिपादित किया है कि सज्जनों का कर्तव्य 'अहिंसा परमोधर्म:' कह कर दुष्टों का अन्याय सहन करना नहीं, अपितु विपत्ति में 'शठे शाठ्यं समाचरेत'—के अनुसार उन पर शासन करना है। दिनकर कहते हैं—

छीनता हो स्वत्व कोई, और तू
त्याग-तप से काम ले यह पाप है।
पुण्य है विच्छिन्न कर देना उसे,
बढ़ रहा तेरी तरफ़ जो हाथ हो।

उनका दूसरा निष्कर्ष है कि अहिंसा, तपस्या, त्याग आदि गुणों की भी एक सीमा होती है। उसे आवश्यकता से अधिक महत्त्व नहीं देना चाहिए। दिनकर भी कहते हैं—

त्याग, तप, करुणा, क्षमा से भीग कर,
व्यक्ति का मन तो बली होता मगर,
हिंस्र पशु जब घेर लेते हैं उसे,
काम आता है बलिष्ठ शरीर ही।

तिलक का तीसरा निष्कर्ष यह है कि आततायी स्वयं ही नष्ट होता है, उसको मारने वाले सज्जन पुरुष को उसका कलंक नहीं लगता। सज्जन पुरुष तो निमित्त मात्र होते हैं। आततायी सज्जन पुरुष के स्वत्व को छीनने के अपकर्म के कारण वध्य होता है। दिनकर तिलक की ही भाषा में कहते हैं—

कुरुक्षेत्र में जली चिता जिसकी, वह शान्ति नहीं थी;
अर्जुन की धन्वा चढ़ बोली, वह दुष्कान्ति नहीं थी।
थी पर स्वग्रासिनी भुजंगिनि, वह जो जली समर में,
असहनशील शौर्य था, जो जल उठा पार्थ के शर में।

कुरुक्षेत्र में चिंतन का ताना-बाना रसेल और तिलक के इन्हीं विचारों से बुना गया है। अत: *कुरुक्षेत्र* स्वतंत्र दर्शन नहीं है। वह तो ऐसा सरोवर है जिसका जल अनेक नालियों से बह कर आया है।

ज्ञानी के प्रौढ़ मस्तिष्क का चमत्कार

अब विचारणीय प्रश्न यह है कि *कुरुक्षेत्र* क्या किसी ज्ञानी के प्रौढ़ मस्तिष्क का चमत्कार है? ज्ञानी के प्रौढ़ मस्तिष्क की यह विशेषता होती है कि उसमें विचार शृंखलाबद्ध और परस्पर सम्बद्ध रहा करते हैं। वह अपनी बात सुनिर्णीत ढंग से उपस्थित करता है। यह खयाल रखने की बात है कि विचारों की क्रमबद्धता रोमैंटिक व्यक्ति की कोई विशेषता नहीं होती है। रोमैंटिक व्यक्ति के मस्तिष्क में एक पर एक विचार आँधी में उड़ते हुए पत्ते की तरह आते हैं। उनमें क्रमबद्धता या शृंखला नहीं होती है। पर *कुरुक्षेत्र* की भूमिका में दिनकर जी ने लिखा है : *कुरुक्षेत्र* के प्रबन्ध की एकता उसमें वर्णित विचारों को लेकर है। *कुरुक्षेत्र* किसी ज्ञानी के प्रौढ़ मस्तिष्क का चमत्कार है या नहीं, इसकी जाँच के लिए हमें वर्णित विचारों को ही लेकर सोचना होगा कि वास्तव में यह एकता है या नहीं, और यदि है तो कैसी है।

दिनकर जी के विचारों के वाहक युधिष्ठिर और भीष्म हैं। पर यह ऊपर से ही दीखता है। युधिष्ठिर को निकाल देने पर भी विचारों की एकता कहीं छिन्न-भिन्न नहीं होती है। युधिष्ठिर विचार उठाते ही नहीं हैं। उनमें केवल भावना का उद्वेग है। उनकी स्थिति प्रबन्ध में विचारों की एकता के लिए अनिवार्य नहीं है। पर यह तो हुई प्रबंधत्व की पृष्ठभूमि में युधिष्ठिर की आवश्यकता।

पुन: ज्ञानी के प्रौढ़ मस्तिष्क की विशेषता यह होती है कि वह किसी समस्या का ठोस समाधान देता है। क्या दिनकर जी ऐसा कर सके हैं? *कुरुक्षेत्र* के कवि का मुख्य प्रतिपाद्य यह है कि जब तक संसार में सद्‌भावना, शान्ति, समता और न्याय की प्रतिष्ठा नहीं होती, तब तक युद्ध अनिवार्य है। इस प्रसंग में श्री नंददुलारे वाजपेयी ने बड़ा ही समीचीन प्रश्न उठाया है : ''दिनकर जी कहते हैं कि जब तक संसार में शान्ति और सद्‌भाव नहीं हैं, तब तक युद्ध होंगे ही, होने ही चाहिए; पर दूसरी ओर प्रश्न यह भी है कि जब तक युद्ध होते रहेंगे, तब तक सद्‌भावना और शान्ति का विकास होगा कैसे? दिनकर जी कहते हैं लड़ते जाओ जब तक समता न हो, शान्ति न आये; पर प्रश्न यह है कि लड़ते रहने से शान्ति कैसे आयेगी और समता कैसे होगी।'[1] दिनकर की युद्ध सम्बन्धी धारणा स्पष्ट और वैज्ञानिक नहीं है, प्रत्युत वह भावात्मक है। कवि ने युद्ध को वस्तुन्मुखी न मान कर मानव बुद्धि से परे ठहराया है। यथा :

इच्छा नर की और फल देती उसे नियति है।
फलता विष पीयूष वृक्ष में अकथ-प्रकृति की गति है।

पुन:, कवि मानता है कि युद्ध पाप नहीं है क्योंकि वह ज्वलित प्रतिशोध से उत्पन्न है और ज्वलित प्रतिशोध कभी पाप नहीं हो सकता। अत: निष्कर्ष भी बुद्धि सम्मत और

1. *आधुनिक साहित्य,* नंददुलारे वाजपेयी।

युक्तियुक्त नहीं है। चिंतन की असंगतियाँ इतनी ही नहीं हैं। कवि का संकेत यह भी है कि जब तक मानव समुदाय रूप में है, तब तक युद्ध रहेगा ही; क्योंकि त्याग, क्षमा, दया आदि वृत्तियाँ वैयक्तिक हैं, उनसे समाज को क्या लेना-देना है! परन्तु समाज तो व्यक्तियों से ही बनता है! अतएव व्यक्ति और समाज के धर्म एक-दूसरे से नितांत भिन्न कैसे हो सकते हैं?

अतः हम श्री नंददुलारे वाजपेयी से सहमत हैं कि '*कुरुक्षेत्र* में युद्ध सम्बन्धी आधुनिक वास्तविकता का यथेष्ट आकलन नहीं है, न उसमें युद्ध-विषयक नयी समाजवादी दृष्टि का ही पूरा निरूपण है।' वस्तुतः *कुरुक्षेत्र* के कवि का हृदय शंकाकुल ही है। शंकाकुल हृदय का व्यक्ति प्रौढ़ और सुलझा हुआ चिंतन नहीं दे सकता है। शंका असंगतियों को भी जन्म देती है। अतः ऐसा काव्य 'किसी ज्ञानी के प्रौढ़ मस्तिष्क का चमत्कार' नहीं हो सकता है। दिनकर के प्रशंसक आलोचक श्री शिवबालक राय ने भी स्वीकार किया है : 'मस्तक के स्तर चढ़ा हुआ कवि का शंकाकुल हृदय अनुभूति की गहराइयों में दूर तक नहीं झाँक पाता, और न दिमाग की बारीक गुत्थियों को आँख गड़ा कर देर तक देख पाता है। इसीलिए एक दृष्टि से *कुरुक्षेत्र* ऊपर-ऊपर का काव्य प्रतीत होता है। कहने को कहा जा सकता है कि गंभीर अनुभूति की अभिव्यंजना के लिए कवि ने *कुरुक्षेत्र* को नहीं चुना है, वह कुछ समस्याओं को प्रकट भर करना चाहता है।'[2]

इसके बावजूद *कुरुक्षेत्र* हमें प्रभावित करता है। हमें वह प्रभावित करता है क्योंकि अपने युग के सत्य का वह अंशतः वाहक बन गया है। *कुरुक्षेत्र* की सबसे अच्छी आलोचना श्री नंददुलारे वाजपेयी, नलिन विलोचन शर्मा और कामेश्वर शर्मा ने लिखी। परन्तु यह एक निर्मम सत्य है कि अपनी सीमा को सबसे अधिक निष्पक्षता से दिनकर ने ही समझा। हम तो इस निबंध में केवल उन्हीं के अपने शब्दों का भाष्य भर कर सके हैं। उनके शब्द ये हैं—'...*कुरुक्षेत्र* न तो दर्शन है और न किसी ज्ञानी के प्रौढ़ मस्तिष्क का चमत्कार। यह तो अन्ततः, एक साधारण मनुष्य का शंकाकुल हृदय ही है, जो मस्तक के स्तर पर चढ़ कर बोल रहा है।'[3]

---

2. *साहित्य के सिद्धान्त और कुरुक्षेत्र*, पृष्ठ 189।
3. *कुरुक्षेत्र*, भूमिका।

समस्यात्मक खंड काव्य का द्वन्द्व

डॉ. तारकनाथ बाली*

कुरुक्षेत्र की भूमिका में दिनकर ने कहा है '*कुरुक्षेत्र* के प्रबन्ध की एकता उसमें वर्णित विचारों को लेकर है। दरअसल इसमें मैं, प्राय: सोचता ही रहा हूँ।' इस कथन से *कुरुक्षेत्र* का मूल स्वरूप स्पष्ट हो जाता है। *कुरुक्षेत्र* विचार का काव्य है, आरम्भ से अन्त तक कवि निरन्तर सोचता ही रहा है। इस चिन्तन में आक्रोश भी है और आवेश भी। यह आक्रोश, यह आवेश ही इस चिन्तन को काव्य का रूप प्रदान करता है। इतिहास और समकालीनता के स्पष्ट और कहीं-कहीं इतिहास विरोधी समन्वय के कारण ही यह काव्य इतना अधिक प्रसिद्ध हुआ।

महाभारत का आख्यान अत्यंत प्रसिद्ध आख्यानों में से एक है। उसके माध्यम से समकालीन जीवन की एक बुनियादी समस्या, युद्ध की समस्या पर यथार्थ के धरातल पर विचार करने की प्रवृत्ति ने *कुरुक्षेत्र* को विशेष शक्ति से युक्त कर दिया है। कवि का चिन्तन युधिष्ठिर और भीष्म में प्रधान रूप से भीष्म में केन्द्रित है—मगर वह मानव सभ्यता के आदिम युग की व्याख्या भी करता है और आधुनिक यंत्र युग की भी। उसका एक छोर राजा के उदय की व्याख्या में है तो दूसरा आज के बुद्धिवादी अन्तरिक्ष-युग में। कवि इस इतिहास दोष के प्रति सजग है और इसीलिए वह *कुरुक्षेत्र* की अन्विति की खोज स्थूल कथा के स्तर पर नहीं करता वरन विचार के स्तर पर करता है। इस काल का केन्द्र विचार है। कवि बार-बार एक ही सवाल से जूझता दिखाई देता है, मगर सवाल का रूप भी बदलता रहता है और उसकी व्याख्या का स्तर भी। मगर सभी प्रसंगों में एक ही समस्या है—चाहे वह *महाभारत* के युद्ध का प्रसंग है चाहे राजतंत्र के उदय का और चाहे अन्तरिक्ष युग का। इसीलिए *कुरुक्षेत्र* को एक समस्यात्मक खंडकाव्य के रूप में ही स्वीकार किया जा सकता है।

सामान्य खंडकाव्य में जो योजना इतिहास-दोष कहलाती है, समस्यात्मक खंड

---

*डॉ. तारकनाथ बाली काव्यशास्त्र के विद्वान के रूप में समादृत डॉ. बाली दिल्ली विश्वविद्यालय में हिन्दी विभागाध्यक्ष रहे हैं।

काव्य में वही उसका गुण और उसकी शक्ति का आधार बन जाती है। इस काव्य की घटनाओं में देश एवं काल के स्तर पर कोई संगति नहीं है—वे आदियुग की भी हैं और वर्तमान युग की भी। सामान्य खंडकाव्य की अन्विति खंडित हो जाती है, घटनाओं की संरचना का औचित्य खंडित हो जाता है मगर समस्यात्मक खंडकाव्य में इस प्रकार की संरचना, जो देश काल की सीमाओं से मुक्त होते हुए भी एक विचार के केन्द्र में स्थित है, उसके मूल संवेग को सभी सन्दर्भों में प्रस्तुत करती हुई कवि के जटिल अभिप्राय को सहज संप्रेषणा की शक्ति से मुक्त कर देती है। समस्यात्मक खंडकाव्य में घटनाओं के क्रम से विचारों की अभिव्यक्ति नहीं होती वरन् विचार के अनुरूप घटनाओं की योजना होती है। यहाँ घटनौचित्य का आधार विचार की अन्विति है। समस्या विशेष की अभिव्यक्ति की शक्ति है। इस प्रधान मूल्य के अनुसार देश काल की सीमाओं का अतिक्रमण भी किया जाता है। इस प्रकार यहाँ समस्या ही प्रधान हो जाती है तथा देश एवं काल गौण हो जाते हैं।

दिनकर जी ने जीवन के महत्त्वपूर्ण आदर्शों को व्यक्त करने के लिए पुराने आख्यानों को ही आधार बनाया है। *रश्मिरथी* में कर्ण की कथा की अभिव्यक्ति है। *कुरुक्षेत्र* में युधिष्ठिर और भीष्म का वार्तालाप है, *परशुराम की प्रतीक्षा* में परशुराम के चरित्र का आधार ग्रहण किया गया है तथा *उर्वशी* में पुरूरवा और उर्वशी के कथानक के सहारे सनातन नर और सनातन नारी के रूप को अभिव्यक्त किया गया है। यह हिन्दी कविता की प्रवृत्ति के अनुकूल ही है।

हिन्दी के अन्य काव्यों में भी प्राचीन आख्यानों का ही सहारा लिया गया है। खड़ी बोली के काव्यों में *प्रियप्रवास* से लेकर *अन्धा युग* तक यही क्रम चलता है। मुक्तिबोध की अंधेरे में कविता इस परम्परा का एकमात्र अपवाद है—एक लम्बी रचना जो जीवन के मूलभूत सवालों को व्यक्त करती है, मगर किसी पुराने आख्यान का सहारा नहीं लेती। यह कविता एक नये शिल्प एवं नई संरचना का सहारा लेकर काव्य को सशक्त रूप से व्यक्त करती है। मगर अन्य ऐसी रचनाओं में इतिहास का सहारा लिया गया है।

इसी दृष्टि से दिनकर जी के अधिकांश काव्यों में एक विशेष बात दिखाई देती है—उनकी कथा में और उनके प्रधान उद्देश्य में द्वन्द्व की स्थिति रहती है। दोनों में दिशा का भेद लक्षित होता है। *कुरुक्षेत्र* में युधिष्ठिर युद्ध के बाद के व्यापक विनाश को देखकर विरक्ति एवं ग्लानि से भर जाते हैं और अपने सन्देह को लेकर भीष्म के पास जाते हैं। उनके मन का संघर्ष वस्तुतः कर्म और संन्यास का ही संघर्ष है और वे सोचते हैं कि यदि दुर्योधन ने पाँच गाँव देने से इनकार कर दिया था तो हमें समझा-बुझाकर कोई समझौता करना चाहिए था और फिर भी वह यदि नहीं मानता तो मुझे

अपने भाइयों के साथ मिलकर भीख मांग कर जीना चाहिए था, मगर यह युद्ध नहीं करना चाहिए था।

जानता कहीं जो परिणाम 'महाभारत' का
तन बल को छोड़ मैं मनोबल से लड़ता,
तप से, सहिष्णुता से, त्याग से सुयोधन को
जीत, नयी नींव इतिहास की मैं धरता।
और कहीं वज्र गलता न मेरी आह से जो,
मेरे तप से नहीं सुयोधन सुधरता,
तो भी हाय, यह रक्त-पात नहीं करता मैं
भाइयों के संग कहीं भीख माँग मरता।

युधिष्ठिर की इस शंका को जिसके कई सन्दर्भ हैं, भीष्म यही उत्तर देते हैं कि परिस्थिति चाहे जो हो तुम्हें कर्म करना ही चाहिए, तुम्हें कर्म करना ही होगा। कोई भी व्यक्ति कर्म से भाग नहीं सकता। कर्म से भागना जीवन से भागना होगा। इस प्रकार भीष्म युद्ध को संगत ठहराते हैं। उनका मूल तर्क यह है कि परिस्थिति ऐसी बन चुकी थी कि युद्ध से बचा नहीं जा सकता था। इस प्रकार अनेक प्रसंगों एवं स्तरों पर भी भीष्म यह उपदेश देते हैं कि कर्म का मार्ग ही जीवन का एकमात्र उचित मार्ग है।

मगर क्या कर्म की यह प्रतिष्ठा परवर्ती घटनाओं द्वारा, जिन घटनाओं का वर्णन *कुरुक्षेत्र* का प्रतिपाद्य तो नहीं है, मगर जो इसके प्रतिपाद्य से अपरिहार्य रूप से जुड़ी हुई हैं, पुष्ट नहीं होता। भीष्म तो कर्म का उपदेश देते हैं और धर्मराज इसे स्वीकार भी करते हैं, मगर बाद में पांडवों की विरक्ति इतनी प्रबल हो जाती है कि वे संसार को त्याग कर हिमालय पर्वत पर बर्फ़ में गलने के लिए चले जाते हैं और धर्मराज सदेह स्वर्ग पहुँच जाते हैं। इस प्रकार *कुरुक्षेत्र* में *महाभारत* की कथा के जिस अंश के चित्रण के द्वारा कर्म की प्रतिष्ठा होती है, इस कथा की बाद की घटनाएँ कर्म मार्ग का खंडन करती हैं क्योंकि पांडव कर्म मार्ग से विमुख हो जाते हैं। पांडवों का संन्यास लेना इतनी प्रसिद्ध घटना है चाहे उसका वर्णन *कुरुक्षेत्र* में नहीं हुआ मगर अनायास ही पाठक की स्मृति में यह घटना जुड़ जाती है। इस प्रकार घटना का पूर्वार्द्ध जो सिद्ध करता है, घटना का उत्तरार्द्ध उसी का खंडन कर देता है। यही द्वन्द्व *परशुराम की प्रतीक्षा* में भी दिखाई देता है। यह लम्बी कविता शक्ति के दर्शन को व्यक्त करती है तथा संघर्ष और कर्म का संदेश देती है। मगर परशुराम की कथा तो लोक कथा के समान प्रसिद्ध है तथा अन्त में परशुराम अपना परशु त्याग कर तपस्या के लिए चले जाते हैं, कर्म और संघर्ष के मार्ग को त्याग देते हैं। इसी प्रकार का द्वन्द्व *उर्वशी* में भी है। तीसरे अंक में पुरूरवा और उर्वशी के संवादों के द्वारा प्रणय तथा कर्म के महत्त्व की प्रतिष्ठा है मगर

अन्त में जब उर्वशी का लोप हो जाता है तो पुरूरवा भी संन्यास लेकर चला जाता है। इस काव्य का द्वन्द्व तो काव्य में ही व्यक्त भी हुआ है, जबकि अन्य दोनों कृतियों का यह द्वन्द्व कथा में तो है, मगर काव्य में चित्रित नहीं हुआ।

यहाँ यह बुनियादी सवाल पैदा होता है कि दिनकर की प्रधान रचनाओं में क्यों यह द्वन्द्व दिखाई देता है! क्या कारण है कि कथा एवं मूल अभिप्राय में साम्य नहीं लक्षित होता?

स्पष्ट है कि इस द्वन्द्व को सतही रूप में समझा नहीं जा सकता। इसका कारण कवि की काव्य संरचना या परिकल्पना सम्बन्धी सीमा नहीं है। इस द्वन्द्व का मूल बहुत गहरे कवि के व्यक्तित्व में लक्षित होता है।

उपर्युक्त तीनों कृतियों में संघर्ष कर्म एवं संन्यास का है जो विविध सन्दर्भों के रूप में उपस्थित होता है। कहीं तो वह प्रणय और विरक्ति के द्वन्द्व के रूप में व्यक्त होता है और कहीं वह भाव या हृदय और विचार या बुद्धि के द्वन्द्व के रूप में दिखाई देता है। कर्म, प्रणय, भाव और हृदय सभी जीवन के एक पक्ष का, भोग और लौकिक संघर्ष का संकेत करते हैं तथा संन्यास, विरक्ति, विचार और बुद्धि लोक से विमुख निवृत्ति के प्रतीक हैं। इस प्रकार भाव एवं विचार का तथा प्रवृत्ति या निवृत्ति का यह द्वन्द्व दिनकर के व्यक्तित्व से सम्बद्ध हो जाता है।

दिनकर के काव्य में आरम्भ से ही द्वन्द्व मिलता है, प्रणय संवेदना और राष्ट्रीयता का द्वन्द्व। एक तत्व कवि के राग तत्व को उद्‌बुद्ध कर देता है। जीवन के व्यापक यथार्थ से उसे काटता हुआ भोग पक्ष से सम्बद्ध कर देता है और दूसरा तत्व तत्कालीन सामाजिकता की माँग की स्वीकृति के लिए प्रेरित करता है। कवि कहता है कि उसकी आत्मा 'रसवंती' में बसती है और राष्ट्रीयता ने उसे बाहर से आकर दबोचा है। यहाँ यह विचार उत्पन्न हो जाता है कि दिनकर के लिए प्रणय की भूमि स्वाभाविक भूमि है या राष्ट्रीयता की, उसमें व्यक्तिगत आनन्द पक्ष की प्रधानता है या सामाजिक बोध पक्ष की और यह आवश्यक भी नहीं कि कवि के इस कथन को स्वीकार ही किया जाए। किसी आलोचक के लिए दिनकर की राष्ट्रीयता ही उसकी स्वाभाविक काव्य-भूमि है। मगर यहाँ इस विवाद को सुलझाने की दिशा में विवेचन की अपेक्षा नहीं। मूल बात यह है कि दिनकर में दो संवेदनाएँ रही हैं, उसके व्यक्तित्व की दो आसक्तियाँ रही हैं और दोनों में संघर्ष रहा है। छायावादी कवियों का तथा दिनकर का प्रणय जीवन के विविध सन्दर्भों के माध्यम से व्यक्त नहीं हुआ। वरन उनका प्रयास ठीक उल्टा है। जीवन के विविध सन्दर्भ प्रणय के माध्यम से व्यक्त किये गये हैं। इस प्रयास में कहाँ तक सफलता मिली है, यह सवाल बड़ा जटिल है। मगर एक बात साफ़ है कि प्रणय का यह रूप समाज विरोधी नहीं है तो समाज के सामाजिक यथार्थ से विमुख ज़रूर है और इसीलिए सामाजिक यथार्थ का उतना और वैसा रूप ही स्वीकारा जा सकता

है जितना प्रणय की सीमाओं के भीतर, चाहे वे सीमाएँ आदर्श के स्तर पर कितनी ही व्यापक क्यों न हो। इसलिए प्रणय का यह रूप ठोस रोज़मर्रा के यथार्थ से क्षुद्रजन के लिए सामाजिक सच्चाई से दूर जा पड़ता है। दूसरी ओर रोज़मर्रा की ज़िन्दगी कर्म और सघर्ष की अपेक्षा करती है, तर्क और बौद्धिक सजगता से युक्त होकर जीवन-संग्राम में जूझने की माँग करती है और प्रणय का आदर्शवादी रूप इस संग्राम को वहन करने में असमर्थ रहता है।

इस दृष्टि से देखें तो प्रणय का यह रूप रोज़मर्रा की ज़िन्दगी के ठोस खुरदरेपन को नकारता हुआ सहज ही अध्यात्म से जुड़ जाता है। प्रसाद के *आँसू* का प्रणय रहस्य भावना में परिणत हो जाता है, श्रद्धा का प्रणय या प्रेम-दर्शन मनु को सारस्वत प्रदेश की ज़िन्दगी के वास्तविक और ठोस संघर्ष से दूर कैलाश पर ले जाता है तथा उर्वशी पुरूरवा को पहले तो गन्धमादन पर्वत पर स्वच्छन्द विहार के लिए ले जाती है और अन्त में संन्यास की ओर ढकेल देती है। उर्वशी के प्रणय का संयोग पक्ष, गन्धमादन पर्वत पर व्यतीत होने वाले क्षण भी उतने ही जीवन से विमुख हैं जितना कि संन्यास की ओर ले जाने वाला उसका वियोग पक्ष।

कुरुक्षेत्र में कवि सामाजिकता की भूमि पर है मगर राग का मोह, भाव की आसक्ति उसे यहाँ टिकने नहीं देती। इसलिए *कुरुक्षेत्र* में 'विज्ञान' की तलवार को फेंक देने की बात भी कही गई है। मगर साथ ही भीष्म पितामह का कर्मयोग का उपदेश एक ओर सामाजिकता की स्वीकृति को लेकर चलता है मगर अन्त में पांडव संन्यास ले लेते हैं। चाहे इस कृति में संन्यास का वर्णन नहीं हुआ, मगर आख्यान का अन्त संन्यास में ही होता है।

एक लंबी चिन्ता-प्रधान कविता

डॉ. नगेन्द्र*

कुरुक्षेत्र दिनकर की प्रौढ़तम काव्य-कृति है। पारिभाषिक रूप में तो इसे सप्त सर्ग-बद्ध पौराणिक प्रबंध-काव्य कहा जा सकता है; परन्तु वस्तुतः न तो यह पौराणिक है और न प्रबंध-काव्य ही। यह तो अभी समाप्त होने वाले यूरोप के द्वितीय महासमर से प्रेरित एक लम्बी चिंता-प्रधान कविता है। इसमें न तो *कुरुक्षेत्र* का घटनाचक्र है और न उसका क्रमिक निबंध; इसमें तो स्वयं कवि के शब्दों में उसका शंकाकुल हृदय ही मस्तिष्क के स्तर पर चढ़कर बोल रहा है। वास्तव में चिंता-प्रधान कविता की यही परिभाषा है—जब हृदय अपने उद्‌गार सहज और प्रत्यक्ष रूप में व्यक्त करता है तब गीति-कविता का जन्म होता है, और जब मस्तिष्क के स्तर पर चढ़कर बोलता है तो चिंता-प्रधान कविता का उद्‌भव होता है। चिंता-प्रधान कविता और नवीन बौद्धिक कविता में स्पष्ट अंतर यही है कि उसमें मस्तिष्क हृदय के स्तर पर चढ़कर बोलता है; अर्थात् उसमें मस्तिष्क के विचार और तर्क-वितर्क भावना का आश्रय लेकर व्यक्त होते हैं, और इसमें हृदय की भावना विचार और तर्क-वितर्क का आश्रय लेकर व्यक्त होती है। पहली में प्रेषणीय विचार है और भावना माध्यम है; दूसरी में प्रेषणीय भावना है और विचार माध्यम है। इसीलिए अपने सहज रूप में पहली की अपेक्षा दूसरी में काव्य-तत्त्व की प्रचुरता मिलती है। दिनकर ने स्वयं *कुरुक्षेत्र* के प्रबंध-तत्व की सफ़ाई में कहा है कि इसके प्रबंध की एकता वर्णित विचारों को लेकर है; परन्तु उनकी यह धारणा भ्रांत है। इसमें एकता विचार की बिलकुल नहीं है; वरन् युद्ध के औचित्य और अनौचित्य को लेकर उठने वाली उस शंका की है जिसने उनके मन को अस्थिर कर दिया था। इस काव्य में *कुरुक्षेत्र* युद्ध का प्रतीक है, युधिष्ठिर और भीष्म कवि के तर्क और वितर्क अर्थात् विचार के दोनों पक्षों के प्रतीक हैं, जिन पर आरूढ़ होकर उनके मन की द्विविधा समाधान की ओर दौड़ती है। युधिष्ठिर अहिंसा के प्रतीक हैं जो युद्ध को किसी

*डॉ. नगेन्द्र हिन्दी आलोचना के प्रमुख स्तंभ हैं। आपने अनेक महत्त्वपूर्ण ग्रन्थों की रचना की है।

परिस्थिति में भी उचित नहीं मानते हैं; और भीष्म न्याय-भावना के प्रतीक हैं जो अन्याय के दमन के लिए युद्ध को उचित ही नहीं, आवश्यक भी मानते हैं। इन तीनों प्रतीकों को लेकर दिनकर ने युद्ध से विक्षुब्ध अपने हृदय और मस्तिष्क की संकुलता से मुक्ति पाने का प्रयत्न किया है। वास्तव में, उपर्युक्त दोनों पक्ष ही प्रबल हैं, और कवि के अपने मन की द्विविधा भी उतनी ही तीव्र है। वह उस प्रांत का निवासी है जिसमें एक ओर प्रतापी मौर्य और गुप्त-सम्राट हुए हैं, और दूसरी ओर भगवान् बुद्ध। कहने का तात्पर्य यह है कि विनय और उदग्रता, क्षमा और शौर्य दिनकर के संस्कारों में रमे हुए हैं। इसीलिए वह इन दोनों पक्षों की अत्यंत सशक्त और तीव्र अभिव्यक्ति करने में समर्थ हुए हैं।

देखिए, महाभारत-विजेता धर्मराज युधिष्ठिर अपनी विजय को कुरुक्षेत्र में बिछी लाशों से तोल रहे हैं। सामने महाभारत के उपरांत कुरुक्षेत्र का दृश्य है—

जहाँ भयंकर भीमकाय शव-सा निस्पंद, अशांत;
शिथिल-श्रांत हो लेट गया है स्वयं काल विक्रांत।
रुधिर-सिक्त अंचल में नर के खंडित लिये शरीर;
मृतवत्सला विषण्ण पड़ी है धरा, मौन गंभीर।

यह उच्छिष्ट प्रलय का, अहि-दंशित मुमूर्षु यह देश;
मेरे हित श्री के गृह में वरदान यही था शेष!

युधिष्ठिर एक साथ चीख उठते हैं—

मनु का पुत्र बने पशु-भोजन, मानव का यह अंत!
भरत भूमि के नर-वीरों की यह दुर्गति, हा हंत!

इस महाश्मशान के साथ जब वे अपनी विजय की तुलना करते हैं तो उन्हें सहज ही इसकी तुच्छता का ज्ञान हो जाता है—

कुछ के अपमान के साथ, पितामह,
विश्व-विनाशक युद्ध को तोलिये।

उनका न्याय-अन्याय का विचार ही मानो उस महानाश की ज्वाला में जल कर भस्म हो जाता है, और वे सोचते हैं कि—

द्रुपदा के पराभव का बदला लेकर, देश का नाश चुकाना था क्या?

वे ग्लानि से अभिभूत हो जाते हैं; उनकी विजय ही मानो उन पर व्यंग्य कर रही है—

एक शुष्क कंकाल, युधिष्ठिर की जय की पहचान;
एक शुष्क कंकाल, 'महाभारत' का अनुपम दान।

यहाँ तक कि वे उससे डरने लगते हैं : उनका भोग करना उन्हें ऐसा लगता है, जैसे हाल ही में विधवा हुई किसी 'दु:खिनी के साथ ब्याह का साज सँजोना।'

इस प्रकार एक ओर कुरुक्षेत्र में होने वाले भयंकर रक्तपात और दूसरी ओर विजेता युधिष्ठिर के मन को कचोटने वाली तीव्रतम ग्लानि के द्वारा कवि ने युद्ध के विपक्ष में अपनी भाव-प्रेरित गंभीर युक्तियाँ उपस्थित की हैं।

इस पाप का युधिष्ठिर के मन पर ऐसा आतंक छा जाता है कि वे अपने को संपूर्ण मानवता के प्रति अपराधी मान बैठते हैं और लज्जा को छिपाने के लिए दुनिया को ही छोड़कर भाग जाना चाहते हैं—

मानव को देख आँखें आप झुक जातीं, मन।
चाहता अकेला कहीं भाग जाऊँ वन में।

क्योंकि—

व्यंग्य से बिंधेगा वहाँ जर्जर हृदय तो नहीं,
वन में कहीं तो धर्मराज न कहाऊँगा।

इसके विपरीत युद्ध का दूसरा पक्ष भी है; उसके समर्थन में मृत्युंजय भीष्म की भावदीप्त वाणी सुनिए।

है बहुत देखा सुना मैंने मगर, भेद खुल पाया न धर्माधर्म का।
आज तक ऐसा कि रेखा खींचकर, बाँट दूँ मैं पुण्य को औ' पाप को।
जानता हूँ किन्तु जीने के लिए, चाहिए अंगार जैसी वीरता।
पाप हो सकता नहीं वह युद्ध, जो है खड़ा होता ज्वलित प्रतिशोध पर।

तप, करुणा, क्षमा, विनय और त्याग—ये सभी व्यक्ति की शोभा है; परन्तु जब प्रश्न 'व्यक्ति' का न रहकर 'समुदाय' का हो जाता है, उस समय तो युद्ध द्वारा अन्याय का दमन मनुष्य का परम धर्म बन जाता है। और फिर युद्ध का होना किसी एक व्यक्ति या एक जाति पर निर्भर तो नहीं है; वह तो अनेक व्यक्तियों और जातियों के हृदय में न जाने कब से सुलगती हुई अग्नि का महा-विस्फोट है जो सर्वथा अनिवार्य होता है। कुरुक्षेत्र के युद्ध के लिए केवल युधिष्ठिर और दुर्योधन ही उत्तरदायी नहीं थे, और न केवल उनके परिवार ही; वह तो संपूर्ण भारतवर्ष का ही विस्फोट था—

न केवल यह कुफल कुरुवंश के संघर्ष का था—
विकट विस्फोट यह संपूर्ण भारतवर्ष का था।

न जाने कितने युगों से विश्व में विष-वायु बहती आ रही थी। अनेक योद्धा और अनेक वंश परस्पर वैर-साधन के लिए तैयार बैठे थे और समर का कोई बड़ा आधार खोज रहे थे। कहीं कोई दूसरे की शूरता के प्रति ईर्ष्या से जल रहा था, किसी के हृदय में दूसरे की क्रूरता के प्रति क्षोभ था। कहीं एक राजा का उत्कर्ष दूसरे राजाओं को खटक रहा था, किसी के हृदय में प्रतिशोध की ज्वाला जल रही थी। एक ओर राधेय कर्ण पार्थ-वध का प्रण निभाना चाहता था, दूसरी ओर द्रुपद गुरु द्रोण से वैर-शुद्धि के लिए

व्यग्र था। इधर शकुनि अपने पिता का ऋण चुकाने के लिए दुर्योधन पर माया फैला रहा था, उधर भगवान् कृष्ण के सुधारों से चिढ़े हुए राजाओं का अभिमान भीतर-ही-भीतर धुँधुआ रहा था। इसके अतिरिक्त और जो कुछ शेष था वह पांडवों के राजसूय ने पूरा कर दिया। इस प्रकार परस्पर के कलह और वैर से अपने-आप ही सारा भारतवर्ष दो दलों में विभक्त हो चुका था, और दोनों ही दल—

खड़े थे वे हृदय में प्रज्जवलित अंगार लेकर—
धनुर्ज्या को चढ़ा कर म्यान में तलवार लेकर।

युद्ध के कारणों के इस क्रमिक विकास का, ज्वाला का प्रतीक लेकर, कवि ने अत्यंत भावपूर्ण वर्णन किया है।

युद्ध-विषयक इन्हीं दो प्रतिक्रियाओं द्वारा विभक्त कवि का मन अंत में समाधान की ओर दौड़ता है। आखिर, इस द्विविधा का अंत कहाँ है! इसी का विचार करता हुआ वह फिर द्वापर की महाभारत को छोड़ बीसवीं शताब्दी के द्वितीय महायुद्ध की ओर लौट आता है और बुद्धि के अतिचार में युद्ध के कारण की खोज करता है—

किंतु है बढ़ता गया मस्तिष्क ही निःशेष,
छूट कर पीछे गया है रह हृदय का देश;
नर मनाता नित्य नूतन बुद्धि का त्यौहार,
प्राण में करते दुखी हो देवता चीत्कार।
चाहिए उनको न केवल ज्ञान,
देवता हैं माँगते कुछ स्नेह, कुछ बलिदान;
मोम-सी कोई मुलायम चीज़,
ताप पाकर जो उठे मन में पसीज-पसीज।

ले चुकी सुख-भाग समुचित से अधिक है देह
देवता हैं माँगते मन के लिए लघु गेह।

मानव-मन के देवताओं को यह लघु-गेह बुद्धि के विशाल कक्ष में न मिलकर हृदय के छोटे और गर्म कोने में मिलेगा; अर्थात् आज की विषमताओं का, जिनका सबसे भयंकर परिणाम युद्ध में प्रकट होता है, समाधान विज्ञान द्वारा संभव न होकर स्नेह द्वारा ही संभव है—

रसवती भू के मनुज का श्रेय,
यह नहीं विज्ञान कटु आग्नेय।
श्रेय उसका प्राण में बहती प्रणय की वायु,
मानवों के हेतु अर्पित मानवों की आयु।
श्रेय उसका आँसुओं की धार,

श्रेय उसका भग्न वीणा की अधीर पुकार।
दिव्य भावों के जगत में जागरण का गान।
मानवोंका श्रेय, आत्मा का किरण-अभियान।

मानव का मानव के प्रति यही मुक्त आत्म-दान अंत में जीवन के साम्य को जन्म देता है; वहाँ सारे वैषम्य दूर हो जाते हैं। वैयक्तिक भोगवाद इन वैषम्यों का मूल कारण है; इसी के कारण क्रमशः राज-तंत्र, दंड-विधान आदि शोषण की अनेक विधियों का जन्म हुआ है। इसका अंत करते हुए साम्य-भाव की स्थापना ही मानो जीवन की मुक्ति है—

वल्कल-मुकुट, परे दोनों के छिपा एक जो नर है,

जिस दिन देख उसे पावेगा ज्ञान के बल से,

उस दिन होगा सुप्रभात नर के सौभाग्य-उदय का,
उस दिन होगा शंख ध्वनित मानव की महाविजय का।

भीष्म पितामह युधिष्ठिर को अंत में यही उपदेश देते हैं—संन्यास, भाग्यवाद आदि सभी व्यक्तिवाद के छल-छंद हैं; वे तो जीवन से पलायन करने के मार्ग हैं, उन्हें मुक्ति-पथ समझना भ्रम है।

परन्तु सुख का वास्तविक रूप क्या है, यह प्रश्न भी कम गंभीर नहीं है। साधारणतः इसके दो उत्तर सामने आते हैं : एक तो देह के आनंद का सर्वथा निषेध करता हुआ आत्मा के आनंद को ही सच्चा सुख मानता है; और दूसरा आत्मा के आनंद को मिथ्या कल्पना कहता हुआ सुख का अर्थ भौतिक उपभोग ही कहता है। परन्तु वास्तविक सुख दोनों के सामंजस्य में ही है। इसमें सन्देह नहीं कि सुख का मूल आधार भौतिक ही है :

नर जिस पर चलता वह मिट्टी है, आकाश नहीं है।

परन्तु फिर भी लिप्सा पर विजय प्राप्त कर इस भौतिक सुख का संस्कार करना अनिवार्य है—

और सिखाओ भोगवाद की यही रीति जन-जन को;
करें विलीन देह को मन में, नहीं देह में मन को।

स्पष्टतः ही युद्ध-समस्या का यह मानववादी समाधान है। मिट्टी की महिमा, व्यक्तिवाद के सभी रूपों और उसकी सभी अभिव्यक्तियों का जैसे वैयक्तिक भोगवाद, राजतंत्र, दंड-विधान, सामाजिक वैषम्य और उधर संन्यास, आध्यात्मिक साधना आदि का तिरस्कार, समाजवादी जीवन-दर्शन के प्रभाव की ओर इंगित करता है। और, निश्चय ही दिनकर को उसके प्रति गहरी आस्था है; परन्तु उन्होंने उसके व्यापक और परिष्कृत रूप को ही ग्रहण किया है। उनके संस्कारों पर भारतीय आदर्शवाद का गहरा प्रभाव है,

इसीलिए उनका दृष्टिकोण सर्वथा भौतिक कहीं नहीं हो पाया। एक सूक्ष्म आदर्शोन्मुखी चेतना उसमें परिव्याप्त है जो उसे स्थूल ऐहिकता से ऊपर उठाये रखती है।

युद्ध के ये दोनों पक्ष वास्तव में वैयक्तिक तथा सामाजिक दृष्टिकोण के ही परिणाम हैं, और उनके बीच की द्विविधा जीवन में व्यक्ति-तत्व और समाज-तत्व के बीच की द्विविधा ही है, जो दिनकर के मन का मूल द्वन्द्व है। इन दोनों पक्षों को कवि ने इतने सबल रूप में रखा है कि पाठक दोनों ही दिशाओं में बहने लगता है। युधिष्ठिर और भीष्म दोनों के ही शब्दों में अनिवार्य बल है और उन्हें यह बल मिला है कवि की द्विविधाग्रस्त अनुभूति से। केवल अंतिम सर्ग में आकर जब समाधान की खोज हुई है, तभी उसे बुद्धि पर आश्रित होना पड़ा है; और ऐसा प्रतीत होता है जैसे बुद्धिपूर्वक इस द्विविधा को मिटाने का प्रयत्न किया गया है। इसीलिए काव्य की दृष्टि से यह सर्ग थोड़ा निर्बल हो गया है और विचारों में भी एक उलझन-सी पड़ गयी है। भीष्म के तर्क, जो इससे पूर्व अनुभूति से पुष्ट थे, यहाँ आकर सैद्धांतिक व्याख्यान का रूप धारण कर प्राय: अपनी शक्ति खो बैठे हैं।

कुरुक्षेत्र में आकर दिनकर की कला में एक स्तुत्य प्रौढ़ता आ गयी है। उन्होंने यहाँ विस्तृत काव्य-सामग्री का बिना अभ्यास के प्रयोग करते हुए विराट् और कोमल चित्र उपस्थित किये हैं। मृत्युंजय भीष्म का एक विराट चित्र देखिए—

शरों की नोक पर लेटे हुए गजराज जैसे,
थके-टूटे गरुड़-से, त्रस्त पन्नगराज जैसे;
मरण पर वीर-जीवन का अगम बल-भार डाले,
दबाये काल को, सायास संज्ञा को सँभाले;

नीचे की पंक्तियों में अन्यायपूर्ण शान्ति को कितने अर्थपूर्ण शब्दों में चित्रबद्ध किया गया है—

आनन सरल, वचन मधुमय है, तन पर शुभ्र वसन है;
बचो युधिष्ठिर! इस नागिन का विष से भरा दशन है।

इसी प्रकार अभिव्यंजना में भी अद्‌भुत वक्रता, अर्थ-गौरव और समास-गुण मिलता है।

दिनकर की कला की प्रमुख विशेषता उसकी सुख-सरल गति है। *कुरुक्षेत्र* की काव्य-सामग्री के नियोजन में, शब्द-विन्यास में, छंद और लय की योजना में, सर्वत्र यही सुख-सरल गति मिलती है। उसमें कहीं भी काट-छाँट, जड़ाव या बनाव-सिंगार का प्रयत्न नहीं है और इसका कारण भी उनकी सबल अनुभूति ही है जो अनायास ही वाग्धारा में फूट उठती है।

हिन्दी के कवियों ने वर्तमान युद्ध से प्रेरणा प्राप्त कर अनेक कविताएँ लिखी हैं, परन्तु उनमें से अधिकांश स्थायी नहीं हो पायेंगी; इसका कारण एक तो यही है कि

इस युद्ध का प्रभाव हमारे ऊपर सीधा नहीं पड़ा। अतएव इससे हमें वह गंभीर प्रेरणा न प्राप्त हो सकी जो रस-दीप्त कविता को जन्म देती है। सब मिलाकर दो-चार रचनाएँ ऐसी हैं जो आधुनिक हिन्दी-कविता की स्थायी निधि हो सकेंगी और इनमें सबसे उत्कृष्ट हैं श्री सियारामशरण का काव्य *उन्मुक्त* और दिनकर का *कुरुक्षेत्र*। इन दोनों के जीवन-दर्शनों में एक प्रकार का वैपरीत्य है, परन्तु उनमें एक बात समान है। वह यह कि युद्ध के प्रति इनकी प्रतिक्रिया शुद्ध मानवीय अथवा मानववादी है; सैद्धांतिक अथवा राजनीतिक नहीं। युद्ध के सामयिक रूप को न लेकर इन कवियों ने उसके शाश्वत रूप को ही ग्रहण किया है। एक ओर युद्ध से होने वाले भीषण नर-मेध की मानव-वृत्तियों पर क्या क्रिया-प्रतिक्रिया होती है, और दूसरी ओर उसके आह्वान पर मनुष्य के संपूर्ण पौरुष और शौर्य की किस प्रकार परीक्षा होती है, मूलतः यही इनका वर्ण्य विषय रहा है। उनमें युद्ध के विराट और करुण दोनों पक्षों का भव्य चित्रण मिलता है। दोनों ने अपने-अपने स्वभाव और संस्कारों के अनुसार इसी की अभिव्यक्ति की है। इसमें संदेह नहीं कि इन कवियों की बौद्धिक मान्यताएँ भी उनके साथ रही हैं; परन्तु वे अनुभूति की पोषक ही रही हैं, उसकी प्रेरक अथवा स्थानापन्न प्रायः नहीं हो पायीं। इनकी सफलता का दूसरा कारण यह है कि उन्होंने युद्ध के विरुद्ध यों ही नारे बुलंद नहीं किये, वरन काव्य की व्यंजनात्मक शैली का प्रयोग किया है। सियारामशरणजी ने रूपक का और दिनकर ने *कुरुक्षेत्र* की पृष्ठभूमि का आश्रय लेकर हमारे संस्कार और कल्पना को भी जगाने में सफलता प्राप्त की है। इसीलिए औरों की अपेक्षा इनका प्रभाव अधिक सूक्ष्म और गहरा हो गया है। हिन्दी में आजकल कोमल और मधुर भावना के अमर कवि अनेक हैं; परन्तु विराट-भाव को अपने पौरुष-दीप्त स्वरों में बाँधने वाले कवि प्रसाद और निराला के बाद मुश्किल से नज़र आते हैं। दिनकर का गौरव यह है कि उनको विराट और कोमल भावना पर समान अधिकार प्राप्त है। आज प्रसाद, पंत, निराला और महादेवी का युग समाप्त-सा ही हो गया है, और अनेक प्रकार के नवीन जीवन-दर्शन तथा घोषणा-पत्रों के होते हुए भी हिन्दी काव्यधारा उतार पर है। जब मैं उनके उत्तराधिकारियों की ओर दृष्टि डालता हूँ तो सबसे अधिक आशा दिनकर से ही होती है।

विचार-प्रधान प्रबंध कविता

खगेन्द्र ठाकुर*

दिनकर-काव्य के अध्ययन से उनके रचना-विधान के बारे में मेरी राय यह बनी कि वे प्रबंध-काव्य की रचना में कुशल नहीं हैं। लेकिन यह बात भी है कि दिनकर की फुटकल कविताओं में भी पौराणिक एवं ऐतिहासिक प्रसंगों का ज़िक्र होता रहता है, जिनका अर्थ समझने के लिए उन प्रसंगों की व्याख्या पाठकों को करनी पड़ती है। इससे यह संकेत तो मिलता रहा है कि दिनकर में प्रबंध-कविता रचने की प्रवृत्ति रही है, लेकिन उन संकेतों के विस्तार के लिए कथा-संदर्भ का अभाव उनमें रहा है। प्रबंध कविता में रचना-विधान की दृष्टि से कथा-संदर्भ ही नहीं कथा-प्रवाह आवश्यक है। स्वाधीनता संग्राम हो या सामाजिक विषमता या वैयक्तिक अनुभूतियाँ, इन सबकी आवेशपूर्ण अभिव्यक्ति हो या धीर, प्रशांत, कवि की चेतना विस्तार में कथा-प्रवाह की रचना से बचती रही है। जब कथा-प्रवाह की रचना होती है तो उसमें भावों की स्थिति और गति देखी जाती है और कथा से आगे लक्ष्य या कथ्य की ओर ले जाने वाले पात्र, नायक, खलनायक आदि की भूमिका देखी जाती है, उनका चरित्र देखा जाता है। दिनकर की कविताओं में पौराणिक और ऐतिहासिक चरित्र अथवा जीवन की स्मृति की झाँकी भर मिलती रही है, जो वर्तमान में प्रेरणा देने की दृष्टि से उपयोगी हैं। लेकिन *कुरुक्षेत्र* और *रश्मिरथी* उनके दो काव्य प्रबंध-काव्य के रूप में चर्चित हैं। स्वयं दिनकर ने 'प्रबंध' मान कर इनकी रचना की है। यहाँ भी ध्यान देने की बात यह है कि दोनों में रचना-विधान एक तरह का नहीं है। *रश्मिरथी* तो प्रबंध-काव्य के परम्परागत रचना-विधान की दृष्टि से भी प्रबंध काव्य है। उसमें कर्ण के जीवन-संघर्ष से संबंधित कथा है और उसमें अनेक घटनाएँ गुम्फित हैं, इसलिए कथा-प्रवाह भी है। कर्ण के जीवन की संघर्ष की घटनाएँ उसमें गुम्फित हैं, तो अनेक मार्मिक स्थल भी कथा में हैं, जिन्हें पढ़कर पाठक उद्वेलित होता है। कथा-प्रवाह का एक लक्ष्य है,

---

*खगेन्द्र ठाकुर प्रगतिशील दृष्टि और हिन्दी आलोचना के एक प्रमुख हस्ताक्षर हैं। इनकी पुस्तक *रामधारी सिंह दिनकर व्यक्तित्व और कृतित्व* दिनकर के जीवन और समस्त रचनाकर्म का मूल्यांकन करती है।

उस लक्ष्य की ओर कथा को ले जाने वाले नायक और प्रतिनायक है, उनका विकसित व्यक्तित्व और चरित्र भी हैं। इन बातों पर हम आगे विचार करेंगे। यहाँ इतना कहना है कि *रश्मिरथी* संस्कृत काव्य-शास्त्र की अधिकतर मान्यताओं और लक्षणों को स्वीकार करके रचा गया प्रबंध-काव्य है। लेकिन *कुरुक्षेत्र* उससे एकदम भिन्न है। इसीलिए मैं उसे प्रबंध-काव्य नहीं कह कर प्रबंधात्मक कविता कह कर उस पर विचार करना ज़्यादा बेहतर समझूँगा। *कुरुक्षेत्र* के रचना-विधान में परम्परा से जो फ़र्क है, उसे स्वयं दिनकर जी ने इन शब्दों में व्यक्त किया है— *कुरुक्षेत्र* उन सभी भावनाओं का परिपाक है, जो मुझे आरम्भ से ही आंदोलित करती आ रही थीं। जो विचार मैंने अपनी स्फुट कविताओं में बिखेरे थे, *कुरुक्षेत्र* में उनका समन्वित दार्शनिक रूप प्रकट हुआ है।' (*रश्मिलोक* की भूमिका) इस कथन से स्पष्ट है कि *कुरुक्षेत्र* की प्रबंधात्मकता विचारों के गुम्फन से या दार्शनिक चिंता से बनी है। एक बात और इस प्रसंग में उल्लेखनीय है कि दिनकर जिस युग में कवि-रूप में सामने आये, उभरे और निखरे, यह युग प्रबंध काव्यों के लिए उपयुक्त नहीं रह गया। यह ठीक है कि हिन्दी में और दूसरी भाषाओं में भी प्रबंध-काव्य लिखे गये हैं और सफल तथा असफल दोनों तरह के प्रबंध काव्य लिखे गये हैं, लेकिन आधुनिक युग प्रबंध काव्य का नहीं मुक्तक काव्य का है, क्योंकि यह युग वैयक्तिकता का है। द्विवेदी युग में हरिऔध का *प्रियप्रवास* और मैथिलीशरण गुप्त का *साकेत* सफल महाकाव्य स्फुट माने जाते हैं, फिर भी छायावादी अथवा छायावादोत्तर मानसिकता वाले पाठक *प्रिय प्रवास* और *साकेत* को मुश्किल से पढ़ पाते हैं। जयशंकर प्रसाद का महाकाव्य *कामायनी* अवश्य गीतों और स्फुट कविताओं युग में भी एक सफल और महत्त्वपूर्ण प्रबंध काव्य है। सुमित्रानन्दन पंत ने महात्मा गाँधी को ध्यान में रखकर *लोकायत* प्रबंध काव्य अपने जीवन के अंतिम दौर में लिखा, लेकिन उसने हिन्दी-पाठकों या काव्य प्रेमियों का ज़रा भी ध्यान नहीं खींचा। छायावाद के उदय-काल में ही स्वच्छंदतावाद और राष्ट्रवाद को समन्वित करके चलने वाले कवि रामनरेश त्रिपाठी के खंडकाव्य *पथिक, स्वप्न* और *मिलन* प्रसिद्ध हैं। इनमें *पथिक* सबसे अधिक सफल और चर्चित हुआ। बुद्धिनाथ झा 'कैरव' का खण्डकाव्य *उत्सर्ग* भी स्वाधीनता संग्राम के एक सेनानी के जीवन पर आधारित सफल प्रबंध-रचना है, जो मेरे विचार से *पथिक* की तरह की कृति है। यहाँ ऐसी सभी कृतियों का ज़िक्र संभव नहीं है। विचारणीय बात यह है कि यह युग प्रबंध-रचना के अनुकूल क्यों नहीं है?

इस युग की अपनी कुछ विशेषताएँ हैं, कुछ प्रवृत्तियाँ हैं, जो स्फुट कविताओं और गीतों में सहज ढंग से व्यक्त होती हैं। इससे भिन्न एक और बड़ी बात है, वह यह कि साहित्य के सामाजिक सरोकार बढ़े, रचनात्मकता जीवन के यथार्थ से ज़्यादा सम्पृक्त हो गयी। अब तक जो प्रबंध काव्य लिखे जा रहे थे वे पौराणिक, ऐतिहासिक

कथाओं पर आधारित होते थे। उसके बँधे-बँधाये रचना-विधान में व्यापक सामाजिक यथार्थ और जीवन का चित्रण सम्भव नहीं था। इसी परिस्थिति में गद्य में 'उपन्यास' नाम की विधा का उद्‌भव और विकास हुआ। उपन्यास जब अपने पूरे कौशल के साथ लेखकों और पाठकों के सामने आ गया तो रचनाकार बड़े पैमाने पर इस विधा की ओर आकृष्ट हुए। उपन्यास ने युग-जीवन के चित्रण को आसान और ज़्यादा प्रभावकारी बना दिया। सर्जनात्मकता के क्षेत्र में एक चमत्कारी बात हो गयी। एक तरफ़ पूँजीवाद और वैयक्तिकता के विकास ने रचना में निजत्व को जो स्थान दिलाया उसने स्फुट कविताओं और गीतों की विधा को बल पहुँचाया, दूसरी तरफ़ सामाजिक यथार्थ और युग-जीवन के चित्रण के आग्रह ने उपन्यास को स्थापित किया। इन दोनों कारणों से प्रबंध रचना का आकर्षण घट गया। दिनकर ने न कहानी लिखी और न उपन्यास। अत: आगे चलकर उन्होंने प्रबंध-रचना के क्षेत्र में हाथ आज़माया। दिनकर से यह उम्मीद की जा सकती थी कि वे आधुनिक युग के आग्रह के अनुसार नये ढंग की प्रबंध रचना करते, यानी प्रबंधात्मकता को ध्यान में रखकर लम्बी कविता करते, जो युग की चेतना का प्रतिनिधित्व करने वाली महाकाव्यात्मक कविता होती। निराला की 'राम की शक्ति पूजा', प्रसादजी की 'पेशोला की प्रतिध्वनि', मुक्तिबोध की 'अंधेरे में' आदि कविताएँ महाकाव्य के विस्तार में न जाकर संश्लिष्ट शैली में महाकाव्यात्मक प्रभाव पैदा करती हैं। निराला की महान प्रतिभा की देन है कि राम कथा के प्रसंगों को आधुनिक संवेदना के सूत्र में पिरो कर उन्होंने एक संश्लिष्ट महाकाव्यात्मक कविता की रचना की, जो पौराणिकता के आवरण में आधुनिक युग की मूल चेतना को व्यक्त करती है।

कुरुक्षेत्र

कुरुक्षेत्र अपने ढंग का काव्य है। इसकी सबसे बड़ी विशेषता यह है कि यह एक विचार-काव्य है। जो लोग कविता में विचारधारा या विचार को आधार बनाने पर एतराज़ करते रहे हैं और यह समझते हैं कि प्रगतिवाद के साथ हिन्दी कविता में विचारों या विचारधारा का प्रवेश अथवा समावेश हुआ, वे हिन्दी-कविता के विकास-क्रम से कितना अपरिचित हैं, यह देखने की बात है। दिनकर तो शुरू से ही विचारों के कवि रहे हैं, लेकिन कविता में विचारधारा की अभिव्यक्ति बहुत पहले से होती रही है। भक्ति-काव्य में तो वैचारिक काव्य के अनेक अच्छे उदाहरण मिलते हैं। इस प्रसंग में दिनकर जी का यह कथन मुझे बहुत सही और काव्यानुभव से सिद्ध मालूम पड़ता है—"चित्र और भाव चाहे जितने भी बड़े गुण हों किंतु विचारों का आधार लिये बिना बहुधा सुंदर साहित्य भी निष्प्राण हो जाता है।" इस सच्चाई के साथ यह भी विचारणीय है कि क्या केवल विचारों के आधार पर खड़ी कविता ऊँची

या बड़ी कविता हो सकती है? विचारों को जीवन के अनुभव एवं अनुभूति का अंग बनना चाहिए, तभी वे संवेदना जगाते हैं या उत्प्रेरित करते हैं। केवल विचार काव्य संवेदनाहीन होते हैं, फलत: पाठकों को प्रभावित नहीं कर पाते। कविता का काम विचारधारात्मक शिक्षा या उपदेश देना नहीं है। यों यह भी सच है कि जीवन-प्रसंगों में पात्रों के चारित्रिक व्यवहार की अभिव्यक्ति होने पर उसमें विचारधारा भी होती है; क्योंकि कोई मनुष्य विचारधारा रहित हो नहीं सकता, भले ही वह विचारधारा को समझे या नहीं। विचारधारा की रोशनी में रचनात्मक जीवन, समाज और युग को समझता है और रचना के परिप्रेक्ष्य से उसे जोड़कर जीवन की दिशा तय कर सकता है, समाज और मनुष्यता का भवितव्य स्पष्ट कर सकता है। इसी प्रक्रिया में रचना महत्त्वपूर्ण बनती है। *कुरुक्षेत्र* इसी प्रक्रिया में रचा गया काव्य है।

आचार्य हजारी प्रसाद द्विवेदी ने *कुरुक्षेत्र* पर अपना अभिमत व्यक्त करते हुए कहा था—*कुरुक्षेत्र* हिन्दी भाषा का गौरव है। लोगों ने इस कथन का अर्थ आमतौर से यह लगाया कि आचार्य द्विवेदी *कुरुक्षेत्र* की सिर्फ़ भाषा की प्रशंसा कर रहे हैं, कविता की नहीं। विचारणीय यह है कि भाषा क्या अंतर्वस्तु के बिना, सम्प्रेष्य वस्तु के बिना गरिमापूर्ण हो सकती है? भाषा की सार्थकता उसकी सम्प्रेष्य वस्तु से सिद्ध होती है। यह तो कलावादी या प्रयोगवादी रचनाकार होते हैं, जो भाषा को ही सब कुछ मानते हैं। अज्ञेय ने कहा है कि कविता का प्रारम्भ होता है शब्द से और उसका अंत होता है शब्द से। लेकिन यह रचना का सत्य नहीं है। शब्दों का महत्त्व है रचना में, लेकिन अर्थ को वहन करने के माध्यम के रूप में। अंग्रेज़ी के प्रसिद्ध आलोचक आई.ए. रिचर्ड्स ने शब्दों को कविता का पदचिन्ह कहा है। शब्दों का अनुगमन करके पाठक कविता तक पहुँचते हैं। इस न्याय से *कुरुक्षेत्र* की भाषा अर्थ-गौरव के बिना गौरवपूर्ण हो नहीं सकती। स्वयं दिनकर कहते हैं, "*कुरुक्षेत्र* के प्रबंध की एकता उसमें वर्णित विचारों की एकता को लेकर है। दरअसल इस पुस्तक में मैं प्राय: सोचता ही रहा हूँ। भीष्म के सामने पहुँच कर कविता जैसे भूल-सी गयी हो। फिर भी *कुरुक्षेत्र* न तो दर्शन है और न किसी ज्ञानी के प्रौढ़ मस्तिष्क का चमत्कार। यह तो अंतत: एक साधारण मनुष्य का शंकाकुल हृदय ही है, जो मस्तिष्क के स्तर पर चढ़कर बोल रहा है।" (*कुरुक्षेत्र* की भूमिका) कवि की इस बात को मान कर ही कुरुक्षेत्र की व्याख्या हो सकती है। *कुरुक्षेत्र* में कोई घटना नहीं है, बावजूद इसके कि उसमें युधिष्ठिर हैं और भीष्म भी हैं। लेकिन वक्ता के रूप में हैं। दोनों बातचीत करते हैं और काव्य बनता चलता है। घटना यदि कुछ है तो पृष्ठभूमि में है—*महाभारत* के भयानक युद्ध के रूप में। युद्ध में हुए महाविनाश से, आत्मग्लानि से काव्य शुरू होता है और भीष्म युधिष्ठिर की आत्मग्लानि को अकारण और निरर्थक बताते हुए अपने तर्क प्रस्तुत करते हैं। इसी प्रक्रिया में युद्ध और शान्ति, हिंसा और अहिंसा, न्याय और अन्याय, धर्म और अधर्म,

मानवता और बर्बरता के प्रश्न उठते चलते हैं और दोनों अपना-अपना पक्ष रखते हैं। इस प्रक्रिया का एहसास होता है कि कवि ने *कुरुक्षेत्र* में जो प्रश्न उठाये हैं वे उनके अपने समय के ऐसे प्रश्न हैं, जो सारी दुनिया को मथ रहे हैं, झकझोर रहे हैं। पाठक के ध्यान में *महाभारत* की कथा नहीं आती, कवि के समय में चल रहा संघर्ष ध्यान में आता है और फिर मानव-जाति के इतिहास में न्याय और अन्याय के युद्ध हुए हैं, वे ध्यान में आते हैं। ये प्रश्न और प्रश्न उठाने का तरीका कविता को ऊँचाई प्रदान करते हैं। यह दिनकर की विशेषता है कि घटना-शृंखला के बिना इतिहास के अनुभवों को विचारों का रूप देकर काव्य का स्वरूप रचने में समर्थ होते हैं। कवि ने खुद कहा है, जो कुछ मुझे कहना था, वह युधिष्ठिर और भीष्म का प्रसंग उठाये बिना भी कहा जा सकता था, लेकिन तब यह रचना शायद प्रबंध के रूप में नहीं उतरकर मुक्तक बनकर रह गयी होती।''

कुरुक्षेत्र की अंतर्वस्तु उसमें उठे प्रश्नों की विवेचना से बनती है, कवि की चिंता-धारा से बनती है। इस दृष्टि से देखने पर मुझे लगता है कि इस काव्य को सात सर्गों में फैलाने और बाँधने की रचनात्मक आवश्यकता नहीं थी। युधिष्ठिर और भीष्म इस काव्य में पात्र या चरित्र के रूप में नहीं आये हैं, बल्कि प्रतीक हैं। कुछ बातों के प्रतीक हैं। युधिष्ठिर को तो 'हिमालय' में भी तत्कालीन गाँधी का प्रतीक बनाकर लाया गया था और उनके मुकाबले अर्जुन और भीम को खड़ा किया गया था। जिस पक्ष में वहाँ अर्जुन-भीम हैं, उसी पक्ष से यहाँ भीष्म लाये गये हैं। युधिष्ठिर यहाँ भी उसी तरह हैं। महाभारत से लेकर आधुनिक युग के स्वतंत्रता-संग्राम और सामाजिक न्याय एवं शान्ति के लिए संघर्ष के प्रयोग में सत्य और असत्य, हिंसा और अहिंसा, मनुष्यता के भविष्य के स्वरूप की चिंता की जाती रही है। यह चिंता धारा *कुरुक्षेत्र* का विषय है। इस धारा में विचारों का टकराव है। ध्यान देने की बात यह है कि भीष्म जो वैचारिक मूल्य प्रस्तुत करते हैं, वही *कुरुक्षेत्र* के काव्यात्मक सौंदर्य का निर्माण करते हैं। इस प्रसंग में दिनकर स्वयं अपने को उस वैचारिक मान्यता से मुक्त करते हैं जो उन्होंने 'कलिंग-विजय' कविता में स्थापित किये थे। 'कलिंग विजय' में कवि ने यह समझा था कि युद्ध हमेशा निंदनीय है। लेकिन बाद में उन्हें महसूस हुआ कि युद्ध हमेशा अन्यायपूर्ण नहीं होता। हकीकत यह है कि युद्ध अन्यायी सत्ता के द्वारा न्याय चाहने वालों पर थोपा जाता है। इस द्वन्द्व को पूरे विस्तार से कवि ने सर्गबद्ध करके प्रस्तुत किया है। सातों सर्ग में युधिष्ठिर की जो भावना है, उसे प्रथम सर्ग में भी समाहित किया जा सकता था। और सातवें सर्ग में मानव-समाज के विकास और सम्पत्ति, राजतंत्र आदि की चर्चा है, उसे भीष्म के कथन में पहले भी समाविष्ट किया जा सकता था। मैं समझता हूँ कि इससे *कुरुक्षेत्र* कुछ ज़्यादा संश्लिष्ट होकर ज़्यादा प्रभावकारी हो सकता था। वैसे भीष्म के मुँह से कवि ने अनेक स्थलों पर ऐसी

सूक्तियाँ प्रस्तुत की हैं जो सर्वकालिक सत्य की तरह मनुष्यता का मार्गदर्शन करने वाली बन रही हैं।

कुरुक्षेत्र के वैचारिक द्वन्द्व और मनुष्यता के पक्ष में की गयीं स्थापनाओं का महत्त्व आज भी है, क्योंकि न्याय, धर्म, सत्य और शान्ति पाने के लिए मनुष्य समाज आज भी परेशान है। आज उसकी परेशानी का कारण विश्व पूँजीवाद है, साम्राज्यवाद है, उसकी बर्बर सत्ता है।

कुरुक्षेत्र का शिल्प भी भाषण या वक्तव्य शैली से बना है। यह दिनकर की खास शैली है और उनकी कविताओं का विशिष्ट शिल्प। *कुरुक्षेत्र* में उठे प्रश्न बड़े हैं, ऐतिहासिक हैं, इसलिए वक्तव्य या भाषण की शैली अखरती नहीं। उनकी भाषा में ओज है। शब्दों और विचारों का भी ओज है। यद्यपि यहाँ युद्ध का वर्णन नहीं है, फिर भी न्याय के लिए, शान्ति के लिए, धर्म (मनुष्य के आंतरिक गुण के अर्थ में) के लिए युद्ध का पक्ष लिया गया है, इसलिए भाषा में ओज और प्रवाह की स्वाभाविक गति है। लेकिन एक बात यह है कि वैचारिक द्वन्द्व के सिलसिले में अनेक स्थलों पर विचारों की आवृत्ति है।

कुरुक्षेत्र जैसे काव्य की परिकल्पना अपने आप में एक महत्त्वपूर्ण बात है। विचारों की ऊँचाई और अभिव्यक्ति की सफ़ाई *कुरुक्षेत्र* की महत्त्वपूर्ण विशेषता है। दिनकर लगभग बातचीत के लहज़े में अपनी अभिव्यक्ति को ढालते हैं, इसीलिए उसमें सफ़ाई है। छायावादोत्तर काल की कविता की विशेषताओं में एक बात अत्यंत प्रमुख यह है कि वह जीवन के नज़दीक आयी, दूसरी बात यह कि आम लोगों को संबोधित की गयी। दिनकर में जीवन और समाज के स्वरूप तथा उनके भवितव्य के बारे में उलझन होते हुए भी उपर्युक्त दोनों विशेषताएँ पायी जाती हैं। इन दोनों के पीछे भी कवि को व्यापक सामाजिक एवं ऐतिहासिक अनुभव रहे हैं। इसीलिए वे ऐसी सामान्यीकृत (उन्हें साधारणीकृत भी कहा जा सकता है) बातें वे कह जाते हैं, जो उनके पाठकों की ज़ुबान पर आ जाती है। युधिष्ठिर महाभारत-विजेता बनने के बाद शर-शैया पर लेटे मृत्यु की प्रतीक्षा कर रहे भीष्म के पास गये और कहा—

जिस दिन समर की अग्नि बुझ शान्त हुई,
एक आग तब से ही जलती है मन में,
हाय पितामह! किसी भाँति नहीं देखता हूँ
मुँह दिखलाने योग्य निज को भुवन में

इस प्रकार युधिष्ठिर युद्ध के विनाश के लिए खुद को उत्तरदायी मान कर पश्चाताप में आत्मघात करने या जंगल चले जाने तक की बात कह देता है, तो भीष्म कहते हैं—

1. *और युधिष्ठिर से कहा—तूफ़ान देखा है कभी?*
   किस तरह आता प्रलय का नाद वह करता हुआ,

काल-सा वन में द्रुमों को तोड़ता-झकझोरता
और मूलोच्छेद कर भू पर सुलाता क्रोध से
उन सहस्त्रों पादपों को जो कि क्षीणाधार हैं।
(*कुरुक्षेत्र*, छात्र संस्करण,)

2. *त्याग, तप, करुणा, क्षमा से भीग कर*
व्यक्ति का मन तो बली होता, मगर
हिंस्त्र पशु जब घेर लेते हैं उसे
काम आता है बलिष्ठ शरीर ही
3. *शान्ति नहीं तब तक, जब तक*
सुख-भाग न नर का सम हो,
नहीं किसी को बहुत अधिक हो,
नहीं किसी को कम हो।
4. *क्षमा शोभती उस भुजंग को*
जिसके पास गरल हो
उसको क्या जो दंतहीन
विषरहित, विनीत सरल हो।
5. *भूल रहे हो धर्मराज तुम*
अभी हिंस्त्र भूतल है,
खड़ा चतुर्दिक अहंकार है,
खड़ा चतुर्दिक छल है।
6. *पापी कौन? मनुज से उसका*
न्याय चुराने वाला?
या कि न्याय खोजते विघ्न का
शीश उड़ाने वाला?

ऐसी पंक्तियाँ और भी उद्धृत की जा सकती हैं। ये पंक्तियाँ हिन्दी कविता के पाठकों की जुबान पर रहती हैं। इतिहास के साधारणीकृत सत्य को अत्यंत सहजता और सपाट ढंग से व्यक्त करने के कारण। इन कथनों के ज़रिये सत्य और न्याय का पक्ष मज़बूत होता है और यही मुख्य है, हिंसा या अहिंसा का प्रश्न तो असल में 'रूप' का प्रश्न है। चतुर लोगों ने पाठकों को रूप की बहस में उलझा कर रखा है, जब असल प्रश्न यह है कि समाज का स्वरूप क्या होगा? *कुरुक्षेत्र* में इसका उत्तर भीष्म इन शब्दों में देते हैं—

फूलों पर आँसू के मोती,
और आँसू में आशा,

मिट्टी के जीवन की छोटी
नपी-तुली परिभाषा

और

आशा के प्रदीप को जलाये चलो धर्मराज,
एक दिन होगी मुक्त भूमि रण-भीति से

'फूलों पर आँसू के मोती' का अर्थ है विजय के बावजूद उन्माद नहीं, बल्कि मनुष्यता की हानि पर दुख। भीष्म कहते हैं कि यही दुख मनुष्यता का आशा-प्रदीप है। इसलिए आशा के प्रदीप को जलाये चलो, धर्मराज। *कुरुक्षेत्र* पीड़ितों के पक्ष का काव्य है। यह पक्ष कवि ने ज़ोरदार भाषा में प्रस्तुत किया है।

अन्याय के विरुद्ध अनिवार्य युद्ध का सन्देश

नन्द दुलारे वाजपेयी*

कुरुक्षेत्र श्री दिनकर की नवीन काव्यकृति है। *साकेत* और *कामायनी* के पश्चात् यह हिन्दी की एक प्रतिनिधि रचना कही जा सकती है। इसमें उक्त दोनों ग्रंथों का सा विषय विस्तार और दार्शनिक व्यापकता भले ही न हो, पर आधुनिक युग की एक समस्या-विशेष, युद्ध के प्रश्न पर, मार्मिक भाव और विचार व्यक्त किए गए हैं। *कुरुक्षेत्र* में *महाभारत* के युधिष्ठिर-भीष्म-संवाद की भूमिका लेकर युद्ध की वस्तुस्थिति का उल्लेख किया गया है। *महाभारत* का आधार लेते हुए भी रचना एक हद तक स्वतंत्र है। विशेषकर युवकों को सामाजिक अन्याय के विरुद्ध अस्त्र उठा कर खड़े होने और अनीति का अंत कर समता और समानता के आधार पर नवीन समाज निर्माण का संदेश देने में दिनकर जी ने नई परिस्थिति से ही प्रेरणा ग्रहण की है। अन्याय का अंत युद्ध से, यही *कुरुक्षेत्र* काव्य का मुख्य संदेश है। आज के सर्वसंहारक युद्ध में न्याय और अन्याय दोनों ही एक साथ स्वाहा हो सकते हैं और सारा संसार एक अखंड श्मशान में परिणत हो सकता है—इस पहलू पर लेखक की दृष्टि नहीं गई है। युद्ध में विजय ही न्याय और अन्याय की निर्णेता है, दूसरी कोई मापरेखा इस विषय के निर्णय की नहीं रहती, यह समस्या भी विचारणीय है। आज की स्थिति में शक्तिशाली ही युद्ध का सहारा लेता है और अधिक शक्तिशाली बनने की आकांक्षा रखता है, यह भी एक अनुभवसिद्ध तथ्य है। 'युद्ध से युद्ध का अंत कभी न होगा, युद्ध से न्याय की प्रतिष्ठा कभी न होगी, अयोग्य साधनों से योग्य साध्य का मिलना असंभव है', यह गाँधी जी की सुप्रसिद्ध नीति भी *कुरुक्षेत्र* के विचारार्थ नहीं आई है। *कुरुक्षेत्र* के कवि का मुख्य वक्तव्य यह है कि युद्ध अर्थात् हिंसात्मक युद्ध तब तक अनिवार्य है जब तक संसार में सद्भावना, शान्ति और समता की प्रतिष्ठा नहीं होती। अनिवार्य तो है ही, युद्ध आवश्यक भी है

---

*सौष्ठववादी आलोचना दृष्टि के लिए जाने जाने वाले शुक्लोत्तर युग के प्रख्यात आलोचक स्व. आचार्य नन्द दुलारे वाजपेयी को छायावादी कविता के प्रतिष्ठापक के रूप में भी जाना जाता है।

और बिना युद्ध के मनुष्य के गौरव और आत्मसम्मान की सत्ता व्यक्त नहीं होती। दिनकर जी कहते हैं कि जब तक संसार में शान्ति और सद्‌भाव नहीं हैं तब तक युद्ध होंगे ही, होने ही चाहिए; पर दूसरी ओर प्रश्न यह भी है कि जब तक युद्ध होते रहेंगे तब तक सद्‌भावना और शान्ति का विकास कैसे होगा दिनकर जी कहते हैं कि लड़ते जाओ जब तक समता न हो, शान्ति न आये; पर प्रश्न यह है कि लड़ते रहने से शान्ति कैसे आएगी और समता कैसे होगी। कहीं तो हमें रुकना होगा और युद्ध तथा शान्ति के द्वन्द्व का निपटारा करना होगा। कहीं और कभी तो यह कहना होगा कि अब युद्ध न होगा, अब शान्ति ही रहेगी। उस भावना का भी कुछ मूल्य है जो किसी भी स्थिति में युद्ध का सहारा लेने से इनकार करती है। युद्ध संबंधी और भी कई दृष्टिकोण हैं जो युद्ध की आधुनिक समस्या पर प्रकाश डालते हैं, पर दिनकर जी उन अनेक विचारों के ऊहापोह में नहीं पड़े हैं। उन्होंने अपना ही एक मंतव्य उपस्थित किया है—'महाभारत' का सहारा लेकर। उनके मंतव्य से हम यहाँ परिचित होना चाहते हैं।

कुरुक्षेत्र में युद्ध की समस्या

कुरुक्षेत्र के आरंभ में यह प्रश्न उठाया गया है कि युद्ध का उत्तरदायित्व किस पर है? पूरे समाज पर या समाज के संचालक, उसके हिताहित के निर्णायक, किसी व्यक्ति पर? प्राय: कहा जाता है कि राष्ट्रीय सम्मान की रक्षा के लिए, राष्ट्र की लाज बचाने के लिए युद्ध आवश्यक हो गया है। लेखक पूछता है कि 'देश की लज्जा' कोई वास्तविक तत्व है या वह राष्ट्र-नेताओं की विद्वेषपूर्ण मन:ज्वाला को युद्ध द्वारा शान्त करने का एक उपक्रम मात्र है। युद्ध क्या स्वाभाविक वस्तु है, क्या मनुष्य साधारणत: युद्ध में पड़ने की इच्छा रखता है? लेखक का उत्तर यह है कि साधारणत: मनुष्य युद्ध नहीं करना चाहता। विवश होकर अंतिम स्थिति में ही उसे युद्ध करना पड़ता है। और युद्ध का परिणाम क्या होता है? विकास, सुव्यवस्था या शान्ति? नहीं, युद्ध का परिणाम होता है विनाश, अव्यवस्था, ग्लानि और पश्चाताप। युद्ध के समाप्त होने पर विजेता को चतुर्दिक व्यंग्यपूर्ण वातावरण ही का सामना करना पड़ता है। सारा देश ि वशृंखल और कुरूप हो गया रहता है। युद्ध में जो हार गए हैं या मर गए हैं, वे ही सुखी हैं; क्योंकि उन्हें कुछ करना नहीं रहता। वे स्वर्ग में सुख भोगते हैं। वहीं विजेता को युद्ध की भीषण स्मृतियाँ सताया करती हैं और भविष्य की चिन्ता व्याप्त रहती है। युद्ध में विजयी होकर उसके हाथ कुछ नहीं लगता।

ऐसी ही सशंक और आकुल मन:स्थिति लिए हुए महाभारत के पश्चात् सम्राट युधिष्ठिर महामना भीष्म के पास जाते हैं और समस्या उनके सम्मुख रखते हैं। उनका मुख्य प्रश्न युद्ध के औचित्य के संबंध में है। वे समझ नहीं पाते कि युद्ध नैतिक है या अनैतिक, पुण्यमय है या पापपूर्ण।

जानता हूँ लड़ना पड़ा था हो विवश, किन्तु
लोहू सनी जीत मुझे दीखती अशुद्ध है।
ध्वंसजन्य सुख याकि साश्रु दुख शान्तिजन्य,
ज्ञात नहीं, कौन बात नीति के विरुद्ध है?
जानता नहीं मैं कुरुक्षेत्र में खिला है पुण्य
या महान् पाप यहाँ फूटा बन युद्ध है।

इस प्रश्न का उत्तर देते हुए भीष्म जी युद्ध के स्वरूप का—उसकी सत्ता का परिचय देते हैं। भीष्म युद्ध की तुलना तूफ़ान से करते हैं, जो प्रकृति के रुग्ण और क्षीणकाय अंगों को—द्रुमों और शाखाओं को—तोड़ कर फेंक देता है। बलिष्ठ और सशक्त शिराओं वाले वृक्ष इससे भयभीत नहीं होते, न उनकी कोई क्षति ही होती है। तूफ़ान के बाद वन की विध्वस्त स्थिति को देख कर शोक और संताप करने की आवश्यकता नहीं। यह न समझना चाहिए कि उस तूफ़ान का उत्तरदायित्व किसी एक वस्तु या व्यक्ति पर है। वह तो प्रकृति के आवेगमय प्राणों का विस्फोट है। इसी प्रकार मानव-समाज में संचित होती रहने वाली विकारमयी वृत्तियाँ युद्ध के रूप में फूट पड़ती हैं। युद्ध को कोई रोक नहीं सकता, इसका दायित्व किसी पर नहीं।

हम देखते हैं कि भीष्म की युद्ध-संबंधी यह धारणा बहुत कुछ नियतिवादी और अज्ञेय है। हम इतना ही जान पाते हैं कि युद्ध प्राकृतिक विकारों का विस्फोट है। वे विकार कैसे उत्पन्न होते हैं, उनका स्वरूप क्या है अथवा उनके प्रतिरोध का क्या उपाय है, इसका कोई निर्देश प्राप्त नहीं होता। इसके साथ ही भीष्म कहते हैं कि युद्ध एक संक्रामक रोग है। एक चिनगारी सा, कितना बड़ा विध्वंस उत्पन्न कर देगी, कहा नहीं जा सकता। युद्ध की ललकार सुन कर प्रतिशोध का भाव गरज उठता है, रक्त खौलने लगता है और तलवार स्वयं हाथ में आ जाती है। स्पष्ट है कि कवि ने युद्ध को एक प्राकृतिक पदार्थ माना है। वह नियत है और अज्ञात समय में बिना कार्य-कारण का हवाला दिए फूट पड़ता है। वह रहस्यमय है। उसके संबंध में यह प्रश्न उठता ही नहीं कि वह पुण्य है या पाप। वह पुण्य और पाप से परे है।

इस प्रकार लेखक ने युद्ध संबंधी वस्तुन्मुखी और बौद्धिक विचारणा का स्पर्श न कर उसको मानव-बुद्धि से परे की वस्तु ठहराया है। परन्तु लेखक यहीं जाकर ठहर नहीं गया है, उसने युद्ध में सम्मिलित होने वाले व्यक्ति या समाज के नैतिक-अनैतिक पहलू की भी एक-दूसरे ढंग से मीमांसा की है। युद्ध तो नैतिक-अनैतिक स्तर से ऊपर है, यदि वह कुछ है तो अनिवार्य होने के कारण शुद्ध नैतिक ही है। युद्ध में सम्मिलित होने वाले पक्षों की भावना ही उनके कार्य को उचित या अनुचित बनाती है—

है बहुत देखा-सुना मैंने मगर
भेद खुल पाया न धर्माधर्म का।

आज तक ऐसा कि रेखा खींच कर
बाँट दूँ मैं पुण्य को औ' पाप को।
जानता हूँ किन्तु जीने के लिए
चाहिए अंगार जैसी वीरता।
पाप हो सकता नहीं वह युद्ध है
जो खड़ा होता ज्वलित प्रतिशोध पर।

हम देखते हैं कि कवि की दृष्टि में युद्ध तो पाप-पुण्य से परे चिरशुद्ध है ही, युद्ध में सम्मिलित होने वाले व्यक्ति, समूह या राष्ट्र की नैतिकता या औचित्य की परीक्षा भी केवल एक कसौटी पर की जा सकती है—यह कि उसकी प्रतिशोध-भावना कितनी ज्वलंत है। ज्वलंत प्रतिशोध कभी पापपूर्ण नहीं हो सकता। यह लेखक का दूसरा निष्कर्ष है। कदाचित् यह पहले निष्कर्ष की ही भाँति-युद्ध को प्राकृतिक और अनिवार्य मानने वाले लक्ष्य के ही अनुरूप-अबुद्धि सम्मत और हेतु-रहित है।

सोचने की बात है कि कवि इन दो निष्कर्षों के द्वारा हमें, हमारे आधुनिक समाज को, युद्ध की कितनी अनिर्दिष्ट कल्पना पर ले जाता है। युद्ध अनिवार्य है, वह होगा ही; वह संक्रामक है, फैलेगा ही; उसमें आहुति देने के लिए विशुद्ध प्रतिशोध भावना के अतिरिक्त और कुछ भी आवश्यक नहीं। ज्वलंत प्रतिशोध के रहते युद्ध में कुछ भी अनैतिक नहीं। इन निष्कर्षों के साथ कवि एक तीसरे निष्कर्ष को भी उपस्थित करता है। एक तीसरा निर्णय यह है कि तप, करुणा, क्षमा और विनय-त्याग व्यक्तिगत धर्म हैं। वे सामूहिक या सामाजिक धर्म नहीं हैं। समाज में उनका प्रयोग सार्वजनिक रूप में नहीं किया जा सकता—

कौन केवल आत्मबल से जूझ कर
जीत सकता देह का संग्राम है?
पाशविकता खड्ग जब लेती उठा
आत्मबल का एक वश चलता नहीं।

इस प्रकार मानव के व्यक्तिगत और समुदायगत धर्मों को एक-दूसरे से नितान्त भिन्न बताकर लेखक ने युद्ध को चिरस्थायी मानने और बनाने की ही प्रेरणा दी है, उसे रोकने का कोई उपक्रम नहीं किया। लेखक का संकेत तो यही है कि जब तक मानव समुदाय-रूप में है, तब तक युद्ध रहेगा ही, क्योंकि त्याग, क्षमा, दया आदि वैयक्तिक वृत्तियाँ हैं, उनसे समाज से कोई मतलब नहीं। परन्तु प्रश्न यह है कि समाज व्यक्तियों से ही तो बनता है; अतएव व्यक्ति और समाज के धर्म नितान्त भिन्न कैसे हो सकते हैं?

युद्ध के लिए ये तीन भूमियाँ तैयार करने के पश्चात् कवि सहसा सामाजिक न्याय और अन्याय की समस्या को उठाता है और सत्ताधारियों के विरुद्ध युद्ध-घोषणा करने की उत्तेजना देता है—

न्यायोचित अधिकार माँगने
से न मिलें तो लड़ के
तेजस्वी छीनते समर को
जीत या कि खुद मर के।
किसने कहा पाप है समुचित
स्वत्व प्राप्ति-हित लड़ना?
उठा न्याय का खड्ग समर में
अभय मारना मरना?

यहाँ कवि ने सामाजिक समता के लिए संघर्ष को न्यायोचित बताया है। परन्तु यहाँ भी कवि की मुख्य प्रेरणा सामाजिक न्याय या समता स्थापित करने की उतनी नहीं है जितनी हिंसात्मक साधनों का अवलंबन लेकर युद्ध का डंका बजाने की है —

सच पूछो तो शर में ही
बसती है दीप्ति विनय की।
संधि-वचन संपूज्य उसी का
जिसमें शक्ति विजय की।

युद्ध के लिए युद्ध की वरेण्यता बताना और शक्ति का निरपेक्ष गान करना आज की स्थिति में मानवतावादी या समाजवादी सिद्धान्त नहीं कहा जा सकता, यह हमें अच्छी तरह समझ लेना चाहिए।

युद्ध की अनिवार्यता के लिए एक तर्क और दिया गया है। संसार में हिंसा की प्रधानता है। धर्मनिष्ठ थोड़े और अधार्मिक अधिक हैं। जब तक असत् पक्ष की यह प्रधानता रहेगी, तब तक युद्ध होते ही रहेंगे। बात ठीक है, पर प्रश्न यह है कि संसार में हिंसा, अधर्म और असात्विकता की प्रधानता को कम करने के लिए भी तो कुछ उपाय होने चाहिए। क्या युद्ध के द्वारा हिंसा और असत् प्रवृत्तियों में कमी आ सकती है?

इसके आगे कवि दिनकर लोभ और स्वार्थ-साधन के लिए किए गए युद्ध से धर्मयुद्ध का अन्तर बताते हैं। उनके अनुसार युद्ध अनेक उद्‌देश्यों को लेकर होता है। इन सब युद्धों में प्रतिशोध-भावना से प्रबुद्ध होकर जागी हुई जाति का संघर्ष सब से श्रेष्ठ है और वास्तव में वही धर्मयुद्ध है। इसी के साथ दिनकर यह भी कहते हैं कि युद्ध को बुलाने का दायित्व अनाचारियों पर है, शोषणकर्ताओं पर है, प्रतिशोध के आकांक्षी दलितों पर नहीं। यहाँ यह आभासित होता है कि कवि के मतानुसार प्रतिशोध की भावना दलितों और उत्पीड़ितों में ही जागती है और वह भी हीन भावना से ओतप्रोत दलितों में।

यहीं पर कवि ने शूरधर्म की व्याख्या की है, जिसे उसने सर्वश्रेष्ठ धर्म माना है—

शूरधर्म है अभय दहकते
अंगारों पर चलना।
शूरधर्म है शोणित असि पर
धर कर पाँव मचलना।
सब से बड़ा धर्म है नर का
सदा प्रज्वलित रहना।
दाहक शक्ति समेट स्पर्श भी
नहीं किसी का सहना

इस प्रकार श्री दिनकर ने धर्मयुद्ध को दलितों के उत्थान के लिए और साथ ही 'असहनशील शूरधर्म' के साथ मिला कर आज के शोषित समाज और नवयुवक-वर्ग को क्रांति का एक नया और उत्तेजनापूर्ण संदेश दिया है।

इसी चतुर्थ सर्ग में भीष्म अपने मन की द्विधात्मकता को—अंतर में चलने वाले बुद्धि और भावना के संघर्ष को—व्यक्त करते हैं। द्विधात्मकता के ही कारण वे न तो पांडवों के पक्ष में होकर लड़ सके और न दुर्योधन की ही पूरी सहायता कर सके। उनकी बुद्धि उन्हें दुर्योधन के पक्ष में खींचती थी, क्योंकि उन्होंने दुर्योधन का अन्न खाया था, और उनकी भावना उनसे पांडवों की विजय की कामना करती थी, क्योंकि उनका संबंध सत् पक्ष से था। इसी खींचतान में उनका शौर्य प्रस्फुटित न हो पाया और वे जीवन में असफल रहे। भीष्म बतलाते हैं कि बुद्धि और भावना की इस लड़ाई में उन्हें भावना का साथ देना था और बिना हिचक पांडवों का पक्ष लेकर लड़ना था। यदि उन्होंने ऐसा किया होता, तो संभव है कुरुक्षेत्र के युद्ध की नौबत ही न आती (क्योंकि दुर्योधन बिना भीष्म की सहायता के युद्ध करने को प्रस्तुत न होता) या युद्ध में इतना अधिक जन-संहार न होता (दुर्योधन शीघ्र ही हार जाता)।

धर्मराज! अपने कोमल
भावों की कर अवहेला
लगता है, मैंने ही जग को
रण की ओर ढकेला।
न था मुझे विश्वास कर्म से
स्नेह श्रेष्ठ सुन्दर है।
कोमलता की लौ व्रत के
आलोकों से बढ़कर है।

हृदय और बुद्धि के इस चिरंतन संघर्ष में हृदय युवकों की विरासत है। प्रौढ़ वय हार्दिक उन्मेष का विरोधी होता है। अतएव सच्चे वीर-मार्ग का आलंबन नवयुवक ही कर

सकते हैं। इस प्रकार बुद्धि-विहीन भावना के आवेश में आकर युद्ध में प्रवृत्त होने की यह एक और शिक्षा है।

इसी सर्ग में युद्ध संबंधी उस मनोविज्ञान का भी उल्लेख है जो *महाभारत* के मूल में था। भीष्म के कथनानुसार युधिष्ठिर द्वारा किया गया राजसूय यज्ञ ही युद्ध का मूल कारण था। राजपुरुषों की अहम्मन्यता युधिष्ठिर के बढ़ते हुए प्रभाव को सहन नहीं कर सकी। यह अहंकार मानवता की सब से बड़ी बाधा है। महर्षि व्यास ने इस मानव दुर्बलता को पहचान कर युधिष्ठिर को यज्ञ के समय ही सचेत किया था और संयम से काम लेने की सलाह दी थी। इसके साथ ही भीष्म ने द्रौपदी के स्वयंवर में अर्जुन के विजयी होने की घटना का भी स्मरण कराया है और द्रौपदी के वस्त्रहरण के प्रसंग का भी उल्लेख किया है। उन्होंने कहा है कि एक-एक कर क्रमशः युद्ध के संयोग जुटते गए और अंत में भीषण विस्फोट होकर ही रहा।

पंचम् सर्ग में युधिष्ठिर के पश्चाताप और उनकी विरक्ति का वर्णन है। वे आत्मचिन्ता में डूब गए हैं। युद्ध का क्या परिणाम निकला? युद्ध की अपरूप भीषणता का स्मरण कर वे हतचेत हो जाते हैं। वे विजयश्री का स्वागत करने के बदले शासन और साम्राज्य से मुँह फेर लेते हैं और युद्ध के महासंहार के लिए अपने को धिक्कारते हैं। युधिष्ठिर की यह स्थिति आज के युद्ध-त्रस्त मानव की स्थिति का ही प्रतिरूप है—

धरती वह जिस पर कराहता है घायल संसार
वह आकाश भरा है जिसमें करुणा का चीत्कार;
महादेश वह जहाँ सिद्धि की शेष बची है धूल
जलकर जिसके क्षार हो गए हैं समृद्धि के फूल।

युधिष्ठिर आत्मशोध करते हैं और युद्ध में सम्मिलित होने के पूर्व की अपनी मनोवृत्ति की परीक्षा लेते हैं। वे अपने को दोषी पाते हैं। उनके वैराग्य में छल, सहिष्णुता में प्रतिशोध की छिपी अग्नि, करुणा में प्रतिकार की लिप्सा व्याप्त थी। उन्हें प्रतीत हुआ कि वे सुखान्वेषी ईर्ष्यालु और साधुता का आडंबर करने वाले व्यक्ति थे। युधिष्ठिर आत्मविगर्हणा के भाव से भर जाते हैं और भीष्म के सम्मुख अपने को ही सम्पूर्ण दोषी ठहराते हैं। वे *महाभारत*-युद्ध में अपना ही हाथ पाते हैं और प्रायश्चित स्वरूप एक नया व्रत ग्रहण करने को उद्यत होते हैं—

यह होगा महारण राग के साथ
युधिष्ठिर हो विजयी निकलेगा।
नर संस्कृति की रण-छिन्न लता पर
शान्ति सुधा-फल दिव्य फलेगा।
कुरुक्षेत्र की धूलि नहीं इति पंथ की
मानव ऊपर और चलेगा।

मनु का यह पुत्र निराश नहीं
नव धर्मप्रदीप अवश्य जलेगा।

छठे सर्ग में युधिष्ठिर के मुख से आज के मानव की विचित्र स्थिति का वर्णन कराया गया है। युद्ध की परंपरा अब भी ज्यों-की-त्यों चल रही है। मनुष्य आज वैज्ञानिक युग में प्रवेश कर चुका है। प्रकृति पर मनुष्य की विजय प्रायः पूरी हो चुकी है। उसके कोई रहस्य उससे छिपे नहीं रहे। परन्तु मानव की इस प्रगति में मस्तिष्क ही आगे बढ़ता गया है, हृदय पिछड़ता ही गया है।

नर मनाता नित्य-नूतन बुद्धि का त्योहार।
प्राण में करते दुखी हो देवता चीत्कार।

हृदय-पक्ष की इस अवहेलना का परिणाम अच्छा नहीं हुआ। मनुष्य अपने जीवन-लक्ष्य को भूलता जा रहा है। वासना की प्रमुखता होती जा रही है। मनुष्य स्वार्थ से आक्रान्त हो संघर्ष करता और अपना आहार आप ही बनता जाता है। उसमें शान्ति की लालसा नहीं है, वह नए दुर्जेय विघ्नों की खोज में रहता है। उसकी पाशववृत्तियाँ अब तक छूटी नहीं हैं, 'बुद्धि पर हृदय की चेतना' अधिकार नहीं कर पाई है। मानव-प्रीति का भाव जागा नहीं है। मनुष्य अणुओं को तोड़ने में लगा है, मानव-मानव के व्यवधान को मिटाने में नहीं। विज्ञान के संहारक स्वरूप से छुटकारा पाने के लिए कवि वैज्ञानिक दौड़ को बंद कर देने की सलाह देता है—

सावधान मनुष्य! यदि विज्ञान है तलवार
तो इसे दे फेंक तज पर मोह, स्मृति के पार;
हो चुका है सिद्ध, है तू शिशु अभी अज्ञान;
फूल काँटों की नहीं, कुछ भी तुझे पहचान।

विज्ञान के स्थान पर मानव-हृदय को 'स्निग्ध', 'सौम्य' और 'पुनीत' बनाने वाली प्रजा का अनुशीलन होना चाहिए। स्नेह-सिंचित न्याय पर नए विश्व का निर्माण हो। मनुष्य युद्ध की ज्वर-भीति से मुक्त हो जाए। साम्य की स्निग्ध और उदार रश्मि का आह्वान कवि ने किया है। स्पष्ट है कि यह सर्ग द्वापर की अपेक्षा आज की स्थिति और समस्या से संबद्ध है।

पाँचवें और छठे सर्गों में युधिष्ठिर का पश्चाताप और आत्मविगर्हणा नवीन संसार के निर्माण की अभिलाषा एक अनोखी भावुकता लिए हुए है। युद्ध का अंत करने के युधिष्ठिर के संकल्प के मूल में ऐसा कोई तात्विक चिन्तन नहीं है, जैसा भीष्म के द्वारा युद्ध को अनिवार्य सिद्ध करने के मूल में है। आज के मनुष्य की भी ऐसी ही एक अनिर्दिष्ट अभिलाषा है कि युद्ध का अंत हो जाए। परन्तु युद्ध का अंत करना आज की सभ्यता का सर्वप्रमुख ध्येय है और आज की मानवता की परीक्षा इसी ध्येय को सिद्ध करने के प्रश्न पर होगी, ऐसी कोई निष्ठा आज के मनुष्य में नहीं दिखाई

देती। युधिष्ठिर के वाक्यों में भी युद्ध के विरुद्ध एक प्रतिक्रिया तो अवश्य है, परंतु युद्ध (हिंसात्मक युद्ध) संसार का सब से बड़ा अभिशाप है और आज के सर्व-संहारक युद्ध द्वारा मानव-सभ्यता के नष्ट हो जाने की संभावना उपस्थित है, ऐसा कोई निर्देश युधिष्ठिर ने नहीं किया। सारांश यह कि युद्ध के संबंध में युधिष्ठिर की (अथवा कहें कवि की) धारणा भावना-मूलक और नकारात्मक ही है। वे केवल यह चाहते हैं कि युद्ध न हो, मानव-प्रेम का प्रसार हो। परन्तु प्रेम और अहिंसा का विधेय पक्ष उसकी तात्विक और अनिवार्य आवश्यकता, उसकी साधना की विधि और शैली आदि का उल्लेख नहीं किया गया। इससे ज्ञात होता है कि श्री दिनकर युद्ध-निवारण संबंधी समस्या पर गंभीर आस्था नहीं रखते और युधिष्ठिर की ही भाँति भीष्म द्वारा कहे गए युद्ध की अनिवार्यता के संदेश को स्वीकार करते हैं।

हम देखते हैं कि *कुरुक्षेत्र* काव्य में भीष्म और युधिष्ठिर द्वारा युद्ध-संबंधी दो विरोधी धारणाएँ व्यक्त की गई हैं—अनुकूल और प्रतिकूल पक्ष उपस्थित किए गए हैं। भीष्म युद्ध को आवश्यक और अनिवार्य मानते हैं, युधिष्ठिर उसके परिणाम से विरक्त और भयभीत हैं। भीष्म के युद्ध सम्बन्धी कुछ तर्कों का उल्लेख ऊपर किया जा चुका है। वे युद्ध को प्रकृति का विस्फोट मानते हैं : उनके लिए युद्ध किसी तर्कसम्मत कार्य-कारण शृंखला से बँधा नहीं है। वह संक्रामक और आत्मविस्तारक है। उसके संक्रमण में भी कोई नियम नहीं है। वह पाशव और जड़ वस्तु है। वह नियत और अनिवार्य है। नियत होने के कारण ही वह पुण्य और तप से परे चिर शुद्ध है। इस चिर शुद्ध यज्ञ में अपनी आहुति देने के लिए होता को भी लोकोत्तर प्रतिशोध-भावना से संपन्न होना चाहिए। इस प्रकार एक पाशव और अज्ञेय पदार्थ में एक लोकोत्तर भावना लेकर आत्मविसर्जन करना ही भीष्म का मुख्य संदेश है।

इसी के साथ नवयुवकों को शूरधर्म की शिक्षा दी गई है और उन्हें अनीति के विरुद्ध उठ खड़े होने को ललकारा गया है। उन्हें हिंसा और युद्ध का मार्ग ही ग्रहण करना होगा, क्योंकि संसार अभी अहिंसा और आत्मबल का महत्त्व मानने को तैयार नहीं है। आत्मबल वैयक्तिक वस्तु है, समूह पर उसका कोई प्रभाव नहीं पड़ता; अतएव उसका सामूहिक प्रयोग अनुचित और व्यर्थ है।

इसके विरुद्ध युधिष्ठिर का पक्ष युद्ध से घबराए हुए व्यक्ति का पक्ष है। वह युद्ध नहीं चाहता। युद्ध का सहायक विज्ञान नहीं चाहता। वह चाहता है हृदय की चेतना, स्थिरता और प्रेम। परन्तु जैसा ऊपर कहा जा चुका है, अहिंसा और प्रेम संबंधी कोई रचनात्मक और तात्विक दृष्टि युधिष्ठिर के चिन्तन में व्यक्त नहीं हुई। युधिष्ठिर के पास कोई हिंसा-विरोधी दृष्टिकोण नहीं है, कोई कार्यक्रम या सिद्धान्त नहीं है।

इन दोनों परस्पर विरोधी दृष्टियों के सम्बन्ध में पहली उल्लेखनीय बात यह है कि ये दोनों ही आधुनिक युद्ध की स्थिति, स्वरूप और परिणाम का पूरा आकलन नहीं

करतीं। आज की दृष्टि से उनमें एक मूलभूत अवास्तविकता दिखाई देती है। आज का युद्ध किसी सिद्धान्त की दृष्टि से नहीं देखा जा सकता। उसके औचित्य और अनौचित्य की अपेक्षा मुख्य विचारणीय प्रश्न उसकी प्रलयंकारिता है जो किसी भी नैतिक-अनैतिक नियम को मटियामेट कर देने के लिए पर्याप्त है। अतएव आज की मुख्य समस्या है उसके ध्वंसकारी प्रभाव से संसार की रक्षा करने की। भले ही युद्ध उचित हो, नैतिक हो या आवश्यक हो, पर आज के प्रलयंकारी युद्ध में औचित्य और नैतिकता का पक्ष भी उतना ही निरर्थक और व्यर्थ है जितना अनौचित्य या अनैतिकता का पक्ष।

यदि हम यह मानें कि आज का युद्ध कितना ही सर्वग्रासी क्यों न हो उसका होना अनिवार्य है, अतएव हमें उसके लिए तैयार रहना होगा और उनमें न्यायोचित पक्ष का साथ देना होगा, तब हमें न्याय और अन्याय की समस्या पर विचार करना आवश्यक हो जाता है। इस सम्बन्ध में सबसे स्पष्ट मत तो समाजवादियों और साम्यवादियों का है जो सामाजिक वैषम्यों के विरुद्ध आवाज़ उठा रहे हैं। दिनकर जी ने भी उन वैषम्यों और अनीतियों का हवाला दिया है और दलित वर्गों को युद्ध के लिए तैयार हो जाने की पुकार उठाई है। इस सीमा तक दिनकर जी की यह रचना आधुनिक नवयुवकों और समाजवादियों का प्रतिनिधित्व करती है, परन्तु यह समझना संगत न होगा कि दिनकर जी का यह रण-आह्वान तत्वतः समाजवादी दृष्टिकोण और विचारणा को व्यक्त करता है।

युद्ध और संघर्ष की आवश्यकता मानते हुए भी गाँधी जी ने उसके हिंसात्मक स्वरूप को त्याज्य बताया है। उन्होंने आत्मबल की विशेषता स्वीकार की है और हृदय परिवर्तन की शक्ति और आवश्यकता का आग्रह किया है। गाँधीजी का यह अहिंसा और प्रेम का संदेश सक्रिय अहिंसा और प्रेम पर अवलंबित है। हमें यहाँ गाँधी जी के मत को विस्तार के साथ उपस्थित करने की आवश्यकता नहीं है। परन्तु इतना कहना अनुचित न होगा कि युधिष्ठिर के उद्‌गारों में और गाँधी जी के अहिंसा-विधान में बहुत बड़ा अंतर है। युधिष्ठिर एक निराश और अकर्मण्य व्यक्ति के रूप में आए हैं, उनके समक्ष कोई निर्दिष्ट लक्ष्य या मार्ग नहीं है। अतएव उनके उद्‌गारों में गाँधी-विचारधारा और वसूलों को ढूँढ़ना व्यर्थ श्रम होगा।

हम कह सकते हैं कि *कुरुक्षेत्र* में युद्ध संबंधी आधुनिक वास्तविकता का यथेष्ट आकलन नहीं है, न उसमें युद्ध-विषयक नई समाजवादी दृष्टि का ही पूरा निरूपण है। युद्ध-निवारण संबंधी गाँधी जी की अहिंसा-प्रक्रिया की स्थापना तो कदाचित कवि का लक्ष्य भी नहीं है। ऐसी अवस्था में *कुरुक्षेत्र* में गाँधी-मत का प्रभाव देखना तो असंगत है। फिर भी *कुरुक्षेत्र* में कवि की वीरदर्पपूर्ण उक्तियों के साथ, उसके शंकालु और निर्वेद-युक्त हृदय की जो झाँकी मिलती है, वह आधुनिक सामान्य मानव के हृदय का पूरा आभास लिए हुए है।

हमें यह भी स्मरण रखना होगा कि *कुरुक्षेत्र* काव्य प्राचीन पृष्ठभूमि पर रचा गया है, उसमें संपूर्ण आधुनिकता हो भी नहीं सकती। *महाभारत* में आए हुए भीष्म-युधिष्ठिर-संवाद को ही नए साँचे में ढालने की चेष्टा की गई है। उसमें पूरा आधार *महाभारत* का भी नहीं है और न पूरी नवीनता ही है। प्राचीन और नवीन के मिश्रण से जो चीज बन सकती है, वह बनी है। यदि उसमें पूरी प्राचीनता या पूरी नवीनता रहती, तो कदाचित् रचना अधिक सुसंपन्न होती।

हमें यह भी भूलना न चाहिए कि कुरुक्षेत्र एक काव्यग्रंथ है, वह कोई दार्शनिक या मतनिरूपक कृति नहीं है। दार्शनिक या सैद्धान्तिक प्रौढ़ता न होते हुए भी उसमें ऐसी सामग्री अवश्य है जो हम सब को प्रभावित और आन्दोलित करती है।

यह ठीक है कि आज का काव्य केवल भावोत्तेजना का लक्ष्य लेकर नहीं चल सकता। भावोत्तेजना के लिए सम्यक् दृष्टिकोण भी होना चाहिए। यह भी सत्य है कि *कुरुक्षेत्र* की रचना में कवि ने विचार-पक्ष को प्रमुखता देनी चाही है। उसने लिखा भी है, 'यह तो एक साधारण मनुष्य का शंकाकुल हृदय है जो मस्तिष्क के स्तर पर चढ़ कर बोल रहा है।' यह मानने में कोई हानि नहीं कि हमें *कुरुक्षेत्र* काव्य में साधारण मनुष्य का ही नहीं, एक अच्छे कवि का हृदय बोलता मिलता है। वह हृदय शंकाकुल ही नहीं, ओजस्वी और मनस्वी भी है। उसका हृदय मस्तिष्क के स्तर पर चढ़ कर बोला है, पर जो कुछ वह बोला है उसमें मस्तिष्क का वास्तविक योग कितना है, यह ऊपर निर्देश करने की चेष्टा की गई है।

कुरुक्षेत्र का जीवन दर्शन

कुरुक्षेत्र का सातवाँ सर्ग युद्ध-विषयक नहीं है। वह संपूर्ण जीवन दृष्टि को लेकर मानव-व्यवहार की शिक्षा देता है। यह अध्याय अपेक्षाकृत अधिक बड़ा है। इसमें भीष्म, युधिष्ठिर को वैराग्य भावना त्याग कर जीवनक्षेत्र में प्रवेश करने को प्रोत्साहित करते हैं। पाप और अनाचार से त्रस्त होकर भाग खड़ा होना और संन्यास लेकर वन में जा पहुँचना मानवधर्म नहीं है। जब तक मनुष्य में सहानुभूति और संवेदना का एक भी कण शेष है, तब तक मनुष्यता के लिए निराश होने का कोई कारण नहीं। मनुष्यता के विकास का मार्ग युद्ध के बाद भी अक्षुण्ण रह गया है। कुरुक्षेत्र में मनुष्य मरे हैं, मनुष्यता नहीं मरी। उसी मनुष्यता का नवविकास मानव समाज में रह कर करना होगा। दलितों से दैन्य और दंभियों से दर्प का भाव दूर कर दोनों के बीच समता की प्रतिष्ठा करनी होगी, संसार को भयमुक्त करना होगा। मनुष्य मनुष्य में जन्मना कोई भेद नहीं। सबके समान अधिकार हैं। कृत्रिम वैषम्य को दूर कर देना होगा। तभी मानवता फूल फल सकेगी। आज का समाज वैयक्तिक भोगवाद पर स्थित है। वह अपनी अधिकार सत्ता औरों से पृथक् मानता है। इस भेद-दृष्टि को मिटा कर मनुष्य के भौतिक,

मानसिक और बौद्धिक विकास के लिए द्वार खोल देने होंगे। वहीं पर लेखक ने भीष्म के मुख से भाग्यवाद का उपहास कराया है तथा श्रम और उद्यम-संपन्न नई मानवता के निर्माण की घोषणा की है। आज भाग्यवाद के मिथ्यादर्श का आधार लेकर सामाजिक वैषम्य और ऊँच-नीच का पोषण किया जाता है। लोग समझते हैं कि धनिकों के भाग्य में धन लिखा है, अथवा वह उनका पूर्वजन्म का अर्जित अधिकार है। इससे एक बड़ी मिथ्या धारणा को प्रश्रय मिलता है—

और मरा जब पूर्व जन्म में
वह धन संचित कर के
विदा हुआ था न्यास समर्जित
किस के घर में धर के?
जन्मा है वह जहाँ आज
जिस पर उसका शासन है।
क्या है यह घर वही और
यह उसी न्यास का धन है?

महाभारत से लिए गए ये प्रसंग रोचक और उपयोगी हैं। आधुनिक भारतीय समाज में भाग्यवाद या पूर्वजन्म के पुण्य-पाप संबंधी धारणा इतनी बद्धमूल और व्यापक है कि उससे निस्तार पाने का कोई उपाय नहीं दीखता। जहाँ कहीं जो कुछ स्थिति है, सब स्वाभाविक है, न्यायपूर्ण है, पूर्वजन्मों के कर्मों का फल है, ऐसी धारणा हमारे आज के समाज में परिव्याप्त है।

यहीं दिनकर जी ने मानव-समाज के विकास-क्रम का दिग्दर्शन भी *महाभारत* के ही आधार पर कराया है। किस प्रकार आरम्भ में सब मनुष्य समान थे। सब में परस्पर विश्वास था। सब सुखी थे। सब परिश्रम करते और इच्छा भर खाते थे। ऊँच-नीच की भावना नहीं थी। राजा-प्रजा का प्रश्न नहीं था। आगे चल कर लोभ की वृत्ति उत्पन्न हुई । वैयक्तिक संग्रह बढ़ चला। एक-दूसरे के प्रति अविश्वास बढ़ा। मानव समाज की वह आरंभिक शान्ति भंग हो गई। लूट-मार, चोरी और छीना-झपटी फैल चली। समाज ने एक शासक की आवश्यकता का अनुभव किया। राजा आया, उसकी तलवार ने शान्ति स्थापित की। क्रमशः राजतंत्र जटिल होता गया। उसके अधिकार बढ़ते गए और उसी अनुपात में प्रजा की स्वतंत्रता छिनती गई। सब राजनियम के अधीन हो गए। शरीर ही नहीं, बुद्धि भी परतंत्र हो गई; रूढ़ राजाओं के विरुद्ध किसी नवीन विचारधारा की सृष्टि करना भी निषिद्ध हो गया।

इसी शृंखला को तोड़ने की आवश्यकता है। जिस क्रम से मनुष्य ने बंधन मोल लिए हैं, उसके उल्टे क्रम पर चलकर बंधनों से छुटकारा पाना है और मनुष्य-समाज को उसकी मूलवर्तिनी समता और स्वतंत्रता प्राप्त करनी है। यह कार्य संन्यास ग्रहण

करने से न होगा। यह तो मनुष्यों के बीच रह कर उनकी मनोभावनाओं का संस्कार करने से ही होगा। इसी निर्भय, किन्तु श्रम-साध्य पथ पर चलने में ही मानवता का हित है। संसार को त्याग कर किसी लोकातीत सुख या कल्याण की कल्पना के पीछे दौड़ना निष्फल है।

जनाकीर्ण जग से व्याकुल हो
निकल भागना वन में,
धर्मराज है घोर पराजय
नर की जीवन रण में।
यह निवृत्ति है ग्लानि, पलायन
का यह कुत्सित क्रम है।
नि:श्रेयस यह श्रमित, पराजित
विजित बुद्धि का भ्रम है।

संन्यास मार्ग को ऐकान्तिक, निष्फल और भ्रामक बताकर लेखक ने पृथ्वी पर रह कर मिट्टी की ओर बढ़ने का संदेश सुनाया है। कर्मों का त्याग मनुष्य को जीवन से दूर ले जायेगा। दीपक के प्रज्वलित रहने में जो सौन्दर्य है, उसके निर्वासित हो जाने में वह नहीं। अकर्मण्यता ही संन्यास या निवृत्ति की प्रेरणा देती है। इस मरीचिका से बच निकलना अत्यंत आवश्यक है।

कहती सत्य उसे केवल जो कुछ गोतीत अलभ है।
मिथ्या कहती उस गोचर को जिसमें कर्म सुलभ है।
सुविकच स्वस्थ सुरम्य सुमन को मरण भीति दिखलाकर।
करती है रस-भंग काल का भोजन उसे बता कर।

यहाँ पर दिनकर जी ने कर्म और चिन्तन के बीच समन्वय स्थापित करने का उनके पारस्परिक विरोध को मिटाकर उनकी दूरी दूर करने का संकेत दिया है—

जहाँ भुजा का एक पंथ हो अन्य पंथ चिन्तन का।
सम्यक रूप नहीं खुलता उस द्वन्द्व ग्रस्त जीवन का।
केवल ज्ञानमयी निवृत्ति से द्विधा न मिट सकती है।
जगत छोड़ देने से मन की तृषा न घट सकती है।

निवृत्ति की कोमल कल्पना संसार के कठोर सत्यों का सामना करने में असमर्थ होगी। व्योम-प्रवासी बनकर मनुष्य के हाथ कुछ न लगेगा। उसे मिट्टी की ओर आँखें मोड़नी होंगी। वहीं जीवन का सार-रस है। मिट्टी में आत्मा को नहीं, आत्मा में मिट्टी को विलीन कर शरीर पर मन का आधिपत्य कायम करना होगा। इसी नवीन साध्य की ओर *कुरुक्षेत्र* के सप्तम् सोपान में हमें उन्मुख किया गया है।

कुरुक्षेत्र के इस अंतिम संदेश के संबंध में यह स्पष्ट कर देना आवश्यक है कि इसका अधिकतर अंश *महाभारत* के भीष्म-युधिष्ठिर-संवाद से ही लिया गया है। इसलिए स्वभावत: इसकी सब बातें आज के समाज के लिए पूरी तरह लागू नहीं होतीं। अवश्य दिनकर जी ने भीष्म-कथित वाक्यों को आज के उपयुक्त नया आशय और अभिप्राय देने की चेष्टा भी की है। भीष्म की संपूर्ण उक्तियों का समाहार 'मिट्टी का राग' के रूप में किया गया है। आज के समाज के लिए दिनकर जी का संदेश मिट्टी की ओर बढ़ने का है, आकाश में उड़ने का नहीं। उन्होंने प्राचीन प्रवृत्ति और निवृत्ति के सिद्धान्तों की व्याख्या करके इसी तथ्य का निर्देश किया है कि आज के समाज को निवृत्ति की नहीं, प्रवृत्ति की आवश्यकता है। पर प्रश्न यह है कि आज का विश्व समाज तो यों ही अत्यधिक प्रवृत्तिमुखी है। अधिकारों के लिए संघर्ष बढ़ता ही जा रहा है। ऐसी अवस्था में आज के विश्व-समाज को और अधिक प्रवृत्ति की प्रेरणा देने की आवश्यकता ही क्या है? इसके उत्तर में हम इतना ही कह सकते हैं कि दिनकर जी द्वापर में कहे गए *महाभारत* में अंकित भीष्म के संदेश की नितान्त अवहेलना नहीं कर सकते थे, क्योंकि उनका *कुरुक्षेत्र* काव्य ऐतिहासिक आधार भी रखता है। उक्त ऐतिहासिक आधार की रक्षा करते हुए सामयिक समाज के लिए उपयोगी कतिपय तथ्यों को उन्होंने हमारे सामने रखने की चेष्टा की है। विशेषत: *कुरुक्षेत्र* में उन्होंने नवयुग की नवयुवक-जागृति और न्याय और समता के लिए उत्पीड़ितों की क्रान्ति की जो ज़ोरदार आवाज़ उठाई है, उस सामयिक संदेश का हम सहर्ष स्वागत करते हैं।

कुरुक्षेत्र का शैल्पिक वैशिष्ट्य

रेणु व्यास*

"कवि होने की सामर्थ्य मुझमें, शायद नहीं थी। यह क्षमता मुझमें भारत वर्ष का ध्यान करने से जाग्रत हुई। मैं तो वायु और वह्नि का बना हुआ यंत्र मात्र था। फूँक उसमें काल ने मारी और झंकारें भी उसमें से काल ने ही उठायी हैं।[1]"

चक्रवाल की भूमिका में दिनकर की इस उक्ति को कवि की विनम्रता के प्रमाण के रूप में ही स्वीकार करना चाहिए, उनकी कवित्वहीनता के रूप में नहीं। दिनकर अपने समय के ज़रूरी प्रश्नों को उठाते हैं, परन्तु उसके पीछे एक सुदृढ़ वैचारिक आधार होता है। यह उनके काव्य की विशिष्टता है। *कुरुक्षेत्र* समेत दिनकर की कृतियाँ सिद्ध करती हैं कि कालजयी वही हो सकता है जो समसामयिक हो। अत: तात्कालिकता और समसामयिकता किसी भी तरह सार्वभौमिकता और सार्वकालिकता के विपरीत नहीं हैं, यदि समसामयिक प्रश्नों को व्यापक फलक पर उठाया जाए। *कुरुक्षेत्र* द्वितीय विश्व युद्ध में हुए विनाश पर शोक-प्रदर्शन मात्र नहीं है, वहाँ युद्ध के मूल को खोजते हुए मनुष्य जाति अब तक के विकास और मनुष्य के भीतरी लोक तक की पड़ताल की गई है। इस पड़ताल से निष्कर्ष यह प्राप्त हुआ कि जब तक असमानता, अन्याय और शोषण है, उसके प्रतिकार के लिए न्यायसंगत युद्ध की आवश्यकता है और जब तक लोभ व स्वार्थ मनुष्य की प्रवृत्ति में हैं, तब तक साम्राज्यवादी आकांक्षाओं से लड़े जाने वाले युद्ध अनिवार्य हो उठते हैं। किसी भी पराधीन देश के संवेदनशील कवि के काव्य में राष्ट्रीय-चेतना उसका प्रधान स्वर होती है; दिनकर भी इसी के उदाहरण हैं। देश की पराधीनता का ध्यान और हर तरह के अन्याय और शोषण के विरुद्ध सात्विक क्रोध, जिसे दिनकर 'अमर्ष' एवं 'मन्यु' की संज्ञा देते हैं, दिनकर के काव्य का मूल भाव

---

*रेणु व्यास राजस्थान विश्वविद्यालय में सहायक आचार्य हैं। दिनकर पर शोध कर चुकी व्यास की अनेक पुस्तकें छपी हैं।

1. *दिनकर,* रामधारी सिंह, *चक्रवाल* (भूमिका), द्वि.सं. 2005, उदयाचल की ओर से अनुपम प्रकाशन, पटना, पृष्ठ सं. 38

है। जिस 'अनल-तत्व' को हम दिनकर के काव्य में सब तरफ़ धधकता हुआ पाते हैं उसके मूल में दिनकर का जीवन-संघर्ष ही है। इसी से वह 'सात्विक क्रोध' उपजा जो 'यथास्थिति' के ख़िलाफ है, अनौचित्य के ख़िलाफ है, कदाचार के खिलाफ है। गोपाल कृष्ण कौल को दिए इंटरव्यू में दिनकर इसका कारण बताते हैं—

"कवि समाज का 'कॉन्शेंस' होता है। जब समाज का 'कॉन्शेंस' क्षुब्ध हो, तब कवि को क्षुब्ध होना ही चाहिए।"[2]

इसी कारण ओज, पौरुष, उत्साह दिनकर के काव्य का स्थायी तत्व बन गए; केवल देशभक्ति और क्रांति की वीर रस वाली कविताओं में ही नहीं वरन श्रृंगार, शांत और करुण रसों के काव्य में भी। यह ओज और पौरुष केवल भावों में ही नहीं, दिनकर के शब्द-चयन, छंद-चयन, उपमाओं सहित कविता के रोम-रोम से टपकता है। *कुरुक्षेत्र* में भीष्म के आत्म-कथन के बहाने दिनकर इसी 'अनल-तत्व' को साकार करते हैं—

"जिया प्रज्वलित अंगारे-सा
मैं आजीवन जग में,
रुधिर नहीं था, आग पिघल कर
बहती थी रग-रग में।"[3]

दिनकर की हर कृति में ओज गुण अन्तर्धारा के रूप में समाया रहता है, चाहे वह कृति श्रृंगार रस प्रधान *उर्वशी* हो या शांत रस प्रधान *कुरुक्षेत्र*। इस अनल-धारा के बरअक्स दिनकर के काव्य *कुरुक्षेत्र* में एक और अन्तर्धारा है—सम्पूर्ण मानवता के प्रति प्रेम।

कुरुक्षेत्र विचार-प्रधान काव्य है परन्तु दिनकर के ही शब्दों में यह दर्शन नहीं है और न ही प्रौढ़ ज्ञानी मस्तिष्क का चमत्कार। यह तो अंतत:, एक साधारण मनुष्य का शंकाकुल हृदय ही है, जो मस्तिष्क के स्तर पर चढ़कर बोल रहा है। भावों और विचारों का सहज तादात्म्य दिनकर के काव्य की अनूठी विशेषता है। दिनकर भावों की प्रबलता, विचारों की उदात्तता एवं अभिव्यक्ति की स्पष्टता के कवि हैं। ज्ञानपीठ पुरस्कार के समर्पण के अवसर पर दिनकर की स्वीकारोक्ति है—

"लगता है, पृथ्वी पर आने से पूर्व जब भगवान् को प्रणाम करने गया, वे कलाकारों के बीच छेनी, टाँकी, हथौड़ी, कूँची और रंग बाँट रहे थे। लेकिन भगवान् ने मुझे छेनी, टाँकी और हथौड़ी नहीं दी, जो पच्चीकारी के औज़ार हैं। उनके भण्डार में एक हथौड़ा पड़ा हुआ था। भगवान् ने वही हथौड़ा उठाकर मुझे दे दिया और (ज़रा-सी आत्मश्लाघा के लिए क्षमा कीजिए) कहा कि जा, तू इस हथौड़े से चट्टान का पत्थर तोड़ेगा और तेरे तोड़े हुए अनगढ़ पत्थर भी काल के समुद्र में फूल के समान तैरेंगे।"[4]

---

2. सावित्री सिन्हा, दिनकर (संपादित), राधाकृष्ण प्रकाशन, दिल्ली, प्र.सं. 1967, पृष्ठ सं. 30
3. रामधारी सिंह दिनकर, *कुरुक्षेत्र*, राजपाल एण्ड सन्ज़ प्रकाशन, दिल्ली, 2000, पृष्ठ सं. 41
4. रामधारी सिंह दिनकर, *संचयिता*, आत्म-कथन (ज्ञानपीठ पुरस्कार के समर्पण के अवसर पर), भारतीय ज्ञानपीठ प्रकाशन, नई दिल्ली, पृष्ठ सं. 10-11

काल के समुद्र में तैरने वाले दिनकर के चट्टानी काव्य-पुष्पों में *कुरुक्षेत्र* सबसे अधिक महत्त्वपूर्ण है। *कुरुक्षेत्र* का महत्त्व इसमें प्रतिपादित जीवन-दर्शन के कारण है। परन्तु अपने शिल्प में भी यह अनूठी रचना है। कहा जाता है कि विषयवस्तु स्वयं अपना रूप तय करती है।

ऊपर से देखने पर पारंपरिक प्रबंध-परंपरा में प्रतीत होने पर भी यह काव्य कई मायनों में पारंपरिक शैल्पिक मानकों को तोड़ता है। *कुरुक्षेत्र* के शिल्प पक्ष पर विचार करते हुए पहला प्रश्न यह है कि *कुरुक्षेत्र* एक प्रबंध-रचना है या मुक्तक? यदि इसके सर्गबद्ध विस्तृत कलेवर को ध्यान में रख कर प्रबंध-रचना माना जाए तो फिर प्रश्न यह उठता है कि यह महाकाव्य है या खंडकाव्य या कोई अन्य काव्य-विधा? *कुरुक्षेत्र* बीसवीं सदी का काव्य है, अतः महाकाव्यत्व के शताब्दियों पहले के मानदंड इस पर शत-प्रतिशत लागू नहीं होते। यद्यपि कई लोगों ने खींचतान कर *कुरुक्षेत्र* को इस परिभाषा में फिट करने की कोशिश की है। डॉ. नगेन्द्र के मत में—

"पारिभाषिक रूप में तो इसे सप्त-सर्ग-बद्ध पौराणिक प्रबंध-काव्य कहा जा सकता है; परन्तु वस्तुतः न तो यह पौराणिक है और न प्रबंध-काव्य ही। यह तो अभी समाप्त होने वाले यूरोप के द्वितीय महासमर से प्रेरित एक लम्बी चिन्ता-प्रधान कविता है।"[5]

डॉ. नगेन्द्र ने महाकाव्य के लक्षणों के पुनर्निर्धारण की ज़हमत से बचने के लिए 'लम्बी चिन्ता-प्रधान कविता' का नया वर्ग बना कर *कुरुक्षेत्र* को उसमें डाल दिया। यही समस्या *राम की शक्ति-पूजा* के साथ भी उपस्थित हुई थी। अतः प्रश्न यह उठता है कि महाकाव्यत्व की आधुनिक कसौटी क्या हो? प्राचीन भारतीय आचार्यों द्वारा निर्दिष्ट 'सर्गबन्धो महाकाव्य तत्रैको...' आदि लक्षणों का पुनर्परीक्षण करने एवं पाश्चात्य काव्यशास्त्रियों द्वारा किए लक्षणों पर विचार कर विशेषताएँ महाकाव्य के प्रमुख लक्षणों के रूप में सामने आती हैं—

1. लोक-प्रख्यात कथानक,
2. उदात्त चरित्र-सृष्टि,
3. विशिष्ट रचना-शिल्प,
4. महत् उद्देश्य और जीवन दर्शन।[6]

इन चारों मानदंडों में से कुरुक्षेत्र में लोक-प्रख्यात होते हुए भी कथानक की अल्पता स्पष्टतः नज़र आती है। किन्तु यहाँ यह ध्यातव्य है कि *कुरुक्षेत्र* एक घटना प्रधान काव्य नहीं है वरन विचार और चिन्तन-प्रधान काव्य है तथा प्रबंध की एकता

---

5. डॉ. नगेन्द्र, *कालजयी कृतियाँ,* नेशनल पब्लिशिंग हाउस, नई दिल्ली, प्र.सं. 1980, पृष्ठ सं. 31
6. गुप्त, देवी प्रसाद, *हिन्दी महाकाव्य : सिद्धान्त और मूल्यांकन,* अपोलो पब्लिकेशंस, जयपुर, प्र.सं. 1968, पृष्ठ सं. 34

इसमें वर्णित विचारों की एकता है। वस्तुत: घटना-बाहुल्य अब एक अन्य आधुनिक विधा 'उपन्यास' का प्रमुख लक्षण बन गया है और कविता ने अपने फालतू अंग झाड़ने शुरू कर दिए हैं। जहाँ तक वर्णन-वैविध्य का प्रश्न है विचार-प्रधान काव्य *कुरुक्षेत्र* में प्रतिपाद्य विचारों को विभिन्न प्रकार से कुशलता से व्यक्त किया गया है। किन्तु *कुरुक्षेत्र* के महाकाव्यत्व का सबसे सशक्त तत्व इसका जीवन-दर्शन और इसमें प्रतिपादित मूल्य हैं। दिनकर का मानना है कि हर कृति अपने कथ्य के अनुसार अपना शिल्प स्वयं चुन लेती है। औदात्य पाश्चात्य और भारतीय काव्यशास्त्र में महाकाव्यत्व की उभयनिष्ठ कसौटी है और इस कसौटी पर *कुरुक्षेत्र* पूरी तरह ख़रा उतरता है। इस प्रकार इसे महाकाव्य कहा जा सकता है। यदि 'महाकाव्य' की परिभाषा में कोई समयानुकूल संशोधन न किया जाये तो *कुरुक्षेत्र* को 'खंड-काव्य' की श्रेणी में रखा जा सकता है। यद्यपि इसमें प्रतिपादित जीवन-दृष्टि खंड रूप न होकर जीवन-दर्शन के व्यापक रूप को अभिव्यक्त करती है।

कुरुक्षेत्र में प्रतिपादित विचार आसानी से मुक्तक के रूप में व्यक्त किए जा सकते थे, तो फिर दिनकर ने *महाभारत* के कथानक को इसके लिए क्यों चुना? युधिष्ठिर और भीष्म के मुख से युद्ध की शाश्वत समस्या का विवेचन इस काव्य को अतिरिक्त गरिमा प्रदान करता है। साथ ही प्रबंध का कलेवर काव्य को दीर्घायु प्रदान करता है और इसे स्फुट पदों में बिखरने से बचाता है। दिनकर ने भूमिका में इस ओर संकेत भी किया है। दिनकर ने *रश्मिलोक* की भूमिका में यह भी लिखा है कि जो विचार उन्होंने अपनी स्फुट कविताओं में बिखेरे थे, *कुरुक्षेत्र* में उनका समन्वित रूप प्रकट हुआ है।

जिस प्रकार दिनकर ने इतिहास का सोद्देश्य प्रयोग किया है, उसी प्रकार पौराणिक मिथकों को भी वर्तमान के संदर्भ में नवीन अर्थ प्रदान किया है।

''जब भी अतीत में जाता हूँ
मुर्दों को नहीं जिलाता हूँ।
पीछे हट कर फेंकता बाण
कंपित हो जिससे वर्तमान।''[7]

इनके तीनों प्रबंध काव्य—*कुरुक्षेत्र, रश्मिरथी* और *उर्वशी* इसी के उदाहरण हैं। *कुरुक्षेत्र* पौराणिक और महाकाव्यात्मक मिथकों का समकालीन संदर्भ में सटीक प्रयोग का चरमोत्कर्ष है। *महाभारत* के शान्तिपर्व से उठाये कथासूत्र से विकसित *कुरुक्षेत्र* में 'युधिष्ठिर' और 'भीष्म' के मिथक युद्ध और शान्ति के द्वन्द्व में फँसे मानव के 'शंकाकुल हृदय' के दो पहलुओं को व्यक्त करते हैं। इस मिथक के सटीक प्रयोग ने न केवल इसे प्रबंध का रूप प्रदान कर मुक्तकों के रूप में बिखरने से बचा लिया वरन

---

7. विमल, कुमार, *रामधारी सिंह दिनकर रचना-संचयन* (संपादित), साहित्य अकादमी, नई दिल्ली, प्र.सं. 2008, पृष्ठ सं. 214

वर्तमान की इस सबसे बड़ी समस्या को मानव-अस्तित्व के शाश्वत प्रश्न के रूप में गंभीरता भी प्रदान की है।

दिनकर के काव्य की सफलता का श्रेय भी उसमें आंदोलित द्वन्द्व को है। 'युद्ध और शान्ति', 'हिंसा और अहिंसा', 'निवृत्ति और प्रवृत्ति' का द्वन्द्व *कुरुक्षेत्र* का मुख्य कथ्य है। यह द्वन्द्व कवि के हृदय के झंझावातों को तो प्रतिबिंबित करता ही है; साथ ही पाठक के हृदय में संघर्षरत विरोधी भावों और विचारों को भी शब्द देता है। यह दिनकर के काव्य की अतिरिक्त शक्ति है। दिनकर के काव्य का यह द्वन्द्व मात्र वैचारिक या बौद्धिक नहीं है। इसके शक्तिशाली होने का रहस्य ही यह है कि यह द्वन्द्व दिनकर के जीवन से निकला है। दिनकर का सरकारी सेवा के कर्तव्य और देशप्रेम का द्वन्द्व ही *कुरुक्षेत्र* में भीष्म के जीवन के राजसिंहासन के प्रति कर्तव्य और पांडवों के प्रति स्नेह के द्वन्द्व के रूप में उभरा है।

दिनकर के प्रबंध-कौशल की एक महत्त्वपूर्ण विशेषता संवादों के रूप में प्रबंध की योजना है। उर्वशी का तो कलेवर ही नाट्यरूप है, इतिवृत्तात्मक काव्य होते हुए भी *रश्मिरथी* के मार्मिक स्थल संवादों के रूप में हैं। संपूर्ण *कुरुक्षेत्र* युधिष्ठिर और भीष्म के संवादों के जरिए प्रबंधत्व पाता है। इन दो वक्ताओं के बीच एक तीसरा वक्ता और है—स्वयं कवि! जो द्वापर से वर्तमान तक की टूटी कड़ियों को जोड़ता हुआ और इन पर टिप्पणी करता चलता है। युधिष्ठिर और भीष्म के रूप में सजीव पात्रों से और प्रभावशाली संवादों से *कुरुक्षेत्र* में नाटकीय विशेषताओं का समावेश हो गया है और यह काव्य उबाऊ विमर्श न होकर रोचक बन गया है। दिनकर जैसे वक्तृत्व—प्रधान कवि के लिए संवादों के रूप में प्रबंध-काव्य की योजना विशेष उपादेय रही है। कथानक की न्यूनता की भी पूर्ति इससे हो जाती है, क्योंकि दोनों प्रमुख पात्रों के संवादों के जरिए पिछली सारी महत्त्वपूर्ण घटनाएँ पाठकों के सामने आ जाती हैं। युधिष्ठिर की आत्मग्लानि, भीष्म का अंतर्द्वंद्व और युद्ध व शान्ति के बीच झूलते शंकाकुल मानव मन के दो पक्षों का द्वन्द्व संभवतः इसी युक्ति से सबसे प्रभावशाली तरीके से अभिव्यक्त किया जा सकता था। दिनकर का संवाद-कौशल *कुरुक्षेत्र* को अन्य परम्परागत प्रबंध काव्यों से विशिष्ट बनाता है।

एक प्रश्न यह भी उठता है कि इस काव्य का नायक कौन है? भीष्म या युधिष्ठिर? *कुरुक्षेत्र* चिन्तन-प्रधान काव्य है; अतः इसमें प्रतिपादित विचार ही प्रधान हैं, चाहे वे भीष्म के मुख से कहलवाए जायें या युधिष्ठिर के मुख से। फिर भी दिनकर के चिन्तन को व्यक्त करने वाले इस काव्य के दोनों पात्रों युधिष्ठिर और भीष्म का उदात्त चरित्र-चित्रण इस काव्य की प्रमुख विशेषता है। *कुरुक्षेत्र* में भीष्म के चरित्र में उनकी पारंपरिक छवि के साथ-साथ कवि ने कई नवीन उद्‌भावनाएँ जोड़ कर उसे विशिष्ट और कालजयी बना दिया है। इन नवीन उद्‌भावनाओं में सबसे प्रमुख है—

भीष्म का युद्ध–शान्ति, हिंसा–अहिंसा के संबंध में दिनकर के विचारों के व्याख्याता के रूप में आना एवं उनके चरित्र में कोमलता की उपेक्षा के प्रति उपजा पश्चाताप। दिनकर ने इस उपेक्षा को भी युद्ध का कारण माना है—

"धर्मराज, अपने कोमल भावों की कर अवहेला।
लगता है मैंने भी जग को रण की ओर ढकेला।"[8]

यह दिनकर के अन्य काव्यों में प्रयुक्त प्रिय प्रतीक 'अर्धनारीश्वर' के संदर्भ में भी सटीक सिद्ध होता है। इस प्रतीक का संबंध *कुरुक्षेत्र* में प्रतिपादित बुद्धि और हृदय के द्वन्द्व से भी है जहाँ मात्र कर्तव्य–प्रधान और बुद्धि–प्रधान नररूप सृष्टि को युद्ध की ओर ढके ल सकता है।

उर्वशी में जिस पूर्ण प्रेम का प्रतिपादन है उसके बीज *कुरुक्षेत्र* में भी मिलते हैं। भीष्म के चरित्र में अपने ब्रह्मचर्य के व्रत के प्रति खेद–प्रकाशन का साहसिक प्रयोग *कुरुक्षेत्र* में है और शायद *कुरुक्षेत्र* में ही है—

"बही न कोमल वायु, कुंज मन का था कभी न डोला,
पत्तों की झुरमुट में छिप कर बिहग न कोई बोला।
चढ़ा किसी दिन फूल, किसी का मान न मैं कर पाया,
एक बार भी अपने को था दान न मैं कर पाया।'[9]

अपनी इस अपूर्णता के स्वीकार से भीष्म का चरित्र और अधिक मानवीय बन गया है और उनकी गरिमा में भी वृद्धि हुई है। द्रौपदी के अपमान के समय अपनी द्विधा और अकर्मण्यता के प्रति पश्चाताप ने भीष्म के चरित्र को और भी उदात्त बना दिया है। भीष्म के चरित्र–चित्रण में राजकीय सेवा और देश–प्रेम के बीच द्विधा दिनकर की भी है। यहाँ अनुभूति की प्रामाणिकता ने जान डाल दी है।

जहाँ तक युधिष्ठिर के चरित्र का प्रश्न है वह शान्तिकामी मानव के प्रतीक को पूरी संवेदनशीलता से अभिव्यक्त करता है। यह चरित्र अधिकांश शान्तिकामी व्यक्तियों की निष्क्रियता और पलायनवादी रुख़ को भी दर्शाता है; जिसके कारण ही मुट्ठी भर लोग अपने स्वार्थों के लिए पूरे विश्व को युद्ध की ओर ढकेलने में सफल हो जाते हैं। इसी पलायनवाद के कारण युधिष्ठिर की अहिंसा गाँधी जी की अहिंसा नहीं है और न ही यह चरित्र गाँधी का प्रतीक है। वास्तव में भीष्म और युधिष्ठिर दोनों चरित्र एक ही शंकाकुल मानव मन के दो पक्षों के प्रतीक हैं। काव्य के आरंभ में किंकर्तव्यविमूढ़, ढुलमुल और पलायनवादी प्रतीत होने वाले युधिष्ठिर के चरित्र में पाँचवें सर्ग तक आते–आते विकास एक संकल्पधर्मा के रूप में दृष्टिगत होता है, जब हम देखते हैं कि इसमें गहन आत्मनिरीक्षण की विशेषता है और युद्ध के महाविनाश

---

8. 'दिनकर', रामधारी सिंह, *कुरुक्षेत्र*, राजपाल एण्ड सन्ज़ प्रकाशन, दिल्ली, 2000, पृष्ठ सं. 48
9. वही,

का उत्तरदायित्व लेने का साहस एवं अपने भीतर की वासनाओं को जीतकर मनुष्यता की उन्नति का मार्ग प्रशस्त करने का संकल्प भी।

"यह राज-सिंहासन ही जड़ था
इस युद्ध की, मैं अब जानता हूँ,
द्रौपदी-कच में थी जो लोभ की नागिनी,
आज उसे पहचानता हूँ,
मन के दृग की शुभ ज्योति हरी
इस लोभ ने ही, यह मानता हूँ,
यह जीता रहा, तो विजेता कहाँ मैं?
अभी रण दूसरा ठानता हूँ।
यह होगा महारण राग के साथ;
युधिष्ठिर हो विजयी निकलेगा।"[10]

कुरुक्षेत्र का आरंभ मुक्त छंद से होता है। इस काव्य में प्रयुक्त छंदों में दिनकर का प्रिय छंद 'सार' तो है ही, कवित्त, सवैया, दोहा जैसे पारंपरिक छंदों का भी प्रयोग नवीन विचारों के वहन में सफलतापूर्वक किया गया है। नंदकिशोर नवल लिखते हैं कि यहाँ विषय भी पुराना है और छंद भी, लेकिन छंद के भीतर से प्रकट होने वाला आशय और उसकी विधि एकदम नई है।

दिनकर की अप्रस्तुत-योजना में मनुष्यता, प्रवृत्तिप्रधानता एवं इहलोक के लिए मिट्टी, देवत्व, वायवीय दर्शन और अध्यात्म के लिए आकाश, वीर के लिए सिंह, श्येन, भुजंग, अंगार आदि का प्रयोग बहुधा किया गया है। ये वे महत्त्वपूर्ण प्रतीक हैं जिन पर दिनकर की अपनी छाप है। पहले ही सर्ग में द्रौपदी को 'ज्वलित जाग्रत शिखा प्रतिशोध की' कहना, चतुर्थ सर्ग में भीष्म को 'जिया प्रज्वलित अंगारे-सा' कहना दिनकर की बहुत ही सुन्दर उपमाएँ हैं। एक और विशिष्ट उपमा 'राजसुख लोहू-भरी कीच का कमल है' में द्रष्टव्य है। विजयी पक्ष का 'जय-सुरा' से अर्द्ध-मृत होना एक सुन्दर रूपक है। 'लोभ-नागिनी ने विष फूँका...' में भी इसी तरह रूपक का सुन्दर प्रयोग है। सत्य को रणभूमि में रोता चित्रित करना भावों के मानवीकरण का उदाहरण है। 'नकली शान्ति' का भी तृतीय सर्ग में मानवीकरण किया गया है। उदाहरण और दृष्टान्त तो पूरे काव्य में अगणित हैं। द्वितीय सर्ग के आरम्भ में शरशय्या पर लेटे भीष्म पितामह और उनके सम्मुख हाथ जोड़े खड़ी प्रतीक्षारत मृत्यु का वर्णन बिंब का सुन्दर उदाहरण है। ऐसा ही

10. 'दिनकर', रामधारी सिंह, *कुरुक्षेत्र*, राजपाल एण्ड सन्ज़ प्रकाशन, दिल्ली, 2000, पृष्ठ सं. 65

एक सुन्दर बिंब चतुर्थ सर्ग में भी है जिसमें दिनकर के प्रिय उपमानों का भी प्रयोग शरशय्या पर लेटे भीष्म के लिए किया गया है।

"शरों की नोंक पर लेटे हुए गजराज-जैसे,
थके, टूटे गरुड़-से, स्रस्त पन्नगराज-जैसे"[11]

कुरुक्षेत्र में प्रतीकों का इस्तेमाल है परन्तु यह रूढ़ 'रूपक काव्य' नहीं है। इस काव्य में प्रायः भीष्म और युधिष्ठिर प्रतीक रूप में आते हैं, मात्र तिलक या गाँधी के लिए रूढ़ प्रतीकों के रूप में नहीं, युद्ध और शान्ति, प्रवृत्ति और निवृत्ति, हिंसा और अहिंसा के परस्पर पूरक मानवीय पक्षों को अभिव्यक्त करने के लिए। इसी कारण अन्याय के विरुद्ध युद्ध की अनिवार्यता का दर्शन प्रतिपादित करते भीष्म जब संपूर्ण मानवता को युद्ध के अभिशाप से बचाने और विश्व में शान्ति-स्थापना के उपाय बताते हैं तो पाठक को विरोधाभास प्रतीत नहीं होता।

दिनकर के सामने चुनौती छायावादी कविता की भाषा के कुहासे को हटाना और विदेशी सरकार की नौकरी में रहते हुए भी देशभक्ति की कविता उस स्पष्ट भाषा में लिखना था जिससे देश की आम अल्पशिक्षित जनता उसका मर्म समझ जाए। अपनी चुनौती दिनकर स्वयं सामने रखते हैं—

"जहाँ बोलना पाप, वहाँ
क्या गीतों में समझाऊँ मैं।"[12]

पन्त के सपने को अर्थात् सूक्ष्म भावों को (और गहन विचारों को भी) मैथिलीशरण की भाषा में अर्थात् अभिव्यक्ति की पूर्ण स्पष्टता के साथ लिखना दिनकर का आदर्श रहा है। दिनकर यह भी मानते हैं कि अभिव्यक्ति की स्पष्टता का रहस्य भावों और विचारों को स्पष्टतः अनुभूत करने में छिपा हुआ है। विपरीत प्रतीत होने वाले भावों और विचारों का द्वन्द्व *कुरुक्षेत्र* के कथ्य की विशेषता है परन्तु दिनकर की भाषा में सर्वत्र सटीकता है, कहीं कोई कुहासा नहीं। इस काव्य में सबसे ज़्यादा बल भावों और विचारों की संप्रेषणीयता पर है। कविता की भाषा को जनसामान्य के निकट लाने में दोनों प्रमुख छायावादोत्तर कवियों हरिवंश राय बच्चन और रामधारी सिंह दिनकर का महत्त्वपूर्ण योगदान है। भाषा की इसी स्पष्टता और प्रसाद गुण के कारण बच्चन और दिनकर की कविता मंच पर भी बहुत सफल रही है।

भाषा दिनकर के यहाँ भावों और विचारों की वशवर्तिनी है। जिस प्रबल आवेग के साथ भाव और विचार *कुरुक्षेत्र* में आते हैं, उतनी ही आवेगमयी दिनकर की भाषा भी है। भावों और विचारों में परिवर्तन के साथ भाषा भी अपना रूप बदल लेती है। जैसे—भीष्म के मन के कोमल भावों की अभिव्यक्ति करते हुए सहज ओजप्रधान

---

11. 'दिनकर', रामधारी सिंह, *कुरुक्षेत्र*, राजपाल एण्ड सन्ज़, दिल्ली, 2000, पृष्ठ सं. 32
12. 'दिनकर', रामधारी सिंह, *हुँकार*, लोकभारती प्रकाशन, इलाहाबाद, सं. 2005, पृष्ठ सं. 17

दिनकर की भाषा भी कोमल हो जाती है, जैसे—"बही न कोमल वायु...।"

दिनकर अभिधात्मकता और लाक्षणिकता के कवि हैं और व्यंजना शब्दशक्ति को ही उत्तम काव्य मानने की मम्मट की कसौटी को चुनौती देते हैं। दिनकर की लाक्षणिकता छायावाद की लाक्षणिकता से भिन्न है, इस कारण उनके यहाँ छायावादी काव्य से अधिक सुबोधता और संप्रेषणीयता है। दिनकर के प्रतीक छायावादी कविता में प्रयुक्त प्रतीकों की अपेक्षा अधिक मूर्त और लोक के निकट हैं। दिनकर की भाषा मानक खड़ी बोली हिन्दी होते हुए भी सहज प्रवाह रखती है। *कुरुक्षेत्र* के कथ्य की भी माँग थी कि इसकी भाषा तत्सम-प्रधान हो, परन्तु दिनकर ने तद्भव शब्दों और बहु-प्रचलित उर्दू शब्दों से भी परहेज़ नहीं किया है। पहले सर्ग के पहले बंद में प्रयुक्त 'व्याहार' (अर्थ-वचन) और 'वलक्ष' (अर्थ-श्वेत) के अतिरिक्त शायद ही कोई शब्द हो जो कोश में देखना पड़े। भाषा की मानकता के साथ सुबोधता को बनाए रखना दिनकर का कौशल है। दिनकर के काव्य का ध्वन्यात्मक प्रभाव भी विशिष्ट है। दिनकर अर्थ-छवियों के साथ-साथ शब्दों के श्रुति-वैशिष्ट्य का भी विशेष ध्यान रखते हैं। 'शोणित', 'भुजंग', 'प्रतिशोध' जैसे शब्द अपने पर्यायों के बजाय अपनी ध्वन्यात्मक विशेषताओं के कारण शान्त रस के काव्य *कुरुक्षेत्र* के ओज गुण में और वृद्धि करते हैं। मन में पढ़ने पर भी यह कृति वाचिकता का आनंद देती है। युधिष्ठिर और भीष्म के संवादों के रूप में रचित इस काव्य की यह अतिरिक्त विशेषता है। दिनकर एक ही बात को बार-बार कहते हैं पर हर बार नई तरह से। दिनकर के नवोन्मेषी अभिव्यंजना-कौशल के कारण एक ही विचार-सरणि में रचे *कुरुक्षेत्र* में पुनरुक्ति भी अखरती नहीं।

कुरुक्षेत्र में पारंपरिक काव्यों की तरह रूढ़ रस-योजना नहीं है। यों तो लगभग सभी रसों के प्रतिदर्श खोजने पर इसमें मिल सकते हैं, जैसे—भीष्म के मन के कोमल भावों के वर्णन में शृंगार और युद्धभूमि के वर्णन में बीभत्स रस के उदाहरण ढूँढ़े जा सकते हैं। परन्तु सम्पूर्ण *कुरुक्षेत्र* में एक विषाद छाया हुआ है और उसके भीतर असमानता व शोषण के प्रतिरोध और अन्याय से प्रतिशोध की अग्नि-शिखा भी धधक रही है। इस काव्य की आयोजना ही युद्ध से सदा के लिए मुक्ति और स्थायी शान्ति की स्थापना को लक्ष्य रखकर की गई है। अत: इस पर मतभेद हो सकता है कि *कुरुक्षेत्र* का अंगीरस क्या है? करुण, वीर या शान्त? या इन विपरीत प्रतीत होने वाले रसों में द्वन्द्व इस काव्य की आत्मा है! मोटे तौर पर कहा जा सकता है कि *महाभारत* के समान *कुरुक्षेत्र* का भी अंगी रस शान्त है। दिनकर की विशेषता यह है कि इनका शान्त, शृंगार या करुण रस भी ओज से दीप्त हैं।

परिशिष्ट-1

कुरुक्षेत्र का रचना सार

प्रथम सर्ग

महाभारत युद्ध के महाविनाश को देख पश्चाताप करते युधिष्ठिर को लक्ष्य कर कवि कहता है कि वह कौन व्यक्ति है जो इतिहास के उस अध्याय पर रो रहा है जिस अध्याय में किसी मलिन-हृदय बूढ़े, कुटिल राजनीतिज्ञ के वचनों के बदले नौजवानों के बहे खून को मूल्य लिखा गया है। यह बूढ़ा कुटिल राजनेता स्वयं तो नहीं लड़ता परन्तु किशोरों का खून युद्ध में बहाकर देश की लज्जा बचाने के लिए आश्वस्त रहता है। इतिहास के इस विनाशकारी अध्याय पर रोने वाला यह व्यक्ति केवल युधिष्ठिर ही नहीं है, गाँधी, नेहरू या कोई भी शान्तिकामी व्यक्ति हो सकता है। देश की लाज बचाना युद्ध का वास्तविक कारण स्वार्थ-लोलुप सभ्यता के नायकों के भीतर की द्रोहाग्नि को ढँकने का आवरण है। मानव समुदाय प्रकृति से युद्ध नहीं चाहता परन्तु कुछ स्वार्थी व्यक्तियों के भीतर के ज़हर से युद्ध की अग्नि भड़कती है। हर युद्ध से पहले मनुष्य इस द्वन्द्व में रहता है कि क्या अन्याय का प्रतिकार केवल शस्त्र द्वारा ही हो सकता है? विवशतावश युद्ध में प्रवृत्त होने पर भी वह युद्धभूमि में सत्य को रोता हुआ देखता है। यही सत्याघात युधिष्ठिर जैसे व्यक्ति के हृदय को तोड़कर मनुष्य का खून बहाने के लिए पश्चाताप के रूप में प्रतिध्वनित होता है। इस शोक को भूलकर यही मनुष्य फिर युद्ध करता है और विजय पाकर भी पुनः आँसू बहाता है। विजय-मद से अर्द्ध-मृत पाण्डवों के शिविर से उठने वाला हर्ष-निनाद भी उन्हीं पर व्यंग्य करता हुआ लौट आता था। इस उल्लास-जड़ समुदाय में एक व्यक्ति ऐसा भी है जो न बोलते हुए भी भीतर ही भीतर व्याकुल है, चिन्तामग्न है और जिसका हृदय रो रहा है। युधिष्ठिर स्वप्न-सा देखते हैं कि दुर्योधन उन पर व्यंग्य कर रहा है कि यह किसकी विजय हुई है और किसकी पराजय? तुम अब पश्चाताप और अन्तर्दाह के विजयोपहार भोगो। इस विनाश के बाद भी वह सत्य तो मुष्टिगत नहीं हुआ, केवल व्यंग्य और पश्चाताप हाथ आया। पाँच असहिष्णु व्यक्तियों (पाण्डवों) के द्वेष से पूरा देश नष्ट हो गया। जिस युद्ध में करोड़ों स्त्रियाँ, पुत्र और पति को खो चुकी हों उससे प्राप्त रक्त-सने राज्य को मैं कैसे भोगूँगा जबकि इसमें अभिमन्यु का खून भी लगा

हो? जब युधिष्ठिर का हृदय शोक-विह्वल हो गया तो उन्होंने अर्जुन से कहा कि मैं पितामह भीष्म के पास जा रहा हूँ।

द्वितीय सर्ग

पितामह भीष्म शरशय्या पर लेटे हुए हैं और मृत्यु भी उनका आदेश मानकर हाथ जोड़े पास खड़ी है। युधिष्ठिर उनके पास जाकर कहते हैं कि अपने बंधु-बान्धवों का शवदाह और उत्तरा का करुण विलाप सुनकर मुझे यह जीत जीत नहीं लग रही है। यदि मैं *महाभारत* का परिणाम जानता तो मैं शारीरिक बल की बजाय मनोबल से तप, सहिष्णुता, त्याग से दुर्योधन को जीतने का प्रयत्न करता। मेरे इस प्रयत्न से यदि उसमें सुधार नहीं आता तो भी मैं इस रक्तपात की बजाय भाइयों सहित कहीं भीख माँगना पसन्द करता। मेरे प्राण पश्चाताप से जल रहे हैं। मनुष्य युद्ध के इस पुरातन अभिशाप से बच क्यों नहीं पाता? *महाभारत* के बारे में तो क्या कहा जाए जिसमें भीष्म, अभिमन्यु और दुर्योधन जैसे वीर छल से गिराए गए। युधिष्ठिर कहते हैं कि हमें लड़ने के लिए विवश कर दिया गया था फिर भी यह रक्त रंजित जीत मुझे अशुद्ध दिख रही है। पुत्रहीना माता, पितृहीन बालक और विधवाओं को देखता हूँ तो मुझे काल का क्रूर अट्टहास सुनाई देता है। ऐसा लगता है कि मैं सभी की घृणा का पात्र हूँ। यदि मैं आत्महत्या करूँ तो और भी घोर पाप होगा, अत: मैं नगर छोड़कर वन जाऊँगा। वन जाने से भी मेरे पाप नहीं धुलेंगे परन्तु अपने दुख को कुछ सीमा तक तो भूल पाऊँगा। भीष्म ने आकाश की ओर देखते हुए कहा कि एक व्यक्ति (युधिष्ठिर) के हृदय में जो आदर्श आज साकार हुआ है, वह सारे संसार में कब जगेगा? युद्ध व्यक्तियों के भीतर धधकती घृणा, ईर्ष्या, द्वेष और स्वार्थ का समुदाय के स्तर पर संक्रमित होकर राजनीतिक उलझनों या देशप्रेम के बहाने हुआ विस्फोट है। भीष्म कहते हैं कि युद्ध अपने आप में पुण्य या पाप नहीं है। पुण्य और पाप के बीच कोई विभाजक रेखा नहीं खींची जा सकती। जब कोई तुम्हारा अधिकार छीन रहा हो, तब त्याग-तप से काम लेना पाप है। तप, करुणा, क्षमा, विनय, त्याग व्यक्ति के गुण हैं किंतु समुदाय का प्रश्न उठने पर इन्हें भूलना पड़ता है। युद्ध से भयभीत रहने वाले बलहीन, कापुरुष के लिए त्याग, तप, क्षमा आदि पाखण्ड हैं। देह का संग्राम कोई व्यक्ति आत्मबल से नहीं जीत सकता।

तृतीय सर्ग

भीष्म कहते हैं कि भूखे और निर्बल व्यक्तियों से छल से या बलपूर्वक सुख-समृद्धि का कोष संचित कर उस पर पहरा बैठाने वाली शान्ति भी युद्ध की तरह निंदनीय है। जहाँ सुखों का नीतिपूर्वक सम्यक् विभाजन न हो, जहाँ सत्ताधारी अन्याय और अनीति को प्रश्रय देते हों, जहाँ शस्त्र-बल ही शासन का एकमात्र आधार हो, जहाँ अन्याय को सहन करने से प्रत्येक जन स्वयं को कापुरुष समझ धिक्कार रहा हो और उसके हृदय में दमित

क्रोध भभक रहा हो, वहाँ ऊपर से शान्ति नज़र आने पर भी भीतर चिनगारियाँ छिटकती रहती हैं। ऐसी नकली शान्ति जब खड्ग के बल पर क्रांति को रोकना चाहती है तभी युद्ध का जन्म होता है। जब तक सुखों का समान वितरण नहीं होगा तब तक मनुष्य के उच्चादर्शों पर आधारित वास्तविक शान्ति स्थापित नहीं हो सकती। कौन कहता है कि अपने अधिकार को पाने के लिए लड़ना और निर्भय होकर न्याय-युद्ध में मारना-मरना पाप है? क्षमा उसी सर्प को शोभा देती है जिसके पास घातक विष हो, अर्थात् बल हो। बलहीन व्यक्ति की क्षमा दन्तहीन सर्प की क्षमा के समान व्यर्थ है। राम को भी समुद्र ने रास्ता अनुनय-विनय से नहीं, अग्निवर्षक शर के भय से दिया था। इसलिए संधि-वचन भी उन्हीं के आदरणीय होते हैं जिनके शर में विजय की शक्ति हो। सहनशीलता, क्षमा, दया आदि गुणों को यह संसार तभी पूजता है जब उसके पीछे बल की चमक हो। ऐसे स्वाभिमान-रहित जिनके लहू में अग्नि का वेग नहीं है, जिन्हें अपनी भुजाओं के प्रताप का संबल नहीं है, वे ही आत्मबल पर भरोसा करते हैं। सहिष्णुता, करुणा, क्षमा आदि पुरुषार्थहीन हारी हुई जातियों के लिए कलंक और अभिशाप है तथा विजयी जाति भूषण है। अन्याय से अपने अधिकारों के छिनने पर प्रतिशोध लेना प्रत्येक जड़-चेतन का जन्मसिद्ध अधिकार है। जो शान्ति शोषण की श्रृंखला को मज़बूत करती है, वास्तव में वह युद्ध है, भीषण अशान्ति है। भीष्म कहते हैं कि मैं भी चाहता हूँ कि युद्ध और हिंसा इस संसार से समाप्त हो जाए और धरती पर करुणा, प्रेम और अहिंसा का साम्राज्य फैले, परन्तु दुनिया इस स्वप्न के लिए आधे रास्ते तक ही पहुँच पाई है। क्योंकि इस संसार में युधिष्ठिर एक ही हैं और दुर्योधन अगणित हैं। वास्तविक समतादायिनी शान्ति कहाँ है? आज तो शान्ति विषमता को ही संरक्षण देती दिख रही है। 'कुरुक्षेत्र' में इसी नकली शान्ति की चिता जली थी। भीष्म पूछते हैं कि मनुष्य मात्र से उसका न्यायसंगत अधिकार को चुराने वाला व्यक्ति पापी है या इस न्याय के पथ के विघ्न को मारने वाला? भीष्म निस्संदेह न्याय की राह में विघ्न डालने वाली शक्तियों को पापी मानते हैं।

चतुर्थ सर्ग

कवि कहता है कि ब्रह्मचर्यव्रतधारी भीष्म के समान पराक्रमी और कौन है जिन्होंने धर्म-हित में मुकुट और स्नेह के कारण प्राण अर्पित कर दिए? पितामह, युधिष्ठिर को युद्ध की कथा कहते हुए विचारों की श्रृंखला में अपनी व्यथा भी पिरोते जा रहे हैं। भीष्म कहते हैं कि जो न्याय को चुराता है, वही युद्ध को आमंत्रित करता है। अपने अधिकार की खोज और उसके लिए संघर्ष पाप नहीं है। *महाभारत* मात्र कुरुवंश के दो घरों का युद्ध नहीं था। जिस प्रकार ज्वालामुखी अचानक नहीं फूटता उसी प्रकार *महाभारत* भी राजाओं के मध्य युगों से बहती आ रही ईर्ष्या, द्वेष, वैर, प्रतिशोध की विष-वायु का विस्फोट था। इस पारस्परिक वैर से राजागण बहुत पहले से दो दलों में

युद्ध के लिए सज्जित होते आ रहे थे। कृष्ण ने देश की एकता के लिए तुम्हें राजसूय यज्ञ द्वारा सम्राट बनाने का विचार किया था परन्तु इसका फल विपरीत निकला। सभी राजा कृष्ण के इस उद्देश्य को समझ नहीं पाये और उन्हें इन्द्रप्रस्थ की बढ़ती शक्ति से द्वेष हुआ और राजसूय उन्हें साम्राज्य-विस्तार का छलयुक्त प्रयत्न लगा। ऋषि व्यास ने यज्ञ की समाप्ति पर यह भविष्यवाणी की थी कि किसी तरह तेरह वर्ष संसार में शान्ति छाई रहेगी और तब प्रलयंकारी युद्ध होगा। रंगभूमि में अर्जुन के लक्ष्य-भेद से दुर्योधन के मन में जन्मी ईर्ष्या ही लाक्षागृह, द्यूत-छल और द्रौपदी के चीर-हरण के रूप में प्रकट हुई। जिस दिन द्रौपदी ने नरों से निराश हो ईश्वर को पुकारा उसी दिन मनुष्य की कीर्ति-पताका नष्ट हो गई। उसी दिन महायुद्ध आरंभ होना चाहिए था। उस दिन कुछ न बोलने के कारण मुझे, बुद्धि-विषण्ण सारे वीरों को धिक्कार है। अपनी वीरता पर प्रश्नचिह्न लिए हुए भी मैं तुम्हें शूर-धर्म का उपदेश देना चाहता हूँ। बुद्धि द्विधाग्रस्त होने के कारण उचित-अनुचित का विवेक खो देती है और वीरता की चिनगारी को बुझा व्यक्ति को कायर बना देती है। धर्म (कर्तव्य) और स्नेह दोनों ही प्रिय होने से मैंने एक को अपनी देह और दूसरे को हृदय दे दिया था। अंततः स्नेह से धर्म पराजित हो गया। ब्रह्मचर्य के प्रण के कारण कोमल भावों पर नियंत्रण से मेरे जीवन में जो अतृप्ति थी, वही 'कुरुक्षेत्र' में अर्जुन के प्रति प्रेम बनकर फूटी। मुझे लगता है कि अपने हृदय के कोमल भावों की अवहेलना कर मैंने भी जगत् को युद्ध की ओर ढकेला है। यदि मैं हृदय को मस्तिष्क के शासन से मुक्त कर पाता तो न्याय का पक्ष लेकर दुर्योधन को ललकारता तो शायद वह सँभल जाता और भरतभूमि युद्ध से पीड़ित नहीं होती।

पंचम् सर्ग

इस सर्ग के आरंभ में कवि देवी सरस्वती से कह रहा है कि वह वर्तमान में युद्धादि से संतप्त विश्व के उपचार की आशा में ही इतिहास तक आया है। इतिहास के उस दौर में युधिष्ठिर का शरीर भूमि पर खड़ा है परन्तु मन युद्ध के अभिशाप से मुक्त, राग-द्वेषातीत लोक में धरती पर समता-प्रवाहिनी स्नेह-सरिता लाने के लिए ऊर्ध्वगमन कर रहा है। युधिष्ठिर के इसी स्वप्न से सच्ची शान्ति जगेगी जब विजयी के मन में युधिष्ठिर की भाँति परिताप होगा। युद्ध में हुए भीषण विनाश से पश्चातापग्रस्त युधिष्ठिर पितामह से कहते हैं कि पृथ्वी के विभव, तेज, सौन्दर्य दुर्योधन के साथ ही चले गये हैं और जय के प्रतीक के रूप में मेरे हाथ मात्र कंकाल रह गया है। आत्मनिरीक्षण करते हुए वे कहते हैं कि मेरे विराग, तप आदि कहीं मेरी कायरता को छिपाने के आवरण तो नहीं थे? द्रोणाचार्य, दुर्योधन, दु:शासन की नीति-विरुद्ध हत्या और युद्ध में हुए हर मानवीय गरिमा और कृत्य का भार विजेता युधिष्ठिर अपने ऊपर लेते हैं। यह राजसिंहासन ही युद्ध की जड़ है। यदि मैं अपने मन में छिपी वासना को पहचान लेता तो कभी युद्ध नहीं

करता। अब युधिष्ठिर अपने भीतर के राग के विरुद्ध युद्ध ठान रहा है और इसमें यह अवश्य विजयी होगा। 'कुरुक्षेत्र' की धूल पथ का अंत नहीं है, मनुष्य इससे ऊपर उठेगा।

षष्ठम् सर्ग

इस सर्ग का विशेष महत्त्व इस कारण है कि यहाँ कवि युधिष्ठिर या भीष्म का सहारा लिए बिना आज विश्व के सम्मुख उपस्थित ज्वलंत प्रश्नों पर स्वयं बोल रहा है। कवि इस बात से दुखी है कि भीष्म, युधिष्ठिर, कृष्ण, बुद्ध, अशोक, गाँधी, ईसा को वाणी से सम्मान देता हुआ भी मनुष्य आज भी उनके उपदेशों पर न चल, उसी पुरानी कुत्सित राह पर चला जा रहा है जिसमें वह आपसी व्यवहार में मतभेद को शील से न सुलझाकर उन्मादग्रस्त हो तलवार लेकर दौड़ पड़ता है। आज विज्ञान के युग में सृष्टि के गूढ़ रहस्य मनुष्य की बुद्धि के समक्ष खुल गए हैं। प्रकृति पर विजय प्राप्त कर मनुष्य ने जल, विद्युत, भाप आदि तत्वों को अपने नियंत्रण में कर लिया है। धरती से आकाश तक मनुष्य की इस असीम प्रगति में मात्र मस्तिष्क ही आगे बढ़ता गया है और हृदय का देश कहीं पीछे छूट गया है। मनुष्य ने परमाणु तक को चीर (परमाणु विखण्डन से बम बनाकर) समुद्र से आकाश तक सबको भयभीत कर दिया है। विज्ञान की ऐसी लक्ष्यहीन और दिशाहीन प्रगति निरर्थक है। ऐसी प्रगति विश्व-दाहक, मृत्यु-वाहे और भ्रांत पथ पर बढ़ते अंधे ज्ञान का अभिशाप है। यह मनुष्य जो ज्ञान का आगार है, सृष्टि का शृंगार है, वही मनुष्य वासनाओं का दास बनकर मनुष्यता का घोर अपमान भी सिद्ध हो रहा है। आकाश से पाताल तक सब कुछ का ज्ञान होना मनुष्य का वास्तविक परिचय नहीं है। मनुष्य की श्रेष्ठता बुद्धि पर चैतन्य हृदय की जीत और सभी मनुष्यों से असीमित प्रेम में है। विज्ञान के वे ही आविष्कार शिवरूप हैं जिनसे मनुष्य के श्रम का अपव्यय रुके और सुख-समृद्धि हेतु नर के समक्ष प्रकृति झुक जाए। मनुष्य का समता-विधायक ज्ञान ही श्रेय है जिसके द्वारा वह स्नेह-सिंचित न्याय के आधार पर नये विश्व का निर्माण करे। तभी मनुष्य का इतिहास युद्ध, शोषण से मुक्त होगा। हे भगवान! साम्य की ऐसी किरण विश्व में कब आयेगी और कब युद्धादि से जली-सूखी धरती के प्राण सरस होंगे?

सप्तम् सर्ग

इस सर्ग में कवि मानता है कि मनुष्य अपनी सारी सीमाओं से पार पाकर जयी होकर निकलेगा। मनुष्य ही युद्ध का पापी और पश्चातापी दोनों है। वही युद्ध के अंधकार से निकलकर प्रकाश की ओर यात्रा कर रहा है। भीष्म मनुष्यता की विजय में विश्वास करते हुए युधिष्ठिर से कहते हैं कि 'कुरुक्षेत्र' की धूल ही मनुष्य के पथ का अंत नहीं है, उसी पर पश्चाताप के आँसुओं से शान्ति के फूल खिलेंगे। युद्ध में बहे रक्त में मनुष्य डूबा है, मनुष्यता नहीं। विजेता के विलाप में ही मनुष्यत्व की आशा छिपी हुई है। जब तक प्रत्येक मनुष्य को उसका न्यायोचित सुख-भाग नहीं मिलेगा, तब तक

इस धरती पर वास्तविक शान्ति की स्थापना नहीं होगी और युद्ध की आशंका बनी रहेगी। इस पृथ्वी पर इतने सुख-साधन विकीर्ण हैं कि उन्हें भोगने के लिए उतने मनुष्य ही नहीं हैं। मनुष्य की दक्ष भुजाओं और अन्वेषिणी बुद्धि के लिए संसार का कोई भी विभव दुर्लभ नहीं है। प्रकृति मनुष्य के भाग्य से डरकर नहीं उसके उद्यम और श्रमजल से हारती है। भाग्यवाद शोषण का शस्त्र और पाप का आवरण है जिससे एक व्यक्ति दूसरे व्यक्ति का हिस्सा दबाकर रखना चाहता है। आलसी व्यक्ति ही ब्रह्मा का लेख पढ़ते रहते हैं, वीर और उद्यमी तो भ्रू-भंग मात्र से उसे बदल देते हैं। भीष्म आदिम साम्यवाद का वर्णन करते हुए कहते हैं कि पहले सभी मनुष्य क्षमतानुसार काम करते थे और आवश्यकतानुसार उपभोग करते थे; तब सभी जन समान थे, कोई राजा या प्रजा नहीं था और किसी शासन की आवश्यकता भी नहीं थी। जब लोभ रूपी नागिन ने विष फूँका तो चोरी, लूटपाट, शोषण, बलपूर्वक छीना-झपटी शुरू हो गई। मनुष्य की इसी लोभ-नागिनी को नियंत्रित करने के लिए तलवार यानी राजसत्ता का उदय हुआ। यदि मनुष्य एक-दूसरे पर अचल विश्वास करते तो राज-सत्ता के सम्मुख उन्हें दासत्व स्वीकारना न पड़ता। राजतंत्र मनुष्य की मलिन व हीन प्रवृत्तियों का द्योतक है और मानवता की ग्लानि और संस्कृति का कलंक है। भीष्म शोकाधिक्य से संन्यास को उद्यत युधिष्ठिर को समझाते हुए कहते हैं कि हे धर्मराज! संन्यास मन की कायरता है, सच्चा मनुष्यत्व तो जीवन की उलझनें सुलझाने में है। इस जगत् को जलता हुआ छोड़कर मात्र अपने मोक्ष के लिए प्रयत्न श्रेय नहीं है। युधिष्ठिर, जीवन उससे डरकर भागने वालों का नहीं है, उससे सन्नद्ध होकर लड़ने वाले कर्मठ मनुष्यों का है। अस्वस्थ विरक्ति, जो तुम्हें भ्रमित कर रही है वह अकर्मण्यता की छाया और ज्ञान का छल है, पलायन है। कर्मठ मनुष्य जगत् को पहले से आगे पहुँचाकर, उसे अधिक रमणीय बनाकर विदा होता है। केवल ज्ञानमयी निवृत्ति से मनुष्य की द्विधा नहीं मिट सकती और मनुष्य के चिन्तन और आचरण में एकता नहीं होती। अपने मन में ही छिपे जिन शत्रुओं को यती जग को छोड़कर आत्म-हनन से जीतता है, उन्हें तुम जग को अपनाकर, सभी मनुष्यों को अपना बनाकर, उनके सुख-दुख में शामिल होकर जीत सकते हो। धर्मराज! इस मिट्टी में और जीवन में ही सार-तत्व है, ऊपर आकाश तो शून्य मात्र है। जिस भय से तुम संसार छोड़ना चाहते हो, उस रागानल में सारा संसार जल रहा है। युद्ध-भीता यह धरती और निष्काम कर्म की उपदेशिका *गीता* तुम्हें पुकार रही है। तुम दूसरे मनुष्यों को भी अपने चरित्र-बल से सन्मार्ग की ओर प्रेरित करो। पाप में रत मनुष्य ही इस पर पछताता, रोता है। इसलिए पश्चाताप से भरा मनुष्य का यह क्रन्दन मनुष्यता की बड़ी आशा है। हे धर्मराज! तुम आशा का प्रदीप जलाए रखो, एक दिन यह पृथ्वी युद्ध-भय से मुक्त अवश्य होगी।

परिशिष्ट-2

रचना एवं रचनाकार का परिचय

कुरुक्षेत्र रामधारी सिंह दिनकर द्वारा रचित प्रबंध काव्य है जो *महाभारत* पर आधारित है। इसका प्रकाशन 1946 में हुआ जब द्वितीय विश्व युद्ध के भयानक अनुभव से मनुष्यता पर ही संकट छा गया था। *महाभारत* की कथा का आश्रय लेकर दिनकर असल में युद्ध और उसकी विभीषिका का ऐसा आख्यान रचते हैं जो अपनी खास तरह की प्रस्तुति और ओजपूर्ण भाषा के लिये आज भी लोकप्रिय है।

दिनकर की प्रमुख प्रकाशित पुस्तकें निम्न हैं—

काव्य : *कुरुक्षेत्र* बारदोली-विजय संदेश, प्रणभंग, रेणुका, हुँकार, रसवन्ती, द्वंद्वगीत, कुरुक्षेत्र, धूप-छाँह, सामधेनी, बापू, इतिहास के आँसू, धूप और धुआँ, मिर्च का मजा, रश्मिरथी, दिल्ली, नीम के पत्ते, नील कुसुम, सूरज का ब्याह, चक्रवाल, सीपी और शंख, नये सुभाषित, उर्वशी, परशुराम की प्रतीक्षा, आत्मा की आँखें, कोयला और कवित्व, मृत्ति-तिलक, हारे को हरिनाम, रश्मिलोक

आलोचना : मिट्टी की ओर; काव्य की भूमिका; पंत, प्रसाद और मैथिलीशरण; हमारी सांस्कृतिक कहानी; शुद्ध कविता की खोज

इतिहास : संस्कृति के चार अध्याय

सम्मान

- काशी नागरी प्रचारिणी सभा, उत्तरप्रदेश सरकार और भारत सरकार से सम्मान—1959
- साहित्य अकादमी सम्मान—1959
- पद्म विभूषण सम्मान—1959
- राजस्थान विद्यापीठ से साहित्य-चूड़ामणि सम्मान—1968
- ज्ञानपीठ पुरस्कार—1972

दिनकर जी लगातार तीन बार राज्यसभा के सदस्य रहे। 1999 में भारत ने उनकी स्मृति में डाक टिकट जारी किया।

23 सितंबर 1908 को बिहार के मुंगेर ज़िले के एक छोटे से गाँव सिमरिया में जन्मे दिनकर जी का निधन 24 अप्रैल 1974 को चेन्नई (तमिलनाडु) में हुआ।

कुरुक्षेत्र पुस्तक से उद्धृत निवेदन

कुरुक्षेत्र की रचना भगवान व्यास के अनुकरण पर नहीं हुई है और न *महाभारत* को दुहराना ही मेरा उद्देश्य था। मुझे जो कुछ कहना था, वह युधिष्ठिर और भीष्म का प्रसंग उठाये बिना भी कहा जा सकता था, किन्तु, तब यह रचना, शायद, प्रबन्ध के रूप में नहीं उतरकर मुक्तक बनकर रह गयी होती। तो भी, यह सच है कि इसे प्रबन्ध के रूप में लाने की मेरी कोई निश्चित योजना नहीं थी। बात यों हुई पहले मुझे अशोक के निर्वेद ने आकर्षित या और 'कलिंग-विजय'[1] नामक कविता लिखते-लिखते मुझे ऐसा लगा, मानो, युद्ध की समस्या मनुष्य की सारी समस्याओं की जड़ हो। इसी क्रम में द्वापर की ओर देखते हुए मैंने युधिष्ठिर को देखा, जो 'विजय', इस छोटे-से शब्द को कुरुक्षेत्र में बिछी हुई लाशों से तौल रहे थे। किन्तु यहाँ भीष्म के धर्म-कथन में प्रश्न का दूसरा पक्ष भी विद्यमान था। आत्मा का संग्राम आत्मा से और देह का संग्राम देह से जीता जाता है। यह कथा युद्धान्त की है। युद्ध के आरम्भ में स्वयं भगवान ने अर्जुन से जो कुछ कहा था, उसका सारांश भी अन्याय के विरोध में तपस्या के प्रदर्शन का निवारण ही था।

युद्ध निन्दित और क्रूर कर्म है; किन्तु, उसका दायित्व किस पर होना चाहिए? उस पर, जो अनीतियों का जाल बिछाकर प्रतिकार को आमंत्रण देता है? या उस पर, जो जाल को छिन्न-भिन्न कर देने के लिए आतुर है? पाण्डवों को निर्वासित करके एक प्रकार की शांति की रचना तो दुर्योधन ने भी की थी; तो क्या युधिष्ठिर महाराज को इस शांति को भंग नहीं करना चाहिए था?

ये ही कुछ मोटी बातें हैं, जिन पर सोचते-सोचते यह काव्य पूरा हो गया। भीष्म और युधिष्ठिर का आलम्बन लेकर मैंने इस पागल कर देने वाले प्रश्न को, प्राय: उसी प्रकार उपस्थित किया है, जैसा मैं उसे समझ सका हूँ। इसलिए, मैं ज़रा भी दावा नहीं करता कि *कुरुक्षेत्र* के भीष्म और युधिष्ठिर, ठीक-ठीक, *महाभारत* के

1. यह कविता सामधेनी में संगृहीत है।

ही युधिष्ठिर और भीष्म हैं। यद्यपि मैंने सर्वत्र ही इस बात का ध्यान रखा है कि भीष्म अथवा युधिष्ठिर के मुख से कोई ऐसी बात न निकल जाए, जो द्वापर के लिए सर्वथा अस्वाभाविक हो। हाँ, इतनी स्वतन्त्रता ज़रूर ली गयी है कि जहाँ भीष्म किसी ऐसी बात का वर्णन कर रहे हों, जो हमारे युग के अनुकूल पड़ती हो, उसका वर्णन नये और विशद रूप से कर दिया जाए। कहीं-कहीं इस अनुमान पर भी काम लिया गया है कि उसी प्रश्न से मिलते-जुलते किसी अन्य प्रश्न पर भीष्म पितामह का उत्तर क्या हो सकता था। सच तो यह है कि ''यन्न भारत तन्न भारते'' की कहावत अब भी बिलकुल खोखली नहीं हुई है। जब से मैंने *महाभारत* में भीष्म द्वारा कथित राजतंत्रहीन समाज एवं ध्वंसीकरण की नीति (स्कार्च्ड अर्थ पालिसी) का वर्णन पढ़ा है, तब से मेरी यह आस्था और भी बलवती हो गयी है।

जहाँ कोई भी ऐसी उड़ान आयी है, जिसका संबंध द्वापर से नहीं बैठता, उसका सारा दायित्व मैंने अपने ऊपर ले लिया है। ऐसे प्रसंग अपनी प्रक्षिप्तता के कारण, पाठकों की पहचान में आप ही आ जायेंगे। पूरा का पूरा छठा सर्ग ऐसा ही क्षेपक है, जो इस काव्य से टूटकर अलग भी जी सकता है।

अन्त में, एक निवेदन और। *कुरुक्षेत्र* के प्रबन्ध की एकता उसमें वर्णित विचारों को लेकर है। दरअसल, इस पुस्तक में मैं, प्रायः, सोचता ही रहा हूँ। भीष्म के सामने पहुँचकर कविता जैसे भूल-सी गयी हो। फिर भी, *कुरुक्षेत्र* न तो दर्शन है और न किसी ज्ञानी के प्रौढ़ मस्तिष्क का चमत्कार। यह तो अन्ततः, एक साधारण मनुष्य का शंकाकुल हृदय ही है जो मस्तिष्क के स्तर पर चढ़कर बोल रहा है। तथास्तु।

—रामधारी सिंह दिनकर

❑❑❑

www.ingramcontent.com/pod-product-compliance
Ingram Content Group UK Ltd.
Pitfield, Milton Keynes, MK11 3LW, UK
UKHW041823200726
13854UKWH00002BA/527

9 789386 534828